건강장애아동 교육

박화문 · 김영한 · 김창평 · 김하경
박미화 · 사은경 · 장희대 공저

학지사

머 · 리 · 말

건강장애아동은 '장애인 등에 대한 특수교육법 시행령'(2008. 5.)에서 밝히고 있듯이, 만성질환 치료를 위하여 장기의료 처치가 요구되며 3개월 이상의 학교 결석 및 학교생활과 학업수행 등에 어려움을 갖는 아동을 의미한다.

현대사회에서는 이와 같은 건강장애의 대상이 되는 아동이 점차 증가하고 있다. 따라서 그들을 위한 특별한 교육 지원체제의 확립에 대한 적극적 대책이 요구된다. 특히 다변화되어 가는 사회 여건에 따른 소아당뇨, 소아비만, 소아암 등의 만성질환에 대한 장기적인 치료와 교육이 필요한 학령기 아동의 증가는 아동 교육의 실천에 있어서 우리 사회의 큰 문제점이 되고 있다. 따라서 건강장애아동을 위한 아동의 학습권 보장과 개별화된 학습지원 및 심리 · 정서적 지원체제의 확립이 시급히 요구된다.

이 책 『건강장애아동 교육』은 건강장애아동의 교육에 관한 기본 지식을 다루며, 다음과 같이 총 6개 장으로 구성되어 있다. 1장에서는 건강장애아동 교육의 기초(박화문), 2장에서는 건강장애학생을 위한 교수-학습 지도(김하경), 3장에서는 건강장애아동의 심리(김창평), 제4장에서는 건강장애의 질환 분류와 지도(사은경), 5장에서는 건강장애학생의 지원과 사례(박미화), 6장에서는 건강장애아동을 위한 병원학교의 운영 실제(김영한)에 대하여 구체적으로 서술하였으며, 부록(장희대)에 다양한 양식과 사례를 담았다.

우리나라에서도 건강장애아동에 대한 교육의 질과 서비스 향상 및 조기 보육료 지원 등을 내용으로 하는 건강장애아동 지원체제가 점차 안착되어 가고 있으나, 더욱 적극적인 조기치료 및 조기교육에 대한 대책 강구가 필요하다. 건강장애아동의 조기치료 및 조기교육에 대한 중요성과 함께 사회적 관심이 높아짐에 따라, 이 책은 특수교육 전공자뿐만 아니라 유아교육 및 아동교육 전공자, 유치원 및 어린이집 등에서 일반장애아동의 교육을 담당하는 실무자에게도 도움이 될 수 있도록 건강장애아동 교육의 기본서로 집필되었다.

이 분야의 참고문헌이 부족한 상황에서 독자 여러분에게 도움을 주고자 저자 모두 집필에 매진하였으나, 집필을 마치고 나니 그 내용이 처음 목표하였던 바에 미치지 못하여 아쉬움이 남는다. 앞으로 더 많이 연구하고 양질의 자료를 보충하여 보다 충실한 참고서를 만들어 나갈 것을 약속하며, 이 책이 건강장애아 교육 현장에 조금이나마 도움이 되기를 기원한다.

이 책의 출판을 위해 현장교육 실천에 바쁜 시간을 보내고 있으면서도 기꺼이 집필에 참여해 주신 모든 저자 분과 여러 가지 조언과 교정에 도움을 주신 여러분께 고마운 마음을 전한다. 끝으로 출판을 맡아 주신 학지사 김진환 사장님 및 편집 과정에서 도움을 주신 관계자 여러분께도 감사드린다.

2012년 7월

대구대학교 사범대학 특수교육과
박화문

/ 차례 /

제1장

건강장애아동 교육의 기초

1. 건강장애의 개념
2. 건강장애의 분류 및 출현율
3. 건강장애아동 교육의 발전
4. 한국의 건강장애아동 교육
5. 건강장애아동의 발달 특성
6. 건강장애아동의 교육과정 및 교육방법

1. 건강장애의 개념

건강장애(health impairment, 健康障碍)는 주로 미국에서 사용되고 있는 개념이다. 1975년 전장애아교육법(Education for All Handicapped Children, P.L. 94-142)에서는 '그 외의 건강장애(other health impairment)'로서 "급성 또는 만성의 질환(예, 심장병, 류머티즘, 천식, 혈우병, 당뇨병 등)에 의하여 신체적 능력이 저하되고, 일상생활에서도 활력과 기민(機敏)함이 저하되어 교육적으로 바람직하지 못한 영향을 갖는 것"으로 정의하고 있다.

또한 일본에서 건강장애아동 교육은 학교교육법 시행령 제22조의 3에서 병약(病弱) 및 신체허약아(身體虛弱兒)를 교육대상으로 하여, "만성의 흉부(胸部)·심장(心臟)·신장질환(腎臟疾患) 등 또는 신체허약의 상태가 6개월 이상의 의료 또는 생활규제를 요하는 정도의 사람"을 지칭하고 있다. 여기에서 확실한 질환을 가지고 있지 않지만 내외의 자극에 대한 저항력이 저하되고 있다든지 또는 저하되기 쉬운 상태이기 때문에 신체가 약하거나 병기(病氣)에 걸리기 쉬운 사람이 있다. 이와 같은 상태가 장기간 계속되는 경우를 '허약(虛弱)'이라고 하며, 그와 같은 허약의 원인이 명확한 질환에 의한 경우를 '병약(病弱)'이라고 구분하고 있다. 또한 학교교육법에 따르면 '병약자'는 "만성의 흉부질환, 심장질환, 신장질환 등의 상태가 6개월 이상의 의료 또는 생활규제를 요하는 정도의 사람"을 의미하고, '신체허약자'는 "신체병약의 상태가 6개월 이상의 생활규제를 요하는 정도의 사람"을 의미한다. 여기에서 병약과 허약의 다른 특징은 병약은 명확한 질병(疾病)이 존재한다는 데 있다. 이때 장기간의 생활규제를 통하여 심신의 발육·발달에서도 장애를 갖기 쉽기 때문에 생활에서 세심한 배려가 필요하다.

우리나라에서는 특수교육진흥법 일부개정(2005. 3. 24.)을 통해 '만성

질환으로 인한 건강장애'가 특수교육 대상에 처음으로 포함되었다. 이후 장애인 등에 대한 특수교육법 시행령(2008. 5. 26.)의 제10조 '특수교육대상자의 선정기준'에서는 "만성질환으로 인하여 3개월 이상의 장기입원 또는 통원치료 등 계속적인 의료적 지원이 필요하여 학교생활 및 학업수업에 어려움이 있는 사람"으로 건강장애아동을 정의하고 있다. 이에 따라 건강장애의 선정기준은 ① 만성질환 치료를 위하여 장기 의료 처치가 요구되어 ② 연간 수업 일수의 3개월 이상 결석 및 이로 인한 유급이 예견되거나 유급 위기에 처해 있으면서 ③ 학교생활 및 학업수행에 어려움이 있어 지속적으로 특수교육 지원이 요구되는 자로 규정하고 있다. 그러나 만성질환을 앓고 있으나 학교에 정상적으로 출석하는 학생은 제외되었다.

한편 사고로 인해 장기결석을 하게 되는 학생에 대한 교육조치 요구와 건강장애 특수교육 대상자 중 질병 치료가 완료되어 학교에 정상적으로 출석하는 학생들에 대한 제안으로 요보호학생 개념이 도입되었다. 요보호학생은 건강장애 선정대상자는 아니지만 3개월 이상 치료를 요하는 화상, 교통사고 등의 심각한 외상적 부상으로 불가피하게 장기결석이 예상되는 학생으로, 치료기간 중에는 병원학교 수업 참여 또는 화상강의를 이수하도록 하여 출석으로 인정하고 학습권을 보장하도록 하고 있다. 그리고 건강장애학생은 상급학교 진학 시 서류심사와 함께 함께 의사, 학부모, 담임교사 상담을 거쳐 특수교육운영위원회에서 재선정 및 해지할 수 있도록 하였고, 재심사 시 건강장애를 해지하였을 때도 건강 상태를 고려하여 학교 근거리 배정을 할 수 있도록 하였다(서울특별시교육정보연구원, 2011b).

2. 건강장애의 분류 및 출현율

1) 건강장애의 분류

(1) 의학에서 병약의 유형

- 결핵 관련: 폐결핵, 기관지결핵, 폐문임파선결핵, 결핵성 늑막염, 골결핵(caries), 결핵성 골관절질환 등
- 기질질환(器質疾患): 내장질환, 소화기 질환, 신체 각 부위 염증, 류머티즘(rheumatismus), 탈장(hernia), 유전성 질환 등
- 기능장애 관련: 기립성 조절장애, 편두통, 기관지천식, 신경통, 알레르기 체질, 경도의 지체부자유 등
- 영양 관련: 신발육불량, 영양장애, 빈혈
- 신경불안 경향: 신경증(neurosis), 히스테리(hysteria), 자폐적 경향

이와 같은 분류는 병약 상태의 판정규준에 나타나 있는 것이지만, 꼭 질환의 경중(輕重)을 의미하는 것도 아니며, 병약의 범위에 속한다고도 말할 수 없다.

(2) 의학에서 허약의 유형

직접의료의 대상이 되지는 않지만 건강하지도 않고 그 중간에 있는 상태를 허약이라고 하며, 의학적 관리에 따라 생활하면 건강을 회복할 스 있는 정도의 상태에 있는 아동을 허약아라고 한다.

다음과 같은 아동이 허약아라고 할 수 있다.

- 선천적 요소가 강한 체질이상아(미숙 출생, 선천이상 등의 아동)
- 후천적 영양불량아(비만증, 마른 아동)

- 기질장애아(심장병, 류머티즘, 신장염, 결핵 등의 병기가 호전되어 회복기에 있는 아동)
- 기능장애의 경도아(기립성 조절장애, 네프로제[nephrosis], 기관지천식, 신경성 설사, 신경성 구토, 정신신체증을 반복하는 아동)

(3) 교육에서 병약 · 허약의 유형

병약과 허약의 분류는 총체적인 건강 상태에서 학교교육이 어느 정도 가능한가라는 관점에서 다음과 같이 나누어진다.

- 치료에 전념해야 하는 아동(교육대상 제외)
- 치료기간 중에 교육 가능한 아동(병원학교 대상아동)
- 의료적 관리 아래 교육 가능한 아동(병원학교 대상아동)
- 정기건강 진단소의 지도 아래 교육 가능한 아동(병원학교 또는 독립특수학교 대상아동)
- 특정한 교육활동만 제한된 아동(특수학교, 특수학급, 또는 일반학교 대상아동)

2) 출현율

특수교육통계자료(교육과학기술부, 2011)에 따르면, 특수교육 대상학생 8만 2665명 중 건강장애학생은 2229명으로, 전체 특수교육 대상학생의 2.7%를 차지한다. 그러나 학부모의 건강장애에 대한 정보의 부족과 장애에 대한 인식 및 일시적 질병이나 장기적 질병을 포함한 질병으로 인한 초 · 중 · 고등학교 과정 유예아동을 포함한다면 건강장애로 인해 특수교육 요구를 지닌 학생의 수는 훨씬 많을 것으로 예상된다.

건강장애의 질환 유형으로는 2009년도 병원학교를 대상으로 조사한 결과에서 백혈병 또는 소아암이 1340명으로 가장 많은 부분을 차지하였으며, 근위축 증후, 뇌종양, 신장질환 등의 순으로 나타났다(김현주, 2012).

3) 병 · 허약아동의 판별 및 증상

(1) 병 · 허약아동의 판별

병 · 허약아동의 발달 특성에 대하여서는 진단 그 자체가 매우 의학적이기 때문에 의학에 크게 의존하는 것이 당연하지만, 그와 더불어 '생활규제'의 요소도 크게 작용한다. 여기에서 병 · 허약아동의 판별방법을 살펴보면 다음과 같다.

첫째, 시진(視診)으로 전신 상태, 특히 얼굴색, 피부, 호흡 등의 상태를 관찰한다. 둘째, 신체 측정으로 키, 몸무게, 가슴둘레, 앉은키 등을 측정한다. 셋째, 문진(問診)으로 식욕, 변통(便通), 수면, 운동 상태, 피로 상태 등의 정도와 빈도에 대하여 질문하고 상황을 파악한다. 넷째, 생육력(生育歷), 가정 · 가족 상황, 기주증(旣住症), 결석 상황 등을 조사한다. 다섯째, 검온(檢溫), 검료(檢尿), 혈압 측정, 적혈구 및 백혈구 검사, 투베르쿨린(tuberkulin) 반응검사, X선 검사, 심전도검사, 여러 가지 생화학검사 등의 임상검사를 행한다. 이때 여러 가지 임상검사에 따른 개인 자료와 그 개인을 둘러싼 생활환경과 생활양식 간의 관계에 대한 배려가 있어야 한다. 이것은 신체허약아에게 특히 중요하다. 병약아의 경우는 의학적 자료에 따른 진단이 물론 중요하지만, 개개의 질병 상태의 차이에 따라 생활규제가 전혀 다르게 이루어지는 것에 대한 주위 사람의 이해와 배려가 있어야 한다.

(2) 병 · 허약아동의 일반적인 증상

① 병약아동

- 신체발육이 전반적으로 불량하다.
- 신체 제 기능이 민감하고, 이상 반응과 특이 반응을 일으키기 쉽다.

- 운동기능에서는 발육불량과 장기간의 운동 금지와 제한이 있기 때문에 뒤떨어진 경우가 많다.
- 자세가 나쁘며 쉽게 흐트러지기 쉽다.
- 약과 여러 가지 제한이 있기 때문에 안색이 나쁘고 기력도 떨어져 있는 경우가 많다.

② 허약아동

- 질병에 걸리기 쉽고, 질병에 걸리면 정도가 심하게 되거나 완치가 어렵다.
- 피로하기 쉽고 그 회복도 느리다.
- 영양 상태도 나쁘고 발육도 좋지 못하다.
- 혈색이 나쁘고 빈혈 경향이 있다.
- 알레르기 증상이 자주 나타나고, 그 자체가 질환으로서 병약아는 아닌 경우, 기관지천식 경향, 두드러기, 습진(濕疹) 등이 잘 나타난다.
- 발열, 두통, 복통, 어지럼증, 숨이 참(헐떡임), 설사, 기침, 경련 등의 증상을 일으키기 쉽다.

이와 같은 증상은 어디까지나 일반적인 증상으로서, 최종적으로는 개인에 따른 증상과 복잡한 요인을 나타내게 된다.

3. 건강장애아동 교육의 발전

1) 유럽 · 미국의 건강교육

영국에서는 1812년에 제임스 웨어(James Ware)가 런던 시내의 아동을 대상으로 한 시력조사를 보고하였지만 그 후 큰 발전이 이루어지지 못하였다. 1853년에는 덴마크 코펜하겐의 교외에서 병약아동에게 야외에서의 '휴가촌락' 교육을 실시하여 아동의 양호와 건강 증진이 상당한 효과를 나타냈다. 이 휴가촌락은 교육의 효시가 되어 여러 나라에 파급되었다. 프랑스에서는 1862년 장 보스트(Jean Bost)에 의해 라포르스에 간질아 교육시설이 개설되어 학습의 원조가 이루어졌지만 학교교육의 드입까지는 이루지 못하였다. 독일에서는 1866년 아동보건의 창시자로 불리는 헤르만 콘(Herman Cohn)이 브레슬라우에서 1만 명 아동의 시력검사를 실시하고 1883년에 이 조사에 대한 견해를 발표하였다. 그는 이 발표에서 학교의사의 필요성을 강조했는데, 이를 토대로 1883년에 세계 최초의 학교의사인 프랑크푸르트 암 마인(Frankfurt am Main)이 임명되었다.

유럽의 이와 같은 움직임 가운데, 영국에서는 중도의 병·허약아와 지체부자유아의 양호와 교육을 위한 자선단체협회를 중심으로 1888년에 병·허약아원조협회(Invalid Children's Aid Association)가 설립되어, 이와 같은 아동에 대한 의사의 원조가 필요한 것을 확인했다. 1889년 영국은 남아프리카 전쟁을 일으켰지만 지원병의 약 67%가 건강상 병역에 적합하지 못한 것으로 나타났다. 이에 아동의 건강이 국민의 힘이 되는 것을 고려하여 정부는 아동의 건강에 대한 적극적인 대책을 강구하게 되었다. 추밀원(樞密院) 의장인 데본셔 공(The Duke of Devonshire)은 '체격저하에 관한 위원회'를 조직할 것을 명하고 조지 뉴먼(George Newman)을 지명하였다. 1904년 데본셔와 뉴먼은 일반학교에 통학하고 있는 허약아동(semi-invalid children)을 위해 신선한 공기와 영양 있는 식사 제공을 장려함과 함께 특수학급 조직을 만들도록 정부에 건의하였다.

이와 같은 유럽의 움직임 가운데, 1904년 베를린 교외의 샤를로텐부르크의 숲에 세계 최초의 임간학교(林間學校, open air school)가 설립되어 신체적으로 쇠약한 아동(physical debilitated children)이 입학을 하였다. 이 학교는 반일제 수업을 실시하여 건강과 학습의 개선에 큰 공헌을 하였다. 이것을 계기로 뮐하우젠, 뮌헨글라트바흐, 드레스덴, 엘버펠트 등의 도시에도 개설이 되었다. 또한 미국에서도 이와 같은 영향을 받아 로드아일랜드의 프로비던스에 병약아를 위한 학교가 설립되었다. 캐나다에서도 토론토 아일랜드에 같은 학교가 설립되었다. 영국에서는 1907년 보스톨우드에 최초의 임간학교가 설립되었고, 이어 브래드퍼드, 노리치, 핼리팩스에도 설립되었다.

2) 일본의 건강교육

(1) 1962~1970년의 교육

이 시기에 일본 교육은 문부차관(文部次官)의 지시로 학습지도요령이 제정되었고 그에 기초한 교육이 행하여졌다.

① 학교교육법의 개정

1961년 학교교육법 제71조가 개정되어 양호학교(특수학교)는 병약자 · 신체허약자에 대하여서도 교육을 행하도록 하였다. 하지만 이전에는 법적으로 병약자는 교육대상으로 규정되지 않았다. 학교교육법 제71조 제2항에서는 '취학하는 자의 심신의 장애 정도'를 정령(政令)으로 정하고, 학교교육법 시행령 제22조의 2에서는 '6개월 이상의 의료 또는 생활규제를 요하는 자는 양호학교에서, 6개월 미만의 자는 필요에 따라 특수학급에서 교육하는 것'으로 규정되었다.

② 교육대상자의 다양화 · 중도화

1966년경에는 병약교육 대상자의 거의 90%가 결핵아였다. 그러나 그 후로는 병류(病類)가 다양화되어 증상 또한 중도화되었다.

③ 학습지도요령의 통달

병약 양호학교의 학습지도요령은 초등부는 1963년에, 중학부는 1964년에 문부차관의 지시로 제정되었다. 그러나 교육목표의 기술이 없었고 초등부에서는 '양호 · 체육'을, 중학부에서는 '양호 · 보건체육' 을 교과로 설정하였다.

(2) 1971～2000년의 교육

이 시기의 병약교육은 법령에 나타나 있는 모든 병약아(학교교육법 시행령 제22조의 2)에 대하여 ① 의료비의 보장, ② 교육기회의 보장, ③ 학습내용의 보장, ④ 교원의 확보, ⑤ 교육연구 태도의 정비에 대한 강한 배려가 이루어졌다. 여기에서는 의료비, 교육기회, 학습 내용의 보장에 대해 살펴본다.

1 의료비의 보장

종래 의료비의 공비(公費) 부담으로 '신체에 장애가 있는 아동(결핵성 골관절질환, 관절질환, 진행성 근위축 증후 등)에 대한 육성의료', '의료급여', '선천성 내장질환 아동(선천성 질환, 기타 내장질환)에 대한 육성의료' 및 '결핵을 가진 아동에 대한 요육의 급여' 등이 이루어졌다. 하지만 의료비의 공비보조(公費補助) 대상이 되지 못한 만성질환이 다수 존재하고 있었다. 후생성은 1971년 소아암을 소아만성 특정질환으로 지정하고 의료비 보조의 길을 만들었지만, 소아천식, 만성신장염, 네프로제 증후군 등은 공비 보조대상으로 하지 않았다. 따라서 이들 병약아는 치료를 받을 기회가 없어 증상의 악화와 학습의 포기 등의 극한 상태에 처했다. 이런 이유로 병약아의 의료와 학습의 상태를 명확히 조사한 자료를 통해 의무교육의 보장, 사회복지의 보장 면에서 의료비의 공비보조를 국회에 제소(提訴)하였고, 1972년 7월부터 이와 같은 만성질환아에 대하여 '연구비 보조' 의 이름으로 의료비의 공적 보조가 시행되었다.

2 교육기회의 보장

일본은 1960년 센다이(仙臺) 국립요양소에 진행성 근위축 증후 아동 2명이 입원한 것을 계기로 교육이 실시되었다. 그 후 1969년에 후생성(厚生省)은 전국 8개의 국립요양소에 100개의 병상을 설치하여 건강장애아동에 대한 의료와 교육의 보장을 실시하였다. 그동안 부모는 의료와 교육의 중요성을 인식하여 부모 상호 간의 단체조직을 강화하였다. 이에 근위축 증후 부모회에서는 1969년에 '전국 진행성 근위축증 부모회'를 만들고, 국회에 대하여 진정(陳情)활동을 전개하였다.

1970년에는 '일본근위축증협회'(회원 수 1600명)로 발전시켰고, 현재까지 취학과 치료에 대하여 활발한 활동을 전개하고 있으며, 진행성 근위축 증후아 교육의 기회보장과 복지보장을 실천하고 있다. 1970년 4월에는 어떠한 중증 장애아에 대하여서도 교육권은 보장되어야 한다는 관점에서 지능검사가 곤란한 중도 심신장애아의 발달과정에서의 학습 자료를 제시하였다. 국회에서 심의하여 문부대신은 "이러한 중도 심신장애아에 대하여서도 당연히 교육권은 보장되어야 한다."라고 답변하였다. 1982년 병약특수학교에 인접한 시설은 모두 교육보장 조치를 강구하였고, 이에 양호학교 · 동분교에 재적된 아동은 약 1300명에 이르렀다.

이와 같은 조치에 따라 장애아동의 취학은 급속히 늘어나 취학유예 또는 면제 아동이 급감하게 되었다. 또한 1971년에 고시된 특수교육제학교 학습지도요령에서는 양호 · 훈련을 영역으로 설정하여 중도 · 중복장애아에 대하여서도 교육이 보장되도록 조치를 취하였다.

3 학습내용의 보장

1971년의 학습지도요령에는 다음과 같이 고시되어 있다.

- 교육목표: 일반 초등학교, 중학교, 고등학교의 교육목표 달성을 도모함과 함께 병약 · 신체허약에 의한 여러 가지 곤란을 극복하도록

한다.

- 능력의 발휘: 교육의 중요한 측면으로 능력의 발휘 및 향상이 이루어지게 하며, 아동의 능력과 적성에 따른 교육이 이루어지도록 적극적인 대책을 강구한다.
- 수업 일수 등: 대상아의 중도 · 중복화에 따른 방문지도도 필요하기에, 240일 이상의 교육이 35주 이상에 걸쳐 이루어지도록 계획한다.
- 중복장애: 다른 장애를 함께 갖는 것에 대응하는 학습지도요령의 내용을 포함함과 동시에, 교과지도가 곤란한 아동에게는 양호 · 훈련단의 지도가 가능하게 한다.
- 양호 · 훈련: 치료교육에 필요한 내용과 교과지도 이전의 지도내용으로서 '양호 · 훈련'을 새로운 영역으로 설정한다.
- 통합교육과 교류교육: 사회성 육성을 위하여 바람직한 인격육성을 도모하기 위하여 지역의 초 · 중 · 고등학교 학생과 함께하는 생활기회를 확대하여 완전참여가 이루어지도록 한다.
- 통신에 의한 교육: 고등부에서는 학생의 질병 상태에 따른 통신교육(과제물 제출 및 지도)이 이루어지도록 한다.

4. 한국의 건강장애아동 교육

1) 교육적 접근

건강장애아동 교육의 추진 및 경과에 대해 살펴보면 다음과 같다.

(1) 추진 배경 및 목적

2004년 이전까지는 병 · 허약으로 인해 사지 및 체간에 부자유가 있는 아동을 지체장애 특수교육 대상자로 선정하여 특수학교를 중심으로 지원해 왔다. 점차적으로 증가되는 학령기 아동의 소아당뇨, 백혈병 등 만성 질환으로 인해 특별한 교육지원이 요구되는 병·허약학생의 교육지원을 위한 '병·허약학생 교육대책'은 이후 '건강장애' 영역을 특수교육 지원 대상으로 포함하는 단초가 되었다. 그 내용은 다음과 같다(교육인적자원부, 2004).

1 병·허약학생 교육대책

- 병·허약학생의 정의: 병·허약학생이란 만성적인 질환이나 악성빈혈, 간질, 혈우병, 백혈병, 폐질환, 소아당뇨, 만성간염 및 허약 등으로 인해 출석 일수 1/3 이상의 장기입원 또는 통원치료 등 계속적인 의료적 지원을 요하며, 학습활동을 위해 특별한 지원을 지속적으로 받아야 하는 학생이다.
- 병·허약학생 지원 근거: 특수교육 대상자의 진단·평가·심사 및 선정의 기준(특수교육진흥법 시행령 제9조 제2항 관련)
  - 병·허약으로 인해 제4호 지체부자유 특수교육 대상자 기준에 부합하는 학생을 특수교육 대상자로 선정·배치한다.

2 병·허약학생 교육지원 방안

- 서울대병원학교, 연세세브란스어린이병원학교, 경상대병원어린이교실 등 기존 병원학교에 파견학급을 설치하거나 순회교사를 배치한다.
- 병원학교 설치 이외 병원에 장기입원 중인 병·허약학생 및 통원치료를 받고 있는 병·허약학생 순회지도
  - 순회학급 설치 시 중도·중복장애 학생과 병·허약학생을 통합한 학급 설치가 가능하다.

3 시·도교육청 조치사항

- 시·도교육청 내 병원학교 설치 현황 및 운영 실태조사(2004. 3.)

- 지역 교육청별 병원 장기입원 및 통원치료 아동 실태조사(2004. 3.)
- 특수교육지원센터의 사업으로 병원학교 등의 순회교육 프로그램 운영 및 교재 · 교구 구입 지원계획 수립(2004. 3.)

한편 매년 질병 등으로 인해 8000여 명의 학생이 중퇴 · 휴학하고 있으며, 이러한 기능적 · 사회적 활동 제한에 따른 학습 곤란 · 불리도 특수교육 지원 개념에 포함하는 것이 세계적 추세다. 또한 미국, 일본, 프랑스, 핀란드, 오스트리아, 터키, 스위스, 벨기에, 네덜란드, 포르투갈, 독일, 뉴질랜드, 체코, 스페인 등이 건강장애를 포함하고 있다. 이에 따라 병 · 허약아동을 법적으로 특수교육 대상자의 범주에 포함하기 위해 교육인적자원부에서는 '특수교육진흥법' 제10조 제1항 제8호(특수교육대상자: 심장장애 · 신장장애 · 간장애 등 만성질환으로 인한 건강장애)를 개정(법률 제7395호, 2005. 3. 24.)하고 동법 시행령 제9조 제2항 관련 별표 제8호를 신설하여 선정기준을 마련하였다. 이를 통해 2005년부터 건강장애학생의 체계적인 순회교육 활성화 관련 정책 추진의 근거가 마련되었다. 이후 만성질환으로 인한 건강장애학생의 지원을 확대하기 위한 병원학교 설치 운영 및 건강장애학생 교육지원 체계 확립을 위해, 2007~2008년 교육과학기술부에서는 '병원학교 및 화상강의시스템의 활성화 사업' 정책 추진을 통해 병원 또는 가정에서의 학습지원을 강화하고 병원학교 운영지원의 내실화를 적극 도모하였다(교육과학기술부, 2010a).

(2) 추진 경과

건강장애 관련 법령은 2005년 특수교육진흥법 제10조 제1항 제8호 및 동법 시행령 제9조 제2항 관련 별표 제8호 신설을 통해 '건강장애' 특수교육 대상에 포함 및 선정하는 기준을 마련하였다. 2005년에는 병원학교를 인제대부산백병원 · 동아대병원 · 국립부곡병원(2005. 3.), 한양대병원(2005. 11.)의 4개를 신설하였다. 또한 '건강장애학생 교육지원 모형 개발’ 정책 연구(2005. 6.), 건강장애학생을 위한 교육지원 관련 의견수렴 및 현황 조사(2005. 7~10.)를 실시하였고, 병원학교 관련 학부모 간담회 및 대한병원협회·실무자 협의회(2005. 11.)를 개설하였으며, 병원학교 설치 병원장에 대한 부총리 감사서한을 발송하였다(2005. 12.).

2006년에는 국립암센터, 영남대학교병원 등을 추가해 병원학교 6개를 설치하였다. 2009년에는 건강장애 관련 학생에 대한 추가 조치로 교육과학기술부 생활지도 지침에 건강장애 특수교육 대상자 및 요보호학생 선정을 반영하였다. 2011년 기준 전국에 32개 병원학교가 설치되어 운영 중이다.

2) 교육 실태

(1) 건강장애학생 현황

특수교육통계(교육과학기술부, 2011)에 따르면 건강장애 특수교육 대상자는 전체 2229명이다. 배치별로 살펴보면, 특수학교 35명(2%), 특수학급 472명(21%), 일반학급 1722명(77%)이 특수교육 지원을 받고 있다.

표 1-1 건강장애학생 수(2011. 4. 기준)

(단위: 명)

배치별	특수학교	일반학교		특수교육지원센터	계
		특수학급	일반학급 (전일제 통합학급)		
학생 수	35	472	1,722	-	2,229

(2) 병원학교 현황

〈표 1-2〉에 제시된 병원학교 운영 현황을 살펴보면, 2011년 상반기(3~7월) 현재 전국 32개 병원학교에서 57명의 담당교사가 배치되어 있으며, 월평균 이용학생 수는 1190명이고, 그중 건강장애학생 수는 912명이다.

병원학교에 배치된 학생에게는 교과교육, 재량활동, 방과후활동 등을 제공하여 지속적인 학교교육을 지원하고 있다.

또한 건강장애학생의 학습지원을 위해 4개 교육청에서 화상강의 시스템을 운영 중인데 건강장애학생은 1501명이다.

표 1-2 병원학교 운영 현황

(단위: 교, 명)

학교 수	월평균 학생 수	교사 및 담당자 수	병원명	
			교육청 소속 병원학교(21개)	교육청과 병원 간 협약 및 병원 자체 운영 병원학교(11개)
32	1,190	57	부산대병원, 동아대병원, 인제대부산백병원, 영남대의료원, 대동병원, 경북대병원, 가천의대부속길병원, 인하대부속병원, 충남대병원, 울산대병원, 국립암센터, 강원대병원, 강릉아산병원, 충북대병원, 단국대천안병원, 전북대병원, 화순전남병원, 경상대병원, 국립부곡병원, 양산부산대병원, 전남국립나주병원*	서울대병원, 세브란스병원, 한양대병원, 서울아산병원, 삼성서울병원, 국립서울병원, 서울시립어린이병원, 한국원자력병원, 서울성모병원, 경희대의료원, 서울고대구로병원*

* 2011년도 신설 병원학교.

표 1-3 화상강의 기관 현황

(단위: 교, 명)

시 · 도	기관명	사이버학급 수	강사 수	학생 수	건강장애학생 수
서울	꿀맛무지개학교	51	35	594	529
부산	꿈사랑사이버학교	46	24	928	796
인천	길병원학교사이버학급	12	12	125	125
충남	꿈빛나래학교	12	57	51	51
계	4	121	128	1,698	1,501

3) 교육지원의 문제점

건강장애학생의 교육지원 요구 및 문제점을 살펴보면, 우선 잦은 결석 및 교사의 인식 혹은 정보의 부족으로 인한 학교생활의 어려움이 있다. 그 구체적인 사항은 다음과 같다.

- 유급으로 인해 상급학교 진학이나 상급학년 진급 곤란 또는 학습 지체 누적 현상
- 또래와의 관계 유지의 어려움
- 수업 참여 기회 박탈 또는 소외감 유발 우려
- 응급처치 부재 혹은 대처 미비

그 외 다양한 학교급별 학생이 혼재되어 있고 학력수준에 맞는 개별화된 교육을 요구하는 등, 대상학생의 다양성으로 인한 지원 요구의 광범위성이 나타난다.

4) 교육지원 방안

건강장애학생의 교육지원 방안으로는 우선 교육기회 확보로 건강장애학생의 학습권을 보장하고, 개별화된 학습지원과 심리·정서적 지원의 균형적인 제공으로 학교생활의 적응을 도모하며, 다양한 서비스로 삶에 대한 희망과 용기를 심어 주고, 치료 효과를 증진하는 것이다.

건강장애학생을 위한 교육지원 모형(교육인적자원부, 2004)을 살펴보면, 질병 발생 → 의료진 검진 및 진단 → 건강장애 여부 판단(특수교육운영위원회) → 학생 소속 혹은 병원학교 소속 학교 및 교육청이 일반학교나 병원학교로 배치 → 학습지원(개별화교육계획, 사이버 가정학습 서비스, 순회교육, 화상강의 시스템, 시범운영, u-러닝 지원 시범운영[2개 병원], 심리-정

서적 지원[전화, 이메일 등 통신매체 이용, 건강장애에 대한 인식개선 교육, 캠프 등 특별행사 실시, 봉사점수제 활용], 인력지원[담임교사, 특수교사, 같은 반 친구, 학부모 도우미, 교사자원봉사단, 예비교사도우미, 민간단체, 의료진, 사회사업 팀])으로 구분된다.

교육과학기술부 특수교육지원과에서는 '건강장애학생 교육지원 방안'을 제시하여 건강장애학생 선정 및 무상교육 제공, 개별화된 교육지원 및 심리·정서적 적응 지원, 병원학교 교육과정 운영, 통원치료 중인 학생에 대한 교육지원 방안을 다음과 같이 제시하였다(교육과학기술부, 2010b).

(1) 건강장애학생 선정 및 무상교육 제공

만성질환 치료를 위한 장기 의료처치가 요구되어 연간 수업 일수의 3개월 이상 결석 및 이로 인한 유급 위기에 처해 있으면서 학교생활 및 학업 수행에 어려움이 있어 특수교육 지원이 요구되는 자를 건강장애 대상자로 선정하고, 무상교육 혜택 부여 및 순회교육·병원학교·화상강의 등 다양한 방법을 통해 출석 일수를 확보하여 상급학교·학년에 진학하도록 지원한다.

(2) 건강장애학생을 위한 개별화된 교육지원 및 심리·정서적 적응 지원

- 개별화교육계획 수립: 개별화 건강관리계획은 물론, 병원학교·화상강의 시스템 등을 이용한 수업 일수 확보 계획을 포함하고, 학생 연령과 학업수준에 따라 학업중심 교육과정과 심리·정서적 적응 지원의 균형을 유지한다.
- 사이버 가정학습 서비스, 화상강의 시스템 시범운영 등을 이용하되, 담임교사, 특수교사, 학부모도우미, 교사자원봉사단, 예비교사 등이 일대일 상담 및 지도 등 지속적으로 관리하여 건강장애학생이 학년별·과목별 진도에 따라 학습할 수 있도록 한다.
- 일반학생 봉사점수제 활용, 캠프, 기타 다양한 방법을 통한 심리·정

서적 적응 지원으로 건강장애학생의 치료 효과 증진 및 학교생활 적응을 도모한다.

(3) 병원학교 교육과정 운영

- 배치된 특수교사 외 인근학교 교사자원봉사단 · 예비교사도우미 등의 방문교육, 사이버 가정학습 서비스, 화상강의 시스템을 적극 활용한다.
- 학사관리: 병원학교의 수업 참여를 출석으로 인정하도록 조치한다.
  - 최소 수업시간: 유치 · 초등학생 1일 1시간 이상, 중 · 고등학생 1일 2시간 이상
- 병원학교 교육과정 연구학교 결과를 적극 활용한다.

(4) 통원치료 중인 학생에 대한 교육지원 방안

- 건강장애로 선정한 뒤 개별화교육계획을 수립하되, 통신교육, 가정교육, 출석교육, 체험교육 등 교육방법의 다양화를 통해 연간 수업일수 확보를 개별화교육계획에 포함한다.
- 담임교사, 특수교사, 교사자원봉사단, 예비교사도우미 등을 통한 가정방문 지도 또는 화상강의 시스템을 적극 활용한다.
- 화상강의 시스템 운영: 인터넷을 통한 실시간 화상강의를 운영하여 개별 학생의 학년 및 학력 수준에 적합한 개별화된 학습을 지원하고 수업으로 인정한다.

5) 교육방법

(1) 병원학교 및 화상강의 프로그램

① 목적

심장질환, 신장병, 백혈병, 소아암 등 만성질환으로 인해 중퇴 · 휴학

하던 건강장애학생이 병원에서도 또래관계를 유지하며 지속적으로 공부하고, 심리 · 정서적으로 안정되어 치료 효과를 증진하며, 학교에 복귀해서도 잘 적응할 수 있도록 지원한다.

② 대상

건강장애를 지닌 특수교육 대상자로 "만성질환으로 인하여 3개월 이상의 장기입원 또는 통원치료 등 계속적인 의료적 지원이 필요하여 학교생활 및 학업수행에 어려움이 있는 자"(장애인 등에 대한 특수교육법 시행령 제10조 관련 별표, 2008. 5. 26. 제정, 제20790호)로 하고 있다.

③ 지원내용

- 장기입원 혹은 장기 통원치료로 인해 학교에 갈 수 없는 경우 병원학교에서 치료를 받으면서 또래와 함께 공부할 수 있도록 지원하며, 병원학교에서 발급해 주는 수업확인증명서를 학교에 제출하면 학교 출석으로 인정한다.
- 또한 2차 감염이 우려되거나 요양이 필요하여 가정에 있어야 하는 건강장애학생의 경우 인터넷을 통한 일대일 화상강의를 통해 공부를 지속적으로 할 수 있으며, 학교 출석으로 인정받을 수 있다.
- 건강장애라는 특수교육 대상으로 선정되면 입학금 · 수업료 · 교과용도서대비가 무상으로 지급된다.

④ 이용방법

- 만성질환 치료로 인하여 장기결석이 불가피하고 학교생활 · 학업수행에 어려움이 있어 특별한 교육지원이 필요한 경우에는 학교 담임교사나 인근 교육청의 특수교육 담당 장학사에게 문의하여 안내받거나 병원학교에 직접 문의한다. 진단서나 장애인등록증이나 장애인수첩, 그리고 특수교육 대상 선정신청서를 학교 또는 교육청에 제

출한다.

- 특수교육운영위원회에서 건강장애로 선정되면 담임교사나 특수학급 교사는 개별화교육계획을 작성하고, 이에 근거하여 학생의 건강 상태에 따라 학교, 병원, 가정, 어디서든 교사의 지도를 받을 수 있다.
- 학교에 다닐 수 있는 경우라도 화상강의를 통해 보충지도를 받고 싶으면 담임교사에게 화상강의를 신청하여 하교 후 집에서 인터넷으로 화상강의 담당교사의 지도를 받을 수 있다. 그 절차는 '담임교사에게 화상강의 신청 → 교육청 특수교육 담당 장학사에게 전달 → 시·도교육청에 화상강의 희망학생 전체 명단 제출 → 지역별 화상강의 담당기관에 명단 전달 → 신청학생에게 직접 연락'이다.
- 퇴교에 대해서는 소속학교에서 퇴교대상을 판단하여 전자문서로 퇴교 요청 공문을 발송한다.

(2) 꿈사랑사이버학교

① 기획 의도

백혈병과 소아암 등 각종 건강장애로 투병 중인 아동은 잦은 입원과 통원치료로 인해 정상적인 학교생활이 불가능한데, 이런 아동에게 '창원 꿈사랑사이버학교'는 힘든 투병 속에서도 배움에 대한 열정을 키워 줌으로써 그들에게 배움에서의 기쁨을 되찾아 주고자 기획되었다.

② 주요 내용

꿈사랑사이버학교는 경상남도교육청과 한국백혈병소아암협회 그리고 더불어하나회가 힘을 모아 2006년 8월 창원종합운동장 내 '하나회' 사무실에 개교한 학교다. 처음에는 '소아암사이버학교'로 개원하였으나 이후 2007년 1월에 '꿈사랑사이버학교'로 명칭이 변경되었다. 현재 심장병, 백혈병, 소아암 등 각종 질병으로 학교에 갈 형편이 못 되는 전국 192명의 학생이 병원과 가정에서 교원자격을 갖춘 교사 10명을 통해 매주 2~3회에 걸쳐 화상으로 국어, 수학, 영어, 과학의 4개 과목 수업을 듣고 있다. 2007년 2월 23일 배움의 길을 포기할 뻔했던 학생들의 뜻깊은 첫 수료식이 있었다. 학교는 지난 반년 동안 13명이 투병생활 끝에 숨지는 등 어려움도 많았으나, 반년 만에 4명의 학생이 고입·고졸 검정고시에 합격하는 성과를 냈다.

(3) 통원치료 혹은 요양 중인 건강장애학생의 개별화된 학습지원

1 개별화교육계획 수립 및 실행

- 담임교사와 특수교사가 협력하여 개별화교육계획을 작성하고, 개별화 건강관리계획은 물론 통신교육 등 다양한 교육방법을 통해 연간 수업 일수 확보를 위한 교육과정 운영계획을 포함한다.
- 특수학급 미설치교는 특수교육지원센터나 인근 학교의 특수교사가 지원한다. 실행방법은 통신교육(이메일, 전화, 인터넷, 사이버 가정학습 서비스 등을 통해 과제를 부여하고 확인 등), 가정교육(사전계획에 따른 학습 과제 부여), 출석교육(학교 수업이나 행사활동에 참여), 체험교육(사전계획에 따른 가족 또는 관련 협회나 단체의 활동 참여) 등이다. 특히 이메일, 전화 등을 통해 학습내용이나 학습지를 전달하여 지속적인 학습 참여가 가능하도록 하고 있다. 또한 건강 상태로 인해 학교에서의 평가 참여가 불가능한 경우 교사가 방문하여 평가를 실시하는 등 학교 차원에서 별도의 평가방안을 모색하고 있다.

2 순회교육 실시

- 특수교육운영위원회에서 종합적으로 판단하여 순회교육 여부를 결정하되 부모의 동의를 포함하도록 한다.
- 학생 소속학교의 일반교사와 특수교사가 순회교육을 담당하거나 해당 교육청에서 건강장애학생 순회교육 협력학교를 지정하여 운

영한다.

- 일반학교, 교육청, 특수교육지원센터 등에서 순회교육 내용을 관리 · 감독함으로써 자원봉사 등에 의한 순회교육도 수업으로 인정하도록 한다.
- 대학과 교육청 간 협력을 통해 예비교사에게는 실습학점이나 봉사점수를 인정하고, 실습관리 일반교사에게는 교생실습 지도로 인정(예, 서울, 부산에서 '예비교사의 학교활동 지원 보조교사 활용계획'에 의거해 운영 중)하고 있다.

③ 사이버 가정학습 서비스 활용

- 학생 개개인의 학년별 · 과목별 진도에 맞게 활용한다.
- 담임교사, 학부모도우미 등이 일대일 상담 및 학습 지도를 하면서 학습 참여를 독려하고 학습에 대해 지속적으로 관리한다.
- 서울, 부산 등 일부 지역에서 시범운영 중인 학부모도우미제의 전국 확산을 유도한다.

④ 화상강의 시스템 운영

- 인터넷을 통한 실시간 일대일 화상강의를 운영하여 개별 학생의 학년 및 학력 수준에 적합한 개별화된 학습지원을 한다.
- 운영기관별로 지역을 분담하여 화상강의 지도를 받고자 하는 건강장애학생이 전원 참여할 수 있도록 한다.

(4) 심리 · 정서적 적응 지원

① 일반학생과의 상호작용 확대를 통한 심리 · 정서적 지원

같은 반 친구 혹은 인근 학교 학생이 병원학교 혹은 가정을 방문하여 건강장애학생에게 학교생활에 대해 전달해 주는 등 또래와 교류할 수 있는 기회를 자주 마련해 준다. 이를 통해 또래관계를 유지하도록 지원하고

해당 학생에게는 봉사점수를 부여하여 참여 동기를 높인다.

2 건강장애에 대한 인식개선 및 학교생활 적응지원 자료 개발 · 보급

- 국외 사례: 유아대상 이해교육(The Kids on the Block, 인형극을 통한 이해 프로그램, http://www.kotb.com), 온타리오 학교지원 프로그램(교사 대상으로 소아암에 대한 의료적 정보 제공), 건강장애학생의 학교생활 적응을 위한 지침 등이 있다.
- 건강장애학생 본인이 자신의 병에 대해 바르게 이해하고 건강과 삶에 대한 통제력을 가질 수 있도록 관련 프로그램을 개발 · 보급한다. 국외 사례로는 청소년 대상의 자기이해 프로그램으로 도전에 직면하기(Meeting the Challenge), 건강과 교육리더십 프로젝트(The Health and Educational Leadership Project, 〈내성적 질병을 가진 대학생에 대한 학교 경험의 회고〉 비디오 등 포함) 등이 있다.

3 캠프 참여를 통한 심리 · 정서적 안정 도모

- 한국백혈병소아암협회 등 각종 단체나 협회가 주최하는 캠프에 참여하여 또래와 함께 경험을 나누고 즐거운 시간을 갖게 함으로써 재활의지를 심어 주고 심리 · 정서적 안정을 갖도록 지원한다.
- 죽음, 질병으로 인해 변한 신체상 등에 대한 불안감에 대처하는 교육기회를 제공한다.

4 기타

- 전화나 이메일 등 통신 이용
- 가정이나 병원 방문 등

5. 건강장애아동의 발달 특성

1) 건강장애가 심리 발달에 미치는 영향

여러 가지 신체적 특징은 개개인에게 심리적으로도 큰 영향을 준다. 특히 장기간에 걸쳐 형성된 신체상(body image)으로 인해 자칫 정상적인 형태의 신체상을 형성하기 어렵기 때문에 주의하여야 한다. 또한 신체허약이나 여러 가지 병인(病因)을 갖는 병약(病弱)으로 인해 행동 등이 장기간에 걸쳐 제약(制約)되기 때문에 정서적 불안정과 불안을 겪는 경우가 많다. 그리고 그 빈도가 높아지면 인격 형성도 바람직하지 못한 방향으로 이루어지기 쉬운 경향이 있다. 그리고 부모, 형제, 주위 사람의 태도가 과잉보호적이거나 간섭적이거나 하면, 당사자는 여러 가지 면에서 소극적이 되거나 의존심이 강해지거나 자립심이 결여되기 쉽다. 따라서 주위 사람의 배려가 중요하다. 더욱이 신체 상황에 대한 과도한 관심에서 건강에 대한 강한 부러움이 쌓이거나, 반대로 신경질적이 되어 사회적 행동에서도 신중함이 지나쳐 소극적이 되기 쉬운 경향이 있다. 이는 성격 특성은 일반적으로 특성의 어느 쪽이 현저하게 나타나는 경우가 있다는 것으로서, 개개인의 성격 특성은 각각 독자적인 것이라고 할 수 있다.

2) 건강장애가 지적 발달에 미치는 영향

건강장애 자체가 지적 발달에 미치는 영향은 명확하지 않다. 또한 병약아가 전반적으로 지적 발달에 문제가 있다고 지적하기도 어렵다. 그러나 지능검사에서 측정된 '지능'에 한정해 볼 때, 몇몇 질환은 경계선(境界線)에 가깝다는 문제가 보고되고 있다. 이제까지 보고된 것으로 진행성 근위축 증후의 듀센(Duchenne)형의 일부는 원인은 불명확하지만 신경생리학적인 문제가 제기되고 있다. 또한 소아암을 경험한 일부에서 치료과정 중 머리 부분의 방사선검사, 선천성 심장질환의 일부에서 수술 시 혈류의 단시간 정지 등에 따른 두뇌 부위의 영향이 뒤따를 가능성 등이 제기되고 있다.

건강장애아동의 경우에는 활동의 제한 등에 따른 직접적인 체험이나 놀이 등의 전반적인 경험 부족 등이 문제시될 수 있다. 또한 문제해결 능력, 사회성의 저하 등과 같은 광의의 '학습 공백'과 함께 학교에의 장기 또는 단기 결석 등과 같은 협의의 '학습 공백' 등에 의한 표면적인 학습 저하 등이 지적되고 있다.

여기에서 지적하는 '학습 공백'은 일반적으로 계통적인 학습의 축적이 필요한 기능, 교과, 지식의 획득 등에 있어서 질환의 가중, 그리고 그에 따른 입원에 의한 중간 단계의 미학습(또는 학습내용의 미정착) 부분 발생으로 그 후 기능, 학력, 지식의 획득에 곤란이 생기는 것을 의미한다. 현재까지 많은 경우에서 그와 같은 학습 공백은 학교교육 장면에서 문제가 되는 것이 많았다. 하지만 아동 발달 전체에서 살펴볼 때에 '학습' 그 자체는 영유아기부터 이미 시작되어 학령기 이전에 질환에 의해 '학습 공백'이 발생하는 경우도 있다. 예를 들면, 그것은 면역력 저하보다 외출과 자연물에의 접촉이 제한되고 있는 아동에게서 자연 관련 개념의 획득에 문제가 있는 것이 예측되고, 엄격한 운동 제한이 주어지는 아동에게서도 아동끼리의 활동 가운데 형성되는 규칙의 이해와 문제해결 능력의 발달에 무엇인가의 제한이 따르는 것을 생각해 볼 수 있다. 여기에서는 이와 같이 발달적으로 자연스럽게 학습되는 능력과 경험의 결여를 광의의 '학습 공백'이라고 한다. 이와 같은 '학습 공백'은 학령기가 되어 계통적인 교과학습이 시작되면 '학력'이라는 명확한 형태로 표출된다. 여기에서는 이것을 협의의 '학습 공백'이라고 한다. 이와 같은 학습 공백이 생기는 배경은 입원에서 학급 전입(學級轉入)까지의 기간에 긴 학습기간의 공백이 생기는 것, 전입 수속의 복잡함과 초기의 급성 증상에 의한 학습의 곤란 등이 그 원인으로 크게 작용하고 있다.

이와 같이 신체적 제약의 문제는 본래 지적 능력과 그 질에 있어서 변함은 없지만 장기간의 생활규제와 생활 경험의 제약은 미묘하게 지적 능력 문제에도 영향을 미치게 된다. 또한 생활 경험의 편협은 학습 면에서 구체성을 결여하게 하기 쉬워, 사물의 인식이나 그 개념 형성에도 부정적인 영향을 끼칠 가능성이 있다. 더욱이 학령기가 되면 그것은 개개의 조건에 따라 다르다고 생각되지만, 학습시간 그 자체에 제한이 따르는 경우가 많아 그와 같은 제한의 중첩 등이 학력 면에도 영향을 끼칠 수 있다.

3) 건강장애에서의 인지 형식과 그 발달적 변용

질환에 따라 각기 다를 수 있지만, 병원에의 입원생활 및 투병생활은 아픔, 고뇌, 불안, 지루함 등과의 싸움이라 할 수 있다. 이러한 사실은 아동이 일상생활에서 체험하는 것에 비해 매우 큰 스트레스를 받기 쉬우며, 때에 따라서는 그것이 정신적 외상(trauma)으로 남아 있을 수 있다는 것을 말해 준다.

이처럼 건강장애아동은 스트레스 상황 속에서 대처행동을 하게 되지만 서서히 여러 가지 요인이 관여하게 된다. 여기에서는 그와 같은 요인 중에서도 특히 건강장애아동의 정서적인 측면에 관여하는 것을 살펴본다.

(1) 자기효능감

자기효능감(self-efficacy)은 '특정한 결과를 얻기 위하여 필요한 행동을 어느 정도 잘할 수 있을까의 인지'를 의미한다. 환언하면, '실제로 자기가 할 수 있다는 자신감, 효력 예측이 높은 것'을 의미한다. 이는 오늘날 건강장애아동의 심리연구에서 주목되고 있는 개념이다.

다케다(武田, 1997)는 병약아동의 자기효능감을 중심으로 한 연구에서 자기효능감이 높은 쪽이 좀 더 문제 해결에 직면하는 대처행동을 하여 자기 건강에 관한 통제감도 높다는 견해를 보이고 있다. 즉, 효과적인 투병 행동을 하고 스트레스가 정서적으로 영향을 끼치지 않기 위하여서라도 자기효능감을 향상하는 것이 중요하다는 것이다. 이 개념은 이전에 사회 학습이론의 영역에서부터 사용된 것이다. 즉, 그것은 교육 활동에 의하 변용이 가능한 것이다. 질환 정도에도 영향을 받지만, '할 수 없다' 고 계속적으로 생각한 아동은 자기효능감을 갖게 하기가 곤란하다는 견해도 있다. 그러나 자기효능감은 장면과 과제에 따라 달성되는 것으로 그 적용의 가능성이 있다. 특히 효과적인 것은 '모델 제시'에 의한 방법으로, 퇴원한 친구 또는 같은 질환을 갖고 있으면서 사회적으로 활약하고 있는 사람과의 교류는 효과가 높을 수 있다.

(2) 통제감

원래는 귀속이론(歸屬理論)에서 파생된 개념이지만, 병약아동의 행동·정서를 파악할 때에 건강에 관한 통제감(health locus of control: HLOC)은 중요하다. 이것은 자기의 건강 상태를 어느 정도 자기통제 아래 놓고 있는가의 신념에 있지만, 건강아동과 비교할 때 병약아동의 통제감을 자기보다 외부에 있는 것 또는 그 외적 통제가 도피행동과 결부되어 있다는 것이 지적되고 있다(小畑, 2006). 다케다 등은 내적 통제력이 자기 치료(self-care)의 실천과 강하게 결부되어 있어, 의료의 방향이 자기 치유력의 강조 및 자기 치료의 촉진으로 이행되고 있는 상황에서는 내적 통제력의 함양이 중요한 과제가 될 수 있다고 했다. 그리고 그와 같이 내적 통제력이 향상되기 위하여서는 자기의 신체와 그 활동 구조 및 질환의 메커니즘(mechanism)에 대한 이해가 필요하다고 했다.

(3) 회복력과 심리적 위약성

'resilience'는 '탄력성' 또는 '회복력'이라고 표현된다. 이것은 극심한 스트레스로부터의 회복력을 의미한다. 본래는 생득적(生得的)인 것으로 나타나지만 개인 내 요인과 환경요인(특히 보호자)에 의해 변화된다. 한편 심리적 위약성(vulnerability)은 심리적으로 손상받기 쉬운 소질과 위험성을 말한다. 역시 스트레스에 따라 나타나기 쉽기 때문에 스트레스 위약성이라고도 한다. 병약아동 특유의 심리 특성은 아니지만, 입원치료와 일상생활에서 스트레스를 경험하는 많은 아동은 상처받기 쉬운 것에 노출되기 쉽다. 오바다(小畑, 2006)는 병약아동의 대처행동에서 입원하고 있는 상황에 대하여 남아가 여아보다 심리적 위약성이 높게 나타났다고 지적한다. 이것도 생득적인 것으로 알려져 있지만, 당사자의 가치관 변화와 둘러싸고 있는 사회적 네트워크(social network) 등에 의해 변화할 수 있다.

(4) 학습된 무력감

'통제할 수 없다'는 경험을 쌓아 나가는 것에 의하여 학습된 무기력을 '학습된 무력감(learned helplessness)'이라고 한다. 일반심리학에서는 이에 관한 많은 연구가 이루어져 있지만 건강장애아동 영역에서는 많지 않다. 자기 치료의 개념이 있지만 입원과 계속된 치료, 질환에 의한 병기(病氣)의 진행이 통제 불가능한 경우도 있어 이를 건강장애아동의 특징이라고 말하기는 어렵다. 그러나 일상생활 장면에서 실패를 두려워하게 되고 연속된 실패 경험이 쌓이면서 무기력하게 된다. 또한 무기력은 표면화되지 않더라도 '의욕이 없는' 상태를 나타내기 쉽다.

[그림 1-1]과 같이 허블리(Hubley, 2002)는 자기효능감(self-efficacy)과 건강이해 능력(health literacy)의 개선, 즉 건강 역량강화(health empowerment)가 주어진다고 하였다. 이와 같이 건강장애아동의 인지 형식에 대하여 많은 논의가 있지만, 대부분의 개념에 관련되는 것이 통제감이며 그에 동반되는 자기효능감의 변용이 중요하다고 본다. 이를 통해 건강장애아동의 삶의 질(quality of life)은 향상된다.

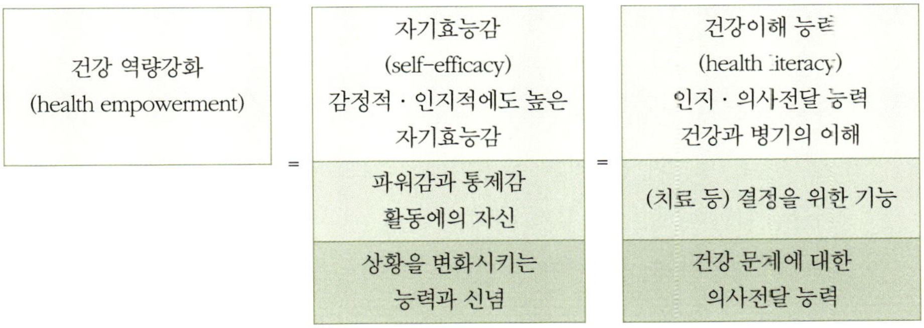

[그림 1-1] 허블리의 건강 역량강화 모델(Hubley, 2002)

4) 건강이해 능력의 발달

(1) 아동의 병기 개념 발달

이 분야의 연구에서는 전통적으로 '병인'의 발달적 연구가 중심적이었다. 이것은 '환자교육'과 '예방교육'의 관점에서는 당연시될 수 있다. 아동이 자기의 병기(病氣)와 그에 대한 적절한 자기 치료 행동을 하기 위해

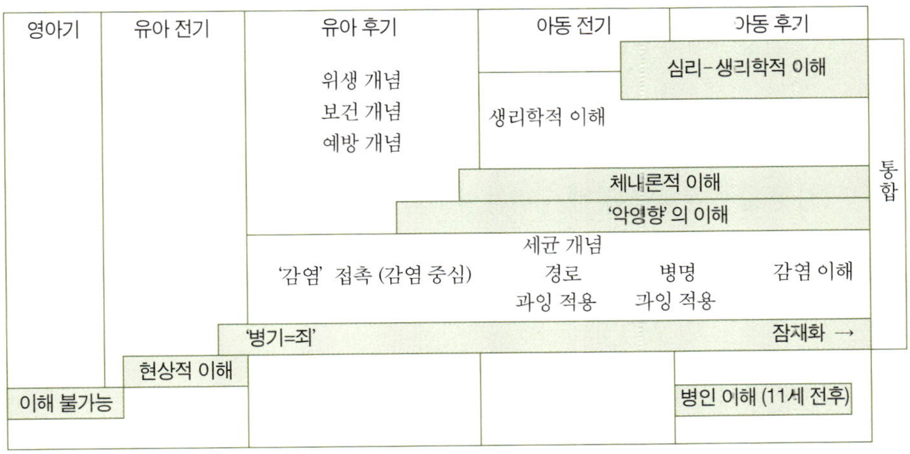

[그림 1-2] 아동의 병인 인지의 과정(小畑, 1999)

서는 그 원인에 대한 이해가 필요하다.

오바다(1999)는 선행연구를 종합하여 자기의 연구와 함께 [그림 1-2]와 같이 병인 이해의 발달 단계를 가정하고 있다. 그림에 따르면 '병기(病氣)=벌(罰)'이라는 관점은 아동기에 잠재되며 유아 후기부터 시작된다. 세균감염의 이해, 생리학적 이해를 통해 10~11세 정도에 성인과 병기에 관하여 대등하게 이야기할 수 있는 단계에 도달하게 된다.

(2) 아동의 신체 개념 발달

질환의 메커니즘을 파악하기 위해서는 자기 신체, 특히 그 기능에 대한 이해가 필요하다. 오바다(1990)는 아동의 신체 내부에 관한 개념을 장기 등 신체 내에 관한 명칭과 그 기능의 이해로 보며, 그와 같은 개념도 병기의 이해가 이루어지는 11세 전후에 성인과 같은 정도로 이루어지고 있다고 하였다.

6. 건강장애아동의 교육과정 및 교육방법

건강장애아동의 교육과정은 학교에서의 교육계획 전체를 의미한다. 이러한 교육과정을 편성하기 위하여서는 첫째, 그 학교의 교육목표를 설정하고, 둘째, 교육목표를 달성하기 위한 교육내용을 선정하고, 셋째, 교육내용을 습득하도록 하기 위하여 교육방법을 설정하여야 한다.

1) 교육의 목표

건강장애아동의 교육목표는 건강장애아동이 병약 및 허약이라는 건강상의 문제를 지니고 있기 때문에 그 회복과 개선을 도모하는 데 있다. 건강장애 아동의 교육에서는 다음의 교육 유형에 따라 구체적 교육목표를 설정한다.

(1) 회복형(回復型)

건강장애아동이 취학 초기에는 결석이 많았지만 결석도 점차적으로 줄어들고 수업 시수의 제약도 점차 해소되어 이전에 취학한 학교로 전학하는 아동이 해당된다. 구체적인 목표는 다음과 같다.

- 건강 상태의 회복 및 개선을 도모하는 데 필요한 병약 상태에 대한 이해와 생활양식의 이해, 그리고 제반 활동의 실천이 이루어지게 한다.
- 의료진과의 대화를 통해 전출하는 시기를 파악하고, 그때까지 무엇을 지도할 것인가를 명확히 하고 지도한다.

(2) 평행형(平行型)

현재의 병기가 생애에 걸쳐 회복되기 어렵거나 회복된다 하더라도 장기간이 필요한 아동이 해당된다. 구체적인 목표는 다음과 같다.

- 건강 상태의 회복 및 개선을 위하여 필요한 병약 상태의 이해와 생활양식의 이해, 그리고 제반 활동을 실천하게 한다.
- 장기결석에 의한 학습의 지체와 학습시간 수의 제한을 갖는 아동에 대한 지도내용을 정선한다.
- 사회생활의 제약과 인간관계의 제한에 대한 대책을 강구한다.
- 병상의 장기화 또는 일진일퇴(一進一退)에 의한 심리적 타격이 크기 때문에 학교생활 전체를 통하여 심리적 충실감이 이루어지게 한다.

(3) 진행형(進行型)

현재의 의학에서는 아직 치료대책이 없고 서서히 병기가 진행하여 마침내 최악의 사태를 맞이하는 아동으로, 진행성 근위축 증후 아동 등이 해당된다. 구체적인 목표는 다음과 같다.

- 감염증에 의한 기타 발병 예방을 위한 지도를 중시한다.
- 진행 방지를 위한 운동기능의 향상, 의사의 전달 및 심신의 적응 상태를 향상한다.
- 심신의 활동을 통하여 정신적 충실감을 갖게 한다.
- 생활 경험을 넓혀 넓은 시야에서 사물을 생각할 수 있게 한다.
- 고학년이 되면 병상의 진행 때문에 심리적 타격이 매우 크기 때문에 인간관계의 확립을 중시하고 정신활동을 고양하며 종교에의 관심을 높이도록 한다.

(4) 간흠형(間欠型)

병상이 안정되어 있을 때에는 건강인과 같지만, 발작이 일어나면 심하게 고통스러워하며, 그 고통이 발작이 없을 때에도 기대성(期待性)의 불안이 되기도 한다. 천식의 경우가 이에 해당된다. 구체적인 목표는 다음과 같다.

- 천식 발작의 예방, 발작 시의 증상 경감을 위한 호흡법을 습득한다.
- 신체활동을 왕성하게 하고 운동에 대한 심리적 저항감을 없앤다.
- 학습에 대한 의욕을 높이고 심리적 안정감을 갖게 한다.
- 호의적인 인간관계 형성을 위하여 자율신경계의 안정을 도모하게 한다. 또한 가정에 대하여 그 방법을 전달하여 가정에서도 지속되게 한다.

(5) 허약형(虛弱型)

피곤하기 쉽고 병기에 걸리기 쉬운 아동, 기타 비만하거나 아주 마른 아동이 해당된다. 구체적인 목표는 다음과 같다.

- 올바른 일상생활, 식사, 운동의 필요성을 이해하고 체득하게 한다.
- 적극적 태도와 지구력을 육성하며, 특히 학습과 신체활동 면을 강조한다.

(6) 정신 · 신경형(情神 · 神經型)

의료행위가 필요한 정신적 또는 신경적 질환을 가지고 있는 자를 말한다. 이 유형에 속한 아동은 자폐, 간질, 분열, 신경증 등 다양하고 독특한 증상을 나타낸다. 구체적인 목표는 다음과 같다.

- 호의적인 인간관계를 확립한다.
- 감각, 지각, 운동, 정서의 제 기능을 적절히 활용할 수 있게 한다.
- 심리 · 신체 면에서 적절한 활동을 촉진해야 하는데, 이때 절대 과도한 긴장을 갖지 않도록 한다.

(7) 중심형(重心型)

중도 정신지체와 중도 지체부자유를 병행한 아동으로, 증증 심신장애아라고 불리며 신체허약의 상태를 의미한다. 구체적인 목표는 다음과 같다.

- 감각, 지각, 운동, 정서 제 기능의 향상을 도모하게 한다.
- 신체의 이동과 의사 전달의 기능 향상을 도모하게 한다
- 일상 신변생활의 자립, 인간관계의 확립, 작업능력의 향상을 지향한다.

2) 교육의 내용

(1) 교육과정

학교에서는 교육과정의 편성이 의무적으로 시행되고 있다. 교육과정은

'학교의 교육목표를 달성하기 위하여 교육내용과 수업 시수를 아동의 적성에 따라 종합적으로 조직한 학교 전체의 교육계획'이라고 정의된다. 교육과정을 편성하기 위해서는 다음의 내용을 이해해야 한다.

1 교육목표

일반학교교육의 목표를 지향하면서 각 병종(病種)에 따른 목표 및 요구에 따른 개별 목표가 필요하고, 특정 개인을 고려한 목표도 필요하다.

2 교육내용

2010년 개정 특수교육교육과정(2010. 12. 30.)에 따라 학년에 따른 각 교과(군), 창의적 체험활동뿐만 아니라 생활기능 활동 및 연간 행사계획의 개요 등이 필요하다. 학교에서는 어느 정도의 아동이 재학하고 있으며, 그들에 대하여 어떠한 내용을 설정하고 있는가를 알 수 있도록 하는 것이 필요하다. 예를 들면, 일반 만성질환 아동의 교육내용, 정신지체를 동반하는 아동의 교육내용 및 중증 심신장애아동의 교육내용을 나타내도록 한다.

3 수업 시수

교육내용에 함께 기재하도록 한다. 이 경우에도 학교 전체의 실정을 파악하기 위하여 평균적인 수업 시수만이 아니라 침상에서의 학습안부터 일반 수업 시수가 확보되는 아동까지 잘 파악할 수 있도록 수업 시수의 제시가 필요하며 그 이유를 기록해야 한다.

4 아동의 능력 및 적성 등

학년별, 병종과 그 정도별, 병원 등과의 관련 사항, 지역 사정, 기타 교육과정 편성에 있어 특히 필요한 사항을 간결하게 기입하여 둔다.

5 기타

학교 교육과정 편성에 필요한 교육과정 편성 영역의 내용을 간단히 기술한다.

① 각 교과

각 교과는 아동을 지도하는 ㉮ 지식, 기능 등의 교육내용을 교육적 관점에서 ㉯ 계통적 · 조직적으로, ㉰ 학생 또는 학부 진행에 따라 배열한 것이다. 따라서 교과의 체육시간에 항시 야구와 축구 등만을 실시하는 경우에는 ㉯ 계통적, ㉰ 학년 진행에 따른 변화 등이 빠져 있어 교과의 지도를 실시하였다고 할 수 없다.

② 창의적 체험활동

창의적 체험활동은 교과 이외의 교육활동으로서 교과와 상호 보완 관계에 있으며, 앎을 적극적으로 실천하고 나눔과 배려를 할 줄 아는 창의성과 인성을 겸비한 미래 지향적 인재양성을 목적으로 한다. 창의적 체험활동 교육과정은 자율활동, 동아리활동, 봉사활동, 진로활등의 4개 영역으로 구성된다. 영역별 구체적인 활동내용은 학생, 학급, 학년, 학교 및 지역사회의 특성에 맞게 학교에서 선택하여 융통성 있게 운영할 수 있다(교육과학기술부, 2009a).

③ 생활기능 훈련

아동의 심신장애의 상태를 개선하고 이를 극복하기 위해 필요한 지식, 기능, 태도 및 습관을 양성하며, 지니고 있는 심신의 조화적 발달의 기반을 갖추고자 하는 것이다. 생활기능 훈련의 의의는 심신장애의 상태를 개선 또는 극복하는 것이다. 심신의 장애 상태가 개선되기 위하여서는 ㉮ 그것을 위하여 시간을 특별히 설정하여 개별 학생의 장애 상태를 개선하기 위한 구체적인 목표와 내용을 설정하여 지도하는 경우, ㉯ 각 교과(군) 및 창의적 체험활동 각각의 영역에 있어서 그 목표와 내용 선정과 더불어 장애의 상태를 개선하기 위한 목표와 내용을 설정하고 지도하는 경우, ㉰ 장애의 상태를 개선하는 목표와 내용을 특별히 설정하지 않지만 각 교과 등의 지도를 행하고 있는 가운데 장애의 상태가 개선되는 경우 등이 있다. 이러한 개별 경우에 따라 장애 상태의 개선을 도모하고 개선되는 것을 생활기능 훈련이라고 할 수 있다.

(2) 지도계획의 작성

① 능력과 적성 및 교육내용

건강장애아동의 능력과 적성은 매우 다양하다. 이것은 물론 질병의 종류와 그 정도에 따라 발생되지만, 병기에 의한 장기결석, 학습 시수의 제약, 병기에서 오는 학습 의욕의 손실, 인간관계의 제약, 사회생활 경험의 편향 등이 부수 요인이 되고 있다. 교육을 시행하는 데 있어 이와 같은 요인을 올바르게 평가하고, 학생의 능력과 적성을 적절히 평가하며, 그 능력과 적성에 대응하는 교육내용을 설정하는 것이 중요하다. 만약 그와 같은 지도가 충분하게 이루어지지 못하면 지도 효과가 충분하게 나타날 수 없으며, 오히려 학습 의욕을 감퇴하여 병기의 회복을 저해할 수 있다.

② 학습 지체의 경우

질병의 증상이 심하며, 장기간에 걸쳐 학습 공백이 계속되는 경우에는 1~2년의 학습 지체뿐만 아니라 여러 학년에 걸쳐 지체가 나타나는 경우도 있다. 이러한 경우에 교과의 특성에 따라 그 대응방법도 다르게 될 수 있다. 중학부 교과의 특성을 예로 들면 다음과 같다.

- 국어, 수학, 영어와 같이 계통적 학습이 특히 강하게 요구되는 경우에는 학생이 어디까지 이해하고 있는가를 올바르게 파악하여 거기서부터 지도를 한다. 예컨대, 중등 2학년생이 초등 2학년 정도의 학력

을 가진 경우에는 초등 2학년부터 지도를 한다.

- 사회, 과학, 기술 · 가정과 같이 생활에서 사회 현상과 자연 현상의 문제 해결이 요구되는 경우에는 현재 학년의 내용을 지도하면서 그 기초가 되는 아래 학년에서 다룬 내용도 같이 지도한다.
- 음악, 미술, 체육과 같이 일상생활 속에 비교적 깊게 밀착되어 있는 경우에는 해당 학년의 내용을 철저하게 지도한다.

③ 수업시간이 제한되어 있는 경우

건강장애아동의 1일 수업시간은 전혀 제한이 없는 경우부터 2시간 정도까지 허용되거나 많은 제한을 받고 있는 경우까지 다양하다. 그 제한은 고정된 것이 아니고, 병상의 변화와 치료의 필요에 따라 변경되는 경우가 많다.

이와 같은 아동의 지도계획 작성에서는 우선 주당 어느 정도의 수업시간을 확보할 수 있는가를 상정하고, 그 시간 내에 각 교과에 어느 정도 시간을 배당할 수 있는가를 결정한다. 또한 수업시간의 제한이 엄하게 요구되는 경우의 지도내용 선정은 기본적 · 기초적 사항에 한정하여 내용을 설정하도록 한다.

④ 신체활동이 제한되어 있는 경우

건강장애 중에는 신체를 움직이는 학습이 제한 또는 금지되어 있는 아동이 있다. 그와 같은 아동에 대하여서는 신체활동을 동반한 학습내용의 적용이 문제가 된다. 그 대표적인 것이 체육이다. 학교에 따라 신체활동이 제한된 아동에 대하여 체육지도를 전연 하지 않은 곳도 있는데, 이러한 경우는 운동의 녹화 시청 등을 통하여 운동에 친숙해지도록 한다.

이러한 활동에서 얻은 지식과 이해를 토대로 여가시간에 TV 스포츠 프로그램 시청을 통해 즐겁고 명랑한 생활을 보내는 태도를 함양하도록 한다. 신체활동이 제한되어 있는 아동에게 신체활동이 필요한 내용의 지도는 녹화나 그 외의 대체물로 지도할 수 있게 한다.

⑤ 생활 경험의 범위가 제한되어 있는 경우

건강장애아동의 생활 경험 범위는 병약 때문에 활동 범위가 빈약하며 입원함에 따라 성인과의 접촉이 부족해진다. 그 때문에 생활 경험의 부족, 편향된 성격, 사물에 대한 시야 협소로 판단의 공정성 결핍, 자기중심적이 되기 쉬워 아이다운 구김살 없는 면을 잃어버리기 쉽다. 이와 같은 문제점을 없애기 위하여 최대한 사회 견학학습을 설정한다. 이것이 곤란한 경우에는 녹화 교재 등으로 대체한다.

또한 건강장애학교에 취학하게 되면 질환을 갖는 아동과 함께 지내게 되어 바람직하지 못한 성격 형성 및 사회성 발달의 문제를 갖게 될 수도 있다. 따라서 이전의 일반학교 학생이나 같은 지역의 초등학교 또는 중·고등학교 학생과의 생활 교류의 기회를 갖도록 하는 것도 중요하다.

3) 교육의 방법

(1) 생활의 충실

건강장애아동에 대하여 형식적인 교육기회를 확보해 주는 것만으로는 그다지 큰 의미가 없다. 중요한 사항은 받은 교육에 따라 생활이 충실히 이루어지도록 하는 것이다. 따라서 능력발휘의 기회를 보장하는 것과 함께 호의적인 인간관계의 형성이 이루어지도록 하는 것이 중요하다. 이와 같은 사항이 충족되면 아동은 마음을 안정하고 충실감을 느낄 수 있게 된다.

반대로 능력발휘의 기회보장 및 호의적인 인간관계 형성이 불충분할 경우에는 불안정 및 불행감에 싸여 충실한 생활을 보내기 어렵게 된다. 인간의 모든 생활 장면에서, 특히 교육적인 면에서 아동의 능력발휘 기회와 호의적인 인간관계 형성을 의도적, 계획적으로 보장할 수 있는가를 고려하여야 한다.

건강한 아동과 비교할 때 건강장애아동에게 능력발휘의 기회는 시간 수와 신체활동 또는 급격한 에너지 소비가 필요한 활동 면에서는 제약이 있지만, 그러한 기회를 전혀 갖지 못하는 아동은 없다. 장기간에 걸쳐 병약 상태에 있기 때문에 생활의 풍부한 정신적인 가치 면에 대하여 듣거나 읽고 느낄 수 있게 하여야 하며, 파악하고 이해하고 생각하고 창조할 수 있는 높은 정신적인 면에서의 능력발휘의 기회를 더 많이 확보하여야 한다.

건강장애아동의 능력발휘 기회를 각 교과 등은 지도시간보다 더 중요하게 다루어야 한다. 그리고 각 교과 등의 시간에서 능력발휘의 기회가 확보되었다 하더라도 아동이 현실 생활 장면의 인간관계 면에서 좌절(挫折), 거부(拒否), 배척(排斥), 무시(無視) 등이 이루어지는 환경에 처한다면 아동은 자신의 능력 발휘를 충분히 할 수 없으며, 나아가 심리적 불쾌감을 느끼게 되어 충실한 생활을 영위하기가 어렵다.

(2) 의욕적 태도의 육성

학습지도를 행하는 데 유의하여야 할 사항은 받아들이는 학습보다 자발적인 학습이 이루어지도록, 즉 의욕적 태도의 육성을 도모하도륵 하는 것이다. 아동의 의욕적 태도의 육성은 아동 지능의 고저, 학습시간 수의 양과는 관계없이 약에 의한 부작용, 병기에 의한 상태 등의 경우를 제외하면 교사의 지도방법이 큰 영향을 주고 있다.

의욕을 키우는 데는 과제의식, 능력에 맞는 과제, 학습방법, 동기부여, 지속력, 사회성 등의 요인을 고려해 보아야 한다.

의욕을 향상하는 데에 필요한 요인을 살펴보면 다음과 같다.

- 과제의식은 지금부터 학습하는 것은 무엇인가를 스스로 의식하는 것이며, 타인의 제시 및 의뢰에 따라 학습하는 것이 아니라는 주체성을

자각하게 한다.

• 능력에 맞는 과제에 진지하게 임하면 꼭 해결할 가능성이 있는 과제를 제시하도록 한다. 이를 위하여 개별 아동의 능력과 적성을 올바르게 파악해 두어야 한다. 의욕은 알 수 있고, 흥미롭고, 더욱 알고 싶은 것에서 육성된다. 그러므로 학습자의 능력을 무시하고 너무 어려운 과제나 혹은 너무 쉬운 과제를 부여하는 것은 도움이 되지 못한다.

• 학습방법은 각 교과마다 학습 진행을 익숙하게 하여야 한다. 이런 경우에는 아는 것과 알지 못하는 것을 구별하여 수업에 임하도록 한다. 알지 못하는 것과 아는 것을 구별하지 않고 수업에 참여하면 학습자는 주체성을 육성하기 어렵다. 또한 학습 시에는 새로운 것을 학습하는 데 기초가 되고 용구(用具)가 되는 것에는 저항이 없도록 해야 한다. 이것이 가능하면 관계 파악, 추론, 귀납 등 현상의 이면에 있는 학습도 가능하게 된다.

• 동기부여는 스스로 학습하는 태도를 형성하도록 고려해야 한다. 일반적으로 상벌 또는 경쟁에 의한 동기부여가 이용되지만, 학습은 스스로의 인격 형성을 위하여 행하는 것이기에 타인과의 비교경쟁이 되지 않도록 한다.

• 지속력은 한순간에 형성되지는 않는다. 성격, 심리적 · 물리적 환경, 신체적 조건 등에 의하여 좌우된다. 그런데 주의집중이 이루어질 때는 지속력도 높아진다. 따라서 이미 주의집중을 할 수 있는 과제를 제시함으로써 지속력이 있는 태도 형성을 도모하도록 한다. 한편 지속력을 저해하는 요인으로 과잉보호, 지나친 사랑, 자극 과다 등 일관성이 없는 생활습관을 들 수 있다. 이와 같은 바람직하지 못한 요인의 해소를 도모하는 것은 중요하다.

• 사회성의 육성에서는 바람직하며 의욕적인 학습태도를 갖도록 해야 한다. 종래에는 학력 향상을 개인적인 것으로 취급하였지만, 요즘에는 개인적 측면보다 사회적 측면을 더욱 중요시하는 시대가 되

었다. 사회적 측면의 과제로서 개인의 학력 향상은 소속집단으로서의 사회적 측면의 영향이 있는 것과 소속집단 그 자체가 사회적 존재로서의 측면을 가지고 있기 때문에 해당 소속집단 자체의 충실성 향상이 기대된다. 이와 같은 과제를 해결하기 위해서는 ① 개개인이 집단에 참가하고 있는가, ② 개개인이 소속집단의 각 구성원 및 집단을 이해하고 있는가, ③ 소속집단은 허용적 태도가 형성되어 있는가, ④ 과제를 해결하는 데에 있어서 각 구성원의 능력이 발휘되는 집단이 되어 있는가, ⑤ 각 구성원은 능력을 발휘하그 자기거선이 되어 가는 것을 의식하고 있는가 등을 정확히 평가하고 사회성을 육성해야 한다.

(3) 학습지도법의 개선

건강장애아는 일반적으로 첫째, 학습시간 수가 적고, 둘째, 학습이 지체되어 있으며, 셋째, 신체활동이 제한되기 쉬우며, 넷째, 경험이 협소하고, 다섯째, 소인수로 학습이 이루어지기 쉽다. 따라서 이와 같은 문제를 해소하기 위하여 적절한 지도계획의 작성과 함께 다음에 제시되는 지도방법이 요구된다.

- 학습지도상의 제약에 대하여서는 내용의 정선을 도모하기 전에 내용을 삭제하지 않아도 지도할 수 있는가를 고려해야 한다. 그러기 위하여 도입, 전개, 정리의 방법을 재고한다. 예를 들면, 학습의 전개에서 건강장애학생이 이해하기 쉬운 교재 · 교구를 고려하여 사용하도록 하고, 판서와 설명 시간을 줄인다. 필요에 따라 비디오 및 시청각 기자재에 의한 녹화 교재를 사용하여 효과적인 학습이 이루어지게 한다.
- 학습이 지체된 아동의 지도에서는 '지도계획 작성' 시 유의할 사항과 지도한 것이 흥미 있게 학습되어 확실한 지식으로서 다음 학습을

발전시킬 수 있도록 기초를 마련한다. 이를 위해 교재의 선정과 제시 방법을 연구해야 한다. 이러한 경우 가능한 한 지도시간 수를 늘려 나가도록 한다. 또한 계통적 교과에서는 개별적으로 계획을 작성하고, 교육 기기의 활용에 의한 개별지도를 중시한다.

- 신체활동이 제한된 아동의 지도에서는 많은 경우 견학 또는 녹화 등의 컴퓨터 및 시청각 교재 등에 의한 간접적인 지도를 행한다. 이 경우 활동하고 있는 사람들에게 주의가 집중되어 견학방법으로 학습하는 아동에게는 학습의 확인이 소홀하게 되는 경우가 있기 때문에 주의가 필요하다.
- 경험 범위가 협소하여 생기는 문제점에 대해서는 신체적 경험 범위가 협소하더라도 정신적 경험 범위를 넓고 깊게 하여 밝고 올바른 정신생활이 촉진되도록 지도방법을 고려해야 한다.
- 소집단 지도에서는 일정한 인원이 필요한 교재의 지도가 어렵고, 특정인과의 접촉만으로 경험이 한정되기 쉬워 많은 사람의 의견을 듣거나 접촉 시의 태도를 육성하는 측면의 지도가 결여되기 쉽다. 이러한 문제를 해결하기 위하여서는 학년별 지도에 국한하지 않고, 필요에 따라서는 전 학년을 합하여 교과지도를 할 필요가 있다. 이처럼 전 학부를 포함한 지도에서도 개개인의 지도의 목표, 내용, 방법 등이 명확히 이루어지도록 한다.

제2장

건강장애학생을 위한 교수-학습 지도

1. 건강교육의 이해

1) 건강교육 정의

건강교육의 정의는 다양하다. 주요한 것으로는 건강에 관한 지식과 실천의 괴리를 최소화하는 것, 개인과 집단의 비건강적 행동에서 건강적 행동으로 변용을 유도하는 것, 자발적으로 건강적 행동을 할 수 있도록 디자인된 학습 경험을 구성하는 것, 자타의 행동을 자기 결정하도록 개별 · 집단으로 지원하는 것 등이 있다.

건강교육의 주목적은 행동 변용에 있으나, 건강교육의 목표나 이론은 각 시대마다 건강 과제나 사회 상황에 따라 발전적으로 변천해 왔다. 1960년대까지는 생활 습관병의 예방을 목표로 '지식의 보급 → 태도의 변용 → 행동의 변용' 이라는 모델을 토대로 전개되었다.

1970~1980년대는 건강신념 모델(Becker, 1974)을 중심으로 한 다양한 사회심리학적 모델을 토대로 건강교육이 전개되었다. 1990년대 이후에는 정책과 조직 및 제도 등의 사회환경 정비의 중요성이 건강교육에서도

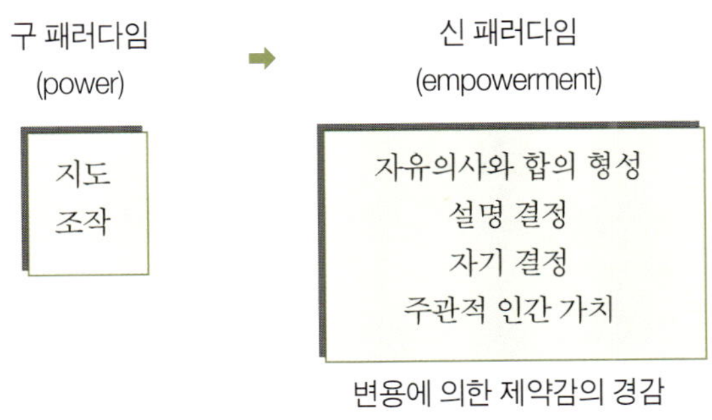

[그림 2-1] 건강교육의 패러다임 변화

재확인되었다. 또한 건강교육의 사고 범위는 종래의 지도와 조작(power)형으로부터 개개인의 자유의사의 존중과 권력의 주체화 과정을 경험하는 것 등으로 전환되었다([그림 2-1] 참조).

2) 건강교육의 이론과 모델

[그림 2-2]에는 건강교육의 기본 범위가 제시되어 있다. 1970년대 이후 사회심리학을 중심으로 다양한 이론 및 모델이 제창되었다. 주요 이론을 열거하면 건강신념 모델, 범이론적 모델(stage theory, process theory), 합리적 행동이론, 계획적 행동이론, 사회인지이론, 사회적 지원, 사회적 네트워크, 공동체 조직, 공동체 개발(함양), 사회적 마케팅, 프리시드-프로시드(precede-proceed) 모델 등이 있다.

이론이나 모델을 이용해서 건강교육을 실천할 때 고려해야 할 점은 첫째, 이론이나 모델의 목적이 건강교육의 내용에 잘 맞는지(합리적 적용), 둘째, 이론이나 모델을 구성할 때 시너지 효과를 활용하는지(조합의 활용), 셋째, 이론이나 모델이 실제의 건강교육에서 실행 가능한지(실제적

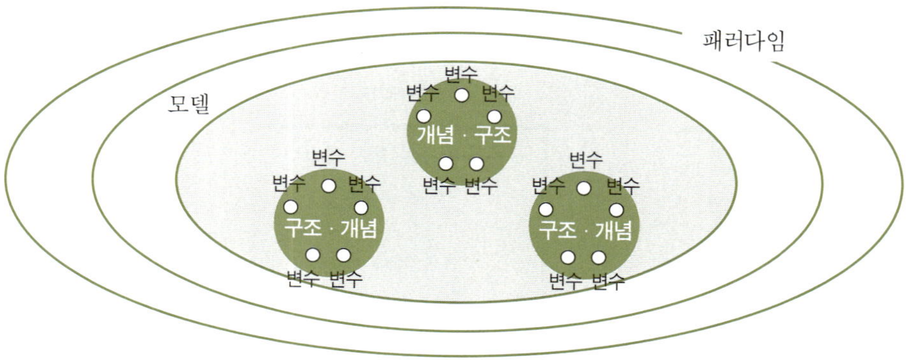

[그림 2-2] 건강교육의 기본 틀

적용), 넷째, 이론이나 모델의 한계를 인식하고 있는지(한계), 다섯째, 이론이나 모델을 건강교육에서 실천하고 그 효과를 평가하는지(평가)다.

2. 건강장애학생의 실태

우리나라는 특수교육과 관련된 장애 개념 및 장애 범주의 확대라는 세계 추세에 발맞추어 특수교육진흥법(2005년)과 장애인 등에 대한 특수교육법(2008년)의 공포를 통하여 건강장애학생의 학습권 보장을 마련하였다. 장애인 등에 대한 특수교육법의 규정에 의거해 특수교육에 관한 주요 시책과 그 추진내용을 조사한 특수교육통계자료(교육과학기술부, 2011)에 따르면, 〈표 2-1〉과 같이 특수교육 대상 건강장애학생 수는 2007년 1142명(1.7%), 2008년 1637명(2.3%), 2009년 1945명(2.6%), 2010년 2174명(2.7%), 2011년 2229명(2.7%)으로 꾸준히 증가하고 있음을 알 수 있다.

한편 건강장애학생은 학교 등교 곤란과 건강 문제 등으로 인해 순회교

표 2-1 연도별 장애 영역별 학생 수

(단위: 명, %)

연도	시각장애	청각장애	정신지체	지체장애	정서행동장애	자폐성장애	의사소통장애	학습장애	건강장애	발달지체	전체
2007	2,292 (3.5)	2,864 (4.3)	36,041 (54.7)	7,739 (11.7)	7,695 (11.6)		1,185 (1.8)	6,982 (10.5)	1,142 (1.7)	-	65,940 (100)
2008	2,103 (3.0)	3,073 (4.3)	40,222 (56.3)	8,788 (12.3)	7,681 (10.7)		1,226 (1.7)	6,754 (9.4)	1,637 (2.3)	-	71,484 (100)
2009	2,113 (2.8)	3,385 (4.5)	40,601 (54.0)	9,659 (12.8)	3,537 (4.7)	4,647 (6.2)	1,324 (1.8)	6,526 (8.7)	1,945 (2.6)	1,450 (1.9)	75,187 (100)
2010	2,398 (3.0)	3,726 (4.7)	42,690 (53.6)	10,367 (13.0)	3,588 (4.5)	5,463 (6.9)	1,591 (2.0)	6,320 (7.9)	2,174 (2.7)	1,394 (1.7)	79,711 (100)
2011	2,315 (2.8)	3,676 (4.4)	45,132 (54.6)	10,727 (13.0)	2,817 (3.4)	6,809 (8.2)	1,631 (2.0)	5,606 (6.8)	2,229 (2.7)	1,723 (2.1)	82,665 (100)

주: 건강장애는 2005년부터, 의사소통장애는 2006년부터, 발달지체는 2009년부터 조사 실시.

표 2-2 순회교육의 동향

(2011. 4. 현재)

구분	학생 수											학급 수			교사 수			
	기관					학교과정												
	가정	시설	병원	일반학교	계	장애영아	유치원	초등학교	중학교	고등학교	계	순회	파견	계	순회	파견	겸임	계
계	1,217	1,869	41	3,963	7,090	16	736	3,128	1,823	1,387	7,090	503	151	654	1,170	160	106	1,436
특수학교	391	603	3	-	997	16	52	352	259	318	997	145	83	228	151	80	-	240
특수학급	521	1,122	29	291	1,963	-	23	1,052	538	350	1,963	358	68	426	343	71	106	520
특수교육지원센터	305	144	9	3,672	4,130	-	661	1,724	1,026	719	4,130	-	-	-	676*	-	-	676

* 센터 순회강사 481명 포함.

육을 많이 받고 있다. 〈표 2-2〉와 같이 가정 · 시설 · 병원 · 학교 등에서 순회 또는 파견 형태로 실시하는 순회교육은 654학급, 1436명의 교사가 모두 7090명의 특수교육 대상학생에게 실시하고 있으며, 특수학교에서 997명, 특수학급에서 1963명, 특수교육지원센터에서 4130명을 대상으로 순회교육을 실시하고 있다.

우리나라 특수교육 요구아동의 장애 범주별 출현율 조사 연구의 결과(정동영 외, 2001)를 보면, 만성질환으로 장기입원 혹은 장기 통원치료를 받는 아동은 2800명에 이르고 있다. 특수교육통계(교육과학기술부, 2011)에서 보는 바와 같이 특수교육 요구아동은 전체의 2.3%를 차지하고 있으며, 2005년에 조사한 이후로 점차 증가하고 있다. 이에 건강장애학생을 위한 교육대책도 가정, 병원, 복지시설 등에 있는 취학유예 장애아동이나 순회교육 대상학생에 대한 학교교육의 지원(파견학급의 설치 확대, 순회교육의 강화, 치료지원 서비스를 위한 병원학교의 설치 확대 등)을 통해서 특수교육의 기회의 폭을 넓혀 가고 있다.

3. 건강장애학생을 위한 교육 서비스

1) 병원학교의 개념

건강장애학생 교육지원 관련 설명자료(교육인적자원부, 2006)에서는 병원학교란 장기입원이나 장기 통원치료로 인해 학교교육을 받을 수 없는 학생을 위해 병원 내에 설치된 학교라 정의하고 있다. 현재 병원학교는 교사 1인이 운영하는 파견학급 형태이나 여러 학교급, 학년의 학생이 함께 공부하기 때문에 병원학교로 통칭되고 있다. 그리고 장기치료를 받는 학생들에게 학업의 연속성 및 또래관계를 유지해 주고 심리 · 정서적 안정으로 인한 치료 효과 증진에 병원학교 운영의 목적이 있다고 명시하고 있다.

병원학교는 다른 특수학교 유형과는 달리 장애에 대한 특수교육 서비스보다는 장기간의 병원 입원치료가 요구되는 아동 및 청소년의 만성질환으로 인한 교육적 손실을 중요하게 다루어야 하는 특징을 가진다. 건강장애학생은 장기간의 질병으로 인하여 혹은 그 결과로 학교를 지속적으로 다닐 수 없는 경우, 즉 머지않아 재차 병원에서 치료를 받아야 할 경우, 질환으로 인하여 원적학교로 더 이상 복귀할 수 없는 경우, 병원을 통한 치료가 외래 형식으로 진행되는 경우, 그리고 건강회복을 기대할 수 없는 경우에는 병원학교에서 교육을 받아야 한다. 건강장애학생을 위한 수업은 질병에도 불구하고 성공적으로 배울 수 있는 가능성을 제공하며, 아울러 장기결석으로 인한 학력의 퇴보를 최소화할 수 있도록 한다. 또한 수업은 질병을 가진 학생의 신체적 · 심리적인 부정적 상황을 경감하여 질병에 대처하는 능력을 배우는 동시에 회복에 대한 의지를 더욱 강화할 수 있다.

병원학교에서 제공되는 교육과 수업은 무엇보다도 의료적인 측면에서 치료와 간호를 우선시하게 된다. 일반적으로 건강장애학생의 질환 정도 및 특성을 참고로 하여 적절한 교육내용을 선정해야 하며, 동시에 기존의 재학 중인 학교와의 긴밀한 협력이 요구된다. 독일의 병원학교 규정을 보면, 초등학생의 경우에는 수학과 국어 과목에 비중을 두고 수업을 실시하며, 중·고등부에서는 수학과 국어 이외에 외국어 및 자연과학 과목을 지도하여 학생들의 학업성취 향상에 도움을 준다. 그러나 상급학교로의 진학이나 학교 졸업과 관련이 있는 경우, 혹은 학습 동기, 호기심, 성취감 등을 강화하기 위해서는 다른 과목도 함께 지도해야 한다.

병원학교에서는 확정된 시간표를 작성할 수 없으며, 수업시간은 요일마다 가능하면 균형 있게 분포되어야 한다. 수업의 시정이나 지속시간은 건강장애학생의 다양한 상황을 고려하여 관련 학교장, 교사 등이 병원장 및 의사와 협의하여 결정해야 한다. 건강장애학생의 학업평가는 학생 자신의 개별적 상황은 물론 과제의 종류, 시간적 제한, 수업 분량 등에 관하여 수업담당 교사가 치료 의사와 논의하여 결정해야 한다. 병원학교나 가정 내에서의 수업은 건강장애학생의 요구에 맞추어 학교급별 교사로 구성하는 것이 좋다. 그리고 병원학교 담당교사는 교육적, 심리적, 혹은 교수 방법적 측면에서 건강장애학생을 고려할 만한 능력을 갖추어야 한다. 더불어 건강장애학생의 부모, 원적학교의 교사 및 치료에 관련된 전문인과의 협력적 태도와 능력, 상담자로서의 자질, 다양한 교재 및 교구의 사용방법 숙지, 해당 질병과 신체적·심리적 파급효과에 대한 사전 지식, 병원의 조직과 운영에 관한 정보, 교사의 심리적 부담 해결능력 등이 요구된다(김기홍, 2005).

건강장애학생 담당교사의 역할을 살펴보면 다음과 같다. 건강장애학생의 진료와 교육이 성공하기 위해서는 담당교사가 치료하고 돌보는 전문의료 관련인과 긴밀한 협력을 유지하는 것이 필수적이다. 병원학교와 병원과의 긴밀한 협력은 관련 교사와 담당의사와의 의사소통, 즉 상호 정보교환 및 합의가 전제되어야 한다. 치료를 담당하는 의료진은 수업을 담당하는 교원에게 질병의 지속시간, 전염성 위험, 혹은 건강장애학생의 부모 및 성년의 나이에 있는 당사자의 허락하에 진단 결과 및 증상 등에 관한 정보와 자료를 제공하게 된다. 특히 건강장애학생의 교육과 수업에 관련된 사람들의 공무상 기밀의 누설은 의무적으로 금지되어 있다. 그러나 치료적 목적하에 관련 정보가 필요할 경우에는 교사가 병원의 의사나 치료사에게 제공할 수 있다. 병원학교가 건강장애학생에 관한 정보의 제공 여부를 판단하지 못할 경우에는 부모에게 이를 공지하고 그들에게 결정을 맡기게 된다(Bayerisches Staatsministerium für Unterricht und Kultus, 1999).

병원학교의 교사는 건강장애학생의 부모와 의견을 나누며, 이러한 학교와 부모와의 협력은 특히 부모와의 상담시간을 통하여 이루어질 수 있다. 아울러 병원학교는 건강장애학생의 원적학교와 협력을 하는데, 병원학교는 원적학교에 필요한 서류를 요구할 수 있으며, 원적학교는 건강장애학생의 서류와 함께 지금까지 치료받은 사항, 교육 목표와 내용, 학업성취도에 관한 모든 정보를 즉시 제공해야 한다. 또한 병원 수업을 담당하는 교사와 원적학교 교사는 상호 간에 학습 목표와 내용에 대한 합의를 한다. 원적학교는 교재 · 교구(교과서 등)를 대여함으로써 병원학교의 교육을 지원하며, 병원학교 교사는 건강장애학생이 속한 학년을 기준으로 학업성취도와 과제물 설정에 관하여 정기적으로 확인해야 한다.

병원학교는 건강장애학생의 원적학교로의 복귀 이후의 원만한 적응을 위하여 지금까지의 학습태도 및 학업성취도에 관하여 공지한다. 그러나 병원학교는 의학적인 진단내용을 전달할 권리는 없으며, 오로지 수업한 교과목, 교육목표, 교육내용 등에 관하여 관련 자료를 알리는 것이다. 아울러 병원학교는 건강장애학생이 장차 다니게 될 학교에 필요한 서류를 즉시 제공한다.

우리나라의 병원학교는 유 · 초 · 중 · 고등학교의 다양한 학교급별 학생으로 구성되어 있어, 그들에 대한 개별 학습지원과 심리적 적응지원을 위하여 화상강의 시스템 운영, 순회교육, 자원봉사제 활용, 캠프 등 일반 학생의 교과 영역을 최대한 경험할 수 있는 다양한 프로그램을 활용하여 지원하고 있다. 특히 사이버 화상강의 시스템은 서울, 경남, 인천의 세 교육청에서 전국 400여 명의 건강장애학생을 대상으로 운영되고 있다. 특히 인천교육청은 현직 교사를 사이버학급 강사로 선정하고 교육과학연구원의 교수학습지원센터 서버를 이용하여 실시간 수업을 함으로써 학생들과 학부모에게서 좋은 반응을 얻고 있다.

전국병원학교 홈페이지(http://hoschool.ice.go.kr)는 그간 전국 병원학교 간 상호 정보 교류의 장이 필요하다는 요구와 함께 병원학교 이용자 및 관계자에 대한 정보 제공 및 대국민 건강장애 인식개선을 위해 개설된 것이다. 이는 관계자 간 정보 및 인식 부족으로 건강장애학생 지원에 어려움이 있었던 부분을 해소할 수 있는 활발한 정보교류의 장이 될 수 있을 것이다.

특히 그동안 건강장애학생이 병원에서 수업을 받고 이를 학교 출석으로 인정받는 과정에서 병원학교, 학생의 소속학교, 교육청, 병원, 학부모 간 상호 전달체계상 어려움이 있었으나, 홈페이지 구축을 통하여 유기적 네트워크가 형성되어 관계자 간의 원활한 협력과 의견 교환이 이루어질 것으로 기대된다. 또한 교사 및 학생들에 대한 건강장애 이해 및 인식개

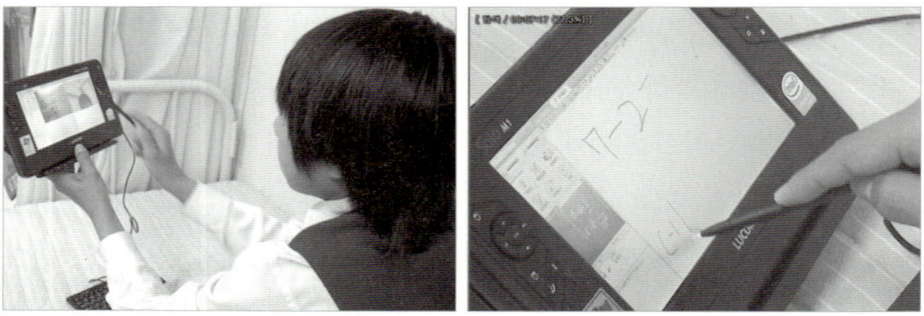

[그림 2-3] 건강장애학생의 병원학교 수업 장면

주: 병원학교 사이버학급은 개인용 휴대단말기를 통한 일대일 화상강의나 탑재된 콘텐츠 u-러닝으로 쌍방향 학습 또는 시공간을 초월한 학습이 가능하다.

선 기회를 제공하여, 건강장애학생의 치료 후 학교복귀 단계에서 학교 적응에 도움이 될 전망이다.

2) 병원학교 교육과정 편성 · 운영의 기본 방향

(1) 병원학교의 교육과정

병원학교의 교육과정에서는 교육이념과 특수교육의 목적을 실현하기 위하여 헌법 제31조 제6항, 초 · 중등교육법 제23조, 특수교육진흥법 제25조, 특수교육진흥법 시행규칙, 현행 교육과정(교육부 고시 제1998-11호) 및 강원도교육청 특수교육계획을 바탕으로 특수학급 운영기준을 정한다. 국가수준 교육과정의 편성 · 운영 기준이나 방침의 타당성, 적합성을 고려하고, 학교에 주어진 교육과정 편성 및 운영의 자율성, 융통성, 창의성을 최대한 발휘하여 병원학교 운영위원회 위원 및 담당의사, 학생, 학부모의 교육적 요구를 반영하여 구성한다.

- 병원학교의 특수성, 학생의 질병, 원적학교의 수업 시수, 담당의사의 의견, 그리고 학생, 학부모, 병원학교 운영위원회 위원의 요구와 필요성을 고려한다. 즉, 병원학교 특수교사가 소속학교 일반교사, 의료진, 학부모 등과 협력하여 수립하되, 개별화 건강관리계획을 포함하여야 한다.
- 교육의 효율성을 높이기 위해 학습자의 질병, 특성, 능력, 적성 등을 고려한다.
- 학습자 중심의 교육을 구현하기 위해 학생의 적성, 능력, 흥미나 관심, 장래의 진로에 초점을 맞춘다.
- 수준별 개별화교육을 강화하기 위해 범교과, 범학교, 범학급, 범수업 시수적 성격을 갖는다.
- 학생의 학교, 학년, 수준별 교육을 보장하기 위하여 필요한 과목에

해당하는 유 · 초 · 중 · 고 교사 중 희망자에 한해 자원봉사 교사제를 운영한다.

- 다양한 교육방법으로 개별 학생의 요구에 따른 교육을 제공한다. 사이버 가정학습 서비스 및 화상강의 시스템 활용으로 컴퓨터나 개인용 휴대단말기를 통하여 개인별 학년과 학력 수준에 맞게 사이버 가정학습 서비스를 활용하고, 특히 중 · 고등부 학생의 경우는 화상강의 시스템을 활용하여 개별지도를 받을 수 있도록 조치한다. 방문교육을 통해서 교사나 자원봉사자가 병실 혹은 병원학교에서 개별지도를 실시한다. 또한 병원학교를 인근 지역의 u-러닝 지원 연구학교와 연계하여 시범 운영함으로써 병실에서도 학습이 가능한 체제를 마련하도록 한다.

요컨대, 병원학교의 교육과정은 학생의 질병에 따른 치료 및 교육 필요성, 원적학교의 수업 시수, 병원학교 출석 수업 시수 등을 고려하여 수준별 개별화를 기본으로 한 범교과, 범학교, 범학년, 범수업 시수의 통합교과 교육과정이라고 할 수 있다.

(2) 병원학교 교육과정 편성 방침

병원학교 교육과정은 유 · 초 · 중 · 고등부 학생을 대상으로 범교과, 범학교, 범학년, 범수업 시수의 통합교과 교육과정으로 편성 · 운영한다.

- 국가수준 교육과정, 시 · 도교육청 교육과정 및 원적학교 교육목표와 일관성을 유지한다.
- 학생의 수준과 능력에 따라 학년과 학교별 교육과정안에서 통합적으로 교육과정을 편성한다.
- 질병 및 특성에 따라 교육 장소, 시간, 내용을 편성한다.

(3) 병원학교 교육과정 운영 방침

병원학교의 교육과정 운영 방침은 학생의 질병 특성, 통학 거리, 원적학교의 수업 시수, 교육내용, 자원봉사교사와의 시간 배정 등을 고려하여 운영한다. 그리고 학업중심 교육과정과 심리·정서적 적응지원의 균형을 유지하도록 한다. 입원 시기, 질병 정도 등에 따라 심리·정서적 적응수준이 다를 수 있으므로 심리·정서적 부분을 강조하고 학업지원과 균형을 유지한다. 또한 가능한 한 체계적인 교육 시간표를 운영하도록 하며, 지나치게 일회적이고 행사 위주의 수업은 피하고 일관성 있는 교육이 이루어지도록 한다.

- 지능검사, 기초학력검사 등 표준화 검사를 통해 학생의 현재 능력과 수준을 진단하여 교육과정 운영의 기초로 삼는다.
- 학생별 학력검사를 통해 수준별 학습이 이루어질 수 있도록 한다.
- 학생의 질병 특성에 따라 교과, 창의적 체험활동을 통합적으로 적용하여 운영한다.
- 병원학교의 수업 시수는 학생과 보호자의 의견을 받아 수립한다.
- 학생의 학업성취도를 높이기 위해 가정과의 연계지도 프로그램을 개발하여 지도한다.
- 학습방법, 수업 시수, 수업 장소, 자원봉사교사 배치의 다양화와 융통성을 통해 흥미 있고 항상 즐겁고 신나는 병원학교 생활이 되도록 한다.
- 학생의 원적학교 적응을 높이기 위해 현장 교사를 활용한 자원봉사제도를 운영한다.
- 교과의 전문성을 높이기 위해 학생의 수준에 따라 현직 교사의 자원봉사제도와 일반인의 자원봉사제도를 운영한다.
- 학교 교육과정의 효율적 운영을 위하여 목표 및 내용과 이에 적합한 교재·교구 및 시설을 활용하고, 다양한 학습 자료 개발도 함께

계획한다.

- 통학 거리가 멀어서 병원학교에 오기 어려운 학생은 지역교육청 순회교사를 통해 지도할 수 있도록 하며, 원격 화상강의 시스템을 활용할 수도 있다.

(4) 병원학교의 편제와 시간 배당기준

교육과정은 특수학교 기본교육과정의 편제와 시간 배당기준을 근간으로 한다. 학생의 원적학교 수업 시수, 질병 특성, 학생의 요구와 능력, 보호자의 욕구에 따라 수준별 교육과정이 이루어질 수 있도록 편성한다. 그리고 시간(단위) 배당기준은 원적학교에서 정상적인 교육과정을 따르고 있는 학생은 학생과 보호자의 의견, 질병 특성, 통학 거리 등을 고려하여 시간을 배당한다. 병원학교의 수업시간 배정은 50분으로 하고 휴식시간은 10분으로 운영하나, 학생의 원적학교 시간과 학생 개인의 특성에 따라 탄력적으로 조정 · 운영한다. 총 교육 시간은 학생과 보호자의 의견, 질병의 특성, 입원 또는 통원치료 시간 등을 종합적으로 고려하여 탄력적으로 운영한다.

(5) 병원학교 내 건강장애학생의 평가

표준화 검사는 학생의 인지적, 정서적, 신체적 발달 및 질병 특성, 학습 능력에 대한 정확한 진단으로 적합한 수준별 개별화교육계획을 작성하고 적절한 교육목표를 설정하는 데 그 목적이 있다. 표준화 검사를 실시할 때에는 표준화 검사와 비표준화 검사 도구를 사용하며, 검사는 학생과의 친근감(rapport)이 어느 정도 형성된 후에 실시한다. 검사 도구는 학생에 따라 필요한 것으로 선택 · 적용한다. 검사 결과는 학생에게 알려 주지 않고 보호자 상담이나 병원학교 운영위원회의 입학자격 심사, 퇴교 심사에 활용한다. 아울러 검사 결과는 개별화교육계획과 함께 보관한다.

표준화 검사의 실시와 병행하여 학교 교육과정 중심 성취도평가가 이루어져야 한다. 수준별 개별화교육계획에 의거하여 계획된 교육과 실행된 교육내용에 대한 평가는 수업 후 즉시 실시할 수도 있으며, 학기 중, 학기 말 혹은 퇴교 전에 실시할 수도 있다.

(6) 병원학교의 학사 일정

병원학교의 학사 일정은 협력학교의 학사 일정을 따르며, 연간 수업 일수는 1학기 105일, 2학기 100일의 총 205일로 하고 있다. 병원학교의 하루 일과를 살펴보면 〈표 2-3〉과 같다.

그리고 건강장애학생의 학습권 보장 및 학교생활 적응을 위해 시행 중인 병원학교 등과 관련된 학적관리 지침은 다음과 같다. 학적은 학생의 소속학교에 두고, 병원학교 출석 여부를 소속학교에 문서나 구두로 전달하여 학교 출석으로 처리한다. 병원학교 소속학교나 협약 교육청 등의 관리하에 수업확인 증명서를 발급하면 소속학교에서는 이를 출석으로 인정한다. 학생당 1일 적정 교육 시수는 의료진과 협의하여 조정하되 초등학생 1시간 이상, 중 · 고등학생은 2시간 이상을 1일 최소 수업 시수로 한

표 2-3 병원학교의 일과 운영계획

시정	시간	교시	월	화	수	목	금	토
08:30~09:00	30분		수업 준비					
09:00~09:50	50분	1	1교시(개별화교육 프로그램)					
10:00~10:50	50분	2	병원 자체 프로그램 운영 및 자료대출 시간 (단기입원 학생 및 통원학생과 학부모, 병원관계자 공개시간)					
11:00~11:50	50분	3						
12:00~13:00	60분		점심시간					
13:00~13:50	50분	4	1교시(개별화교육 프로그램)					
14:00~14:50	50분	5	2교시(개별화교육 프로그램)					
15:00~15:50	50분	6	3교시(개별화교육 프로그램)					
16:00~16:50	50분	7	4교시(개별화교육 프로그램)					

다. 그리고 성적관리 규정은 다음과 같이 한다.

• 건강장애학생의 출결 및 성적 관리

구분	병원학교	화상강의
출결관리	• 병원학교 수업참여는 출석으로 인정한다. • 학교장은 병원학교 출석확인서 확인을 통해 출석으로 인정한다.	• 교육계획 기간 내 화상강의 과정 이수자는 출석으로 인정한다. • 학교장은 화상강의 출석확인서 확인을 통해 출석으로 인정한다.
성적관리	• 학업성취도 평가 시 가능하면 대상자의 평가 당일 학교 출석을 권장한다. • 건강상의 이유로 출석이 곤란할 경우에는 병원학교 담당교사와 소속 학교 담임 간의 협의를 통해 가정이나 병원에서 평가하며, 평가관리를 철저히 하도록 한다. • 직접평가가 불가능한 경우에는 학교장이 당해 학교의 '학업성적 관리규정' 에 기준을 정해 성적을 결정한다.	

• 성적 인정 근거규정은 학교생활기록 작성 및 관리지침(교육인적자원부훈령 제719호)에 따라 부득이한 사유로 학교장의 허가를 받아 결석을 하는 경우(별지 제8호 출결상황관리. 2. 결석, 나. (6))에 해당한다.
• 기타 출결 및 성적 관리를 위해서는 병원학교 담당교사, 학부모, 학생의 소속학교 담임교사 간 연계를 강화하여 건강장애학생의 신뢰성 있고 타당한 평가가 이루어져야 한다.
• 타 시 · 도에 있는 병원에 입원하여 병원학교에 출석한 경우, 병원학교에서 발행하는 출석확인서를 받아 해당 학교에 제출하면 출석으로 인정받게 된다.

3) 건강장애학생의 교육지원 요구 및 문제점

건강장애학생은 잦은 결석 및 교사의 인식 또는 정보 부족으로 학교생활에 어려움을 가진다. 예를 들면, 유급으로 인한 상급학교 진학 또는 상급학년 진급 곤란, 학습 지체 누적 현상, 또래와의 관계 유지의 어려움, 수업 참여 기회의 박탈 또는 소외감 유발 우려, 응급처치 부재 혹은 대처 미비 등을 들 수 있다. 대상학생의 다양성으로 지원 요구는 광범위하다. 다양한 학교급별 학생이 혼재되어 있고, 이에 학력수준에 닻게 개별화된 교육이 요구된다.

이러한 건강장애학생의 다양한 요구를 충족해 주기 위해서는 교육기회 확보로 건강장애학생의 학습권을 보장하고, 개별화된 학습지원과 심리·정서적 지원의 균형적인 제공으로 학교생활 적응을 도모할 뿐만 아니라, 다양한 서비스로 삶에 대한 희망과 용기를 심어 주고 치료 효과를 증진하기 위한 노력이 이루어져야 한다.

4. 건강장애학생의 학습지원 방안

1) 건강장애학생의 학업성취에 미치는 요인

건강장애학생의 읽기 및 쓰기와 같은 학업성취에 미치는 요인은 다음과 같다(Heller & Swinehart-Johns, 2003).

- 신체장애(또는 정형외과 손상)의 유형: 중도 뇌성마비학생은 키브드에 접근하거나 말을 하는 데 어려움이 있다. 근위축 증후 학생은 장애의 진전으로 쓰기나 읽기에 도움이 필요하다.
- 운동 제한: 손/팔의 사용의 제한은 일반적인 필기도구의 사용, 책의 페이지 넘기기, 문제 풀기, 과학시간의 실습 참여와 같은 활동을 어렵게 한다. 즉, 운동의 제한은 활동의 참여와 장소 이동에 어려움을 가져온다.

- 제한된 의사소통: 건강장애학생은 소리를 내거나, 큰 소리로 말을 나타내거나 큰 소리로 읽는 데 어려움이 있다. 또한 다른 학생은 질문을 이해하거나 보완대체 의사소통(AAC) 장치를 활용할 수 있는 기술이 없다. 즉, 심한 언어장애를 지닌 건강장애학생은 자신의 의문사항이나 생각을 충분히 표현하거나, 교사의 수업을 이해하기 위해 질문하거나 수업활동에 적극적으로 참여하는 데 어려움이 있으므로 학업에 부정적 영향을 받을 것이다.
- 피로와 지구력의 제한: 건강장애학생은 책을 읽는 동안 쉽게 피로감을 느낄 것이고, 키보드 또는 스위치를 사용하기 위한 노력은 단시간 내에 피로감을 줄 것이다.
- 건강요인: 건강장애학생은 건강 문제로 자주 결석하기도 하고, 수술이나 약물치료로 인한 주의 산만이나 피로는 학습에 지장을 주기도 한다. 그 외에도 약물에 대한 고통이나 불안, 피로와 지구력 문제, 약물 효과 및 장기결석 등을 들 수 있다.
- 경험 손실과 개념발달 문제: 건강장애학생은 이동의 제한으로 일상적인 장소에 대한 지식이 부족하고 일반적 문제(예, 개미)에 관한 지식이 부족하다. 이러한 문제로 읽기 자료와 다른 영역의 자료를 읽고 이해하는 데 어려움이 있다.
- 신경학적 손상: 건강장애학생은 신체장애 이외에 지각장애, 지적장애, 학습장애 등으로 인해 읽기와 쓰기에 어려움이 있을 것이다.
- 수반 장애와의 상호작용 효과: 건강장애학생이 나타내는 시각장애와 같은 수반 장애는 읽고 쓰는 것에 영향을 미칠 것이다.
- 사회심리 및 환경 요인: 동기부여 결여, 자아개념 및 자아존중감 부족, 사회적 능력 저조, 행동 및 정서적 기능 결여, 비효율적 학습환경, 접근하기 어려운 물리적 환경 등이 포함된다. 즉, 동기 부족과 학습된 무력감은 읽기와 쓰기 학습을 방해할 것이며, 학생 자신의 기대감이 없는 학습환경에서는 학습의 효과를 기대할 수 없을 것이다.

또한 모든 학습 방해요인은 건강장애학생의 학업성취에 영향을 미칠 것이다.

2) 건강장애학생의 학교 적응 문제

건강장애학생의 58%는 일상적으로 학교를 결석하고, 약 10%는 수업의 1/4 이상을 빠진다고 한다. 천식과 같은 만성질병을 가진 아동은 하루나 며칠 동안의 짧은 결석을 경험하고, 당뇨나 투석이 요구되는 질병의 경우는 학교에서 학급에 있기보다는 몇 시간 동안 학교 간호사와 함께 시간을 보내야 한다. 장기간의 결석뿐만 아니라 단발적으로 자주 일어나는 결석도 건강장애아동의 학업수행에 영향을 줄 수 있다. 대부분의 장기결석 이유는 감기나 열과 같은 사소한 질병, 만성질병 자체의 직접적인 영향, 예약된 병원 방문 등이다.

그리고 기타 아동의 질병에 대한 태도나 학업 손상에 대한 반응이라든가, 아동 주변에 있는 주요 성인, 즉 교사, 부모, 의사의 태도, 아동이 자신의 건강과 학업과 관련된 요구를 충족하기 위해 사용 가능한 학교의 자원 등을 이해해야 한다. 심리적인 적응과 학교 출석 간에는 상당한 관계가 있으며, 만성질병을 가진 아동의 경우는 학교생활에 심리적으로 잘 적응하는 아동에 비해 적응에 어려움을 갖는 아동이 더 낮은 출석률을 보이는 것으로 보고되고 있다.

학생 본인에 대한 지원뿐만 아니라 가족이 건강장애학생을 양육하고 교육하는 데 필요한 지원을 포함해야 한다. 입원 중인 건강장애 영유아의 부모는 다음과 같은 지원이 필요할 수 있다. 먼저 자신의 자녀에게 일어날 수 있는 일과 그에 대한 대처방법 및 양육과정에서의 여러 가지 정서적 지지를 원하며, 이러한 경험을 공유할 수 있는 부모지원 집단(parent support group)이 필요하다. 또한 자녀의 예후와 자녀의 질병에 대한 대처방법 등의 정보를 알고, 그에 따라 자녀에게 적절한 지원을 제공할 수 있는 능력을 가지기를 원한다. 현재까지의 여러 가지 서비스와 교육을 병원 상황과 연결하고 조절해 줄 수 있는 협력자의 필요성이 대두되고 있다.

건강장애학생은 또래와의 사회적인 상호작용의 어려움을 경험하게 될 것이다. 질병 치료를 위한 장기입원 등으로 또래와의 접촉을 거의 하지 못한 채 장기간 학교 결석을 할 경우 아동이 학교와 친구로부터의 고립감을 최소한으로 느끼도록 조치해 주어야 한다. 청소년의 경우 외모상의 변화로 인해 놀림거리가 되거나 자신의 질병에 대하여 친구들에게 설명해야 하는 것에 대해 매우 불편하고 두렵게 생각하기도 한다. 주로 언어적인 폭력(놀리는 것)을 경험하고, 침을 뱉거나 밀거나 때리거나 하는 등의 신체적 폭력도 경험한다. 또한 기침을 자주 하거나 약을 먹거나 휠체어를 이용하거나 신체적으로 다르게 보일 때, 그리고 교실의 도우미나 특별한 장비가 필요할 때와 같이 다른 아동과 다르게 보일 때 괴롭힘을 당할 수도 있다. 이러한 경우에 교사는 그들이 친구들 앞에서 자신의 상태에 대하여 언급할 때 특히 주의를 기울여야 하며, 놀리는 것에 대해 중재해 주어야 한다. 이는 주로 또래의 지나친 호기심 때문에 발생한다. 그래서 그들은 학기 초에 자신을 잘 알지 못하는 새로운 친구들을 대하는 것에 대해 어려움을 호소하며, 조용히 혼자 약을 복용하는 등 최대한 주의를 끌지 않으려고 함으로써 이러한 상황을 피하려고 노력하게 된다.

건강장애학생의 경우 친구들이 자신에게 어떤 일이 일어날 수 있다는 것을 인지하고 있어야 함을 이해해야 하고, 긴급 상황 시 어떻게 해야 하는지 알아야 하고, 감염 위험이 있는 신체 접촉에 주의해야 하며, 자신의 상태에 대해 잘 이해하고 있어야 한다. 간혹 친구들이 자신의 건강 상태에 대해 알면 안 된다고 여기기도 하는데, 그 이유는 자신의 프라이버시가 유지되는 것이 중요하다고 보기 때문이다. 교사가 건강장애학생을 다른 학생과는 다르게 다루거나, 다른 규칙을 적용하거나, 마치 교사의 총애를 받는 것처럼 대할 때는 또래와의 상호작용에 어려움이 생길 수 있다. 때때로 교사는 만성적인 질병을 갖고 있는 아동을 대할 때 다른 아동과 동일한 방식으로 대해야 하는지에 대해 혼란해하며, 아동의 질병 상태에 대한 두려움으로 인해 '낮은 기대감'을 갖고 '과잉보호'를 한다고 보고하고 있다.

초등학생은 건강장애학생의 질병이 혹시나 전염되는 것은 아닐까 두려워하여 만성적인 질병을 가진 학생과 상호작용하는 것을 거부하는 경우가 많다고 한다. 대부분의 건강장애학생은 그들의 질병에 대해 교육받은 또래에게서 가장 큰 정서적 지원을 받고, 학교에서 몇몇 친구와 친밀한 우정관계를 발전시킬 수 있다. 그들을 이해하는 친구들은 다른 친구에게 이들의 상태를 설명해 줌으로써 과도한 호기심의 대상이 되지 않도록 도와주고, 항상 동행해 줌으로써 그들이 괴롭힘을 당하는 것을 막아 주기도 한다.

친구들이 의료적 처치가 필요할 때 다른 사람에게 알려 주고, 가방을 들어 주거나 휠체어를 밀어 주는 등 지속적으로 도와주고, 건강과 관련된 걱정을 함께 나누며, 학교공부를 도와주고, 결석 시 급우들과 연락을 취할 수 있게 해 주는 등의 역할을 하는 것도 고려해야 할 사항이다.

3) 건강장애학생을 위한 개별화교육계획 수립 및 실행

담임교사와 특수교사가 협력하여 개별화교육계획을 작성하고, 개별화 건강관리계획은 물론이고 통신교육 등 다양한 교육방법을 통해 연간 수업 일수 확보를 위한 교육과정 운영계획을 포함한다. 특수학급 미설치 학교는 특수교육지원센터나 인근 학교의 특수교사가 지원한다. 이 외에도 통신교육(전자우편, 전화, 인터넷, 사이버 가정학습 서비스 등을 통해 과제를 부여하고 확인하는 등), 가정교육(사전계획에 따른 학습 과제 부여), 출석교육(학교 수업이나 행사활동 참여), 체험교육(사전계획에 따른 가족 또는 관련 협회 · 단체의 활동 참여)을 실시한다. 전자우편, 전화 등을 통해 학습내용이나 학습지를 전달하여 지속적인 학습 참여가 가능하도록 한다. 건강 상태로 인해 학교에서의 평가 참여가 불가능한 경우에는 교사가 방문하여 평가를 실시하는 등 학교 차원에서 별도의 평가방안을 모색한다.

박은혜 등(2002)은 교육취약계층 학습권보장을 위한 건강장애학생 교육지원 모형 개발 연구에서 개별화 건강관리계획의 구성요소를 다음과 같이 제시한다.

- 아동의 이름, 사진, 응급 상황 시의 연락처(가족, 의사)
- 사례 조정자 혹은 자격을 가진 치료 책임자(근본적 치료방안에 필요한 다양한 접근)
- 진단/상태에 대한 기술, 건강력, 특정 증상과 통증 정도 포함
- 건강관리 절차와 약물관리를 포함하는 매일의 치료 내용: 약물 투약 장소, 복용량, 약물 전달, 약물 전달방법, 부작용, 유효기간, 치료에 대한 학교 직원의 책임
- 책임에 대한 모니터링: 학교 직원의 특정한 역할, 기록 보관에 대한 책임, 기록 형식, 증상, 특성
- 응급 상황 발생 시의 절차: 필요한 경우 건강관리계획의 첫 페이지에 뚜렷하게 써 놓거나 강조 표시를 하며, 응급 시에 보이는 특정한 증상, 취해야 할 행동 순서 목록을 포함한다. 예를 들면, 특별히 훈련된 학교 직원에게 알리기, 약물 투여, 심폐소생술 실시, 응급의료 서비스에 연락방법과 치료보고서에 작성하기 등이다.
- 추가 조정 제공 여부: 교실, 시설 · 설비, 다른 학교환경 등 물리적인 접근방법의 변화, 교수와 활동에서의 변화, 보조공학 등에 대해 기재한다. 예를 들면, 피곤할 때 휴식시간 제공, 체육을 포함한 여러 학교 활동의 형태나 시간 조절 등이다.
- 기타: 천식학생의 경우 최대 호기량 측정기의 사용, 약물 투여, 약물 전달 도구(호흡기 치료기, 흡입 보조기 등), 유발요인에의 노출 감소,

활동 제한을 위한 계획, 대안활동 계획 등 기타 적절한 조정 등을 포함해야 한다(부록 2 '건강장애아동을 위한 개별화교육계획안' 참조).

4) 건강장애학생을 위한 학습지도 방안

건강장애학생의 학업성취는 타고난 지능수준, 학습능력, 공부에 필요한 구체적인 인지적 기술과도 관련이 있지만, 학습에 대한 인식, 태도, 습관, 자발적인 흥미, 동기, 정서, 좌절을 견디는 힘, 지속적인 노력과 끈기, 목표의식, 유연하고 창의적인 사고와 자율성 등의 심리적 요인과도 밀접한 관련이 있다.

일반적으로 학생들의 학습에 미치는 요인은 크게 인지적 요인, 초인지적 요인, 정의적 요인으로 구분할 수 있다. 즉, ① 특정한 학습 관련 기술의 개발이나 증진에 초점을 두고 밑줄 긋기, 필기법, 요약하기 및 기억법 등을 포함하는 다양한 학습 기술이나 전략에 관한 교육을 강조하는 인지적 요인, ② 사고능력, 자기 관리 향상에 초점을 둔 계획·실행·평가·교정과 같은 학습 관련 태도나 문제에 대한 접근 및 해결 방식의 전반적인 변화를 강조하는 초인적 요인, ③ 학습자의 정서, 의지 등에 초점을 두고 학습 동기, 태도, 자기개념, 자아존중감, 자신감, 귀인양식 등 정서 및 성격적 측면을 강조하는 정의적 요인으로 구분할 수 있다(Hattie et al., 1996).

건강장애학생은 물론 일반학생의 잘못된 학습방법이 부적응행동에 영향을 미치는 것은 [그림 2-4]와 같이 나타낼 수 있다. 그림에서 알 수 있는 것처럼, 학생들은 처음에 학습을 위한 노력을 투입한다. 하지만 잘못된 학습방법, 즉 잘못된 학습전략을 택하게 되면 노력을 하더라도 부정적 결과를 얻게 된다. 이러한 과정이 반복되면 자신에 대한 부정적 자아개념이 형성되어 결국 부적응행동을 하게 되는 것이다. 또한 이러한 과정의 반복으로 선수학습의 결손이 누적되면 더욱 심각한 양상을 갖게 된다. 따라서

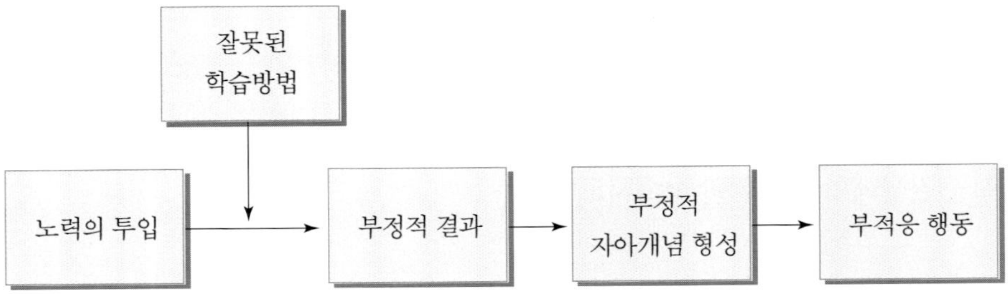

[그림 2-4] 학습전략과 부적응

잘못된 학습방법으로 인하여 성적이 부진한 경우 학생들의 학습기술을 교정해 주고 향상되도록 훈련시키면 학업성적이 올라갈 수 있다. 이에 부적응을 보이는 상당수의 학생을 줄일 수 있을 것이다.

학습전략이란 정보의 획득, 저장, 활용을 촉진할 수 있는 일련의 과정 또는 단계로, 낮은 수준에서 높은 수준에 이르는 모든 정보처리 활동을 포함한다고 할 수 있다. 이러한 학습전략에는 인지적 전략 외에도 학습자의 감정 상태 관리를 위한 정의적 전략, 동기적 수준을 유지하려는 동기화 전략, 학습 사태를 유지하려는 주의집중 및 시간관리 전략 등이 있다. 학습전략은 모든 학생, 특히 학업 문제, 읽기장애, 수학장애, 쓰기장애를 가진 학생들의 학업성취, 자기효능감 같은 일반적 영역 이외에도 읽기 및 쓰기 능력, 문제해결 능력에도 효과가 있음이 입증되고 있다(김동일, 2005).

학습전략의 구성요소를 다룬 선행연구 결과(최정원, 2007)를 살펴보면 〈표 2-4〉와 같다. 표에서 보는 바와 같이, 학생의 학습성취를 극대화하기 위해서는 다양한 요인을 고려해야 한다. 개인의 신체적 및 건강 문제로 인한 수업 결손을 최대한 보완하기 위해서는 이러한 학습요인을 고려한 교수-학습이 이루어져야 할 것이다.

여기에서는 건강장애학생에게 적용할 수 있는 요인으로 학습 동기 향

표 2-4 학습에 미치는 관련 변인에 관한 선행연구 분석

연구자	구성요소 및 평가의 하위요인	연구자	구성요소 및 평가의 하위요인
김동일 (2005)	• 연쇄화 학습 전략 • 다각적인 발상기법을 통한 학습 전략 • 개념도 학습 전략 • 자기조절 학습 전략 • 질문 생성 학습 전략 • 전략적 읽기학습 전략 • 시간관리 훈련 프로그램 • 구조화된 협동학습 전략 • 외국어 학습 전략, 학습전략 프로그램	변영계, 강태용 (2003)	• 학습환경과 자기관리 기술 • 수업 청취 기술 • 노트하기 기술 • 읽기 기술 • 시험 치르기 기술 • 쓰기 및 보고서 작성 기술 • 학습 동기 향상 • 기억술
한국 교육과정 평가원 (1999)	• 학습 동기 전략(자기존중감, 귀인, 자기조절 학습능력) • 학습관리 전략(학습시간 관리 및 습관 개선, 학습환경 관리) • 일반학습 수행전략(주의집중, 기억, 정교화, 시험 치르기) • 과제 특수학습 전략(독서, 수학 문제 해결전략)	Carter, Bishop, & Kravits (2000)	• 목표 설정 및 시간관리 • 자기 인식 • 비판적, 창의적 사고 • 읽기 및 학습 • 경청 및 기억 • 필기 및 조사 • 효과적인 쓰기 • 시험 치르기 • 인간관계 • 개인적 안녕 • 경력 및 재정 관리
Gall, Gall, Kacobsen, & Bullock (1990)	• 자기관리 기술 • 수업 참여 기술 • 읽기기술 • 쓰기기술 • 시험관리 기술	Haslam, & Brown (1968)	• 효과적인 시간 활용 • 읽기 및 쓰기 전략 • 시험 준비 및 시험 치르기 전략 • 현실적 목표 설정 • 학생들 간 비법 주고받기
Luckie, & Smethurst (1996)	• 투입기술: 듣기, 노트 정리, 읽기, 투입적 수업 참여 • 과정기술: 자기 관리, 시간관리, 집중력, 학습관리, 기억관리, 시험 준비, 과정적 수업 참여 • 산출기술: 시험 치르기, 시험불안 다루기, 논문과 보고서의 준비, 산출적 수업 참여	Mckeachie, Pintrich, & Lin (1985)	• 인지적 학습 전략(시연, 정교화, 조직화) • 초인지 학습 전략(계획, 점검, 조정) • 자원관리 전략(시간관리, 공부 환경 관리, 노력관리, 조력 추구)

Roberts (1999)	• 시간관리 • 주의집중 및 기억 • 학습양식 • 비판적 읽기 및 사고 • 주요 아이디어 추출 • 교과서 도표 해석 • 교과서 조직화 양식 이해 • 어휘 습득 전략 • 교과서 학습법 • 필기법 • 대학에서 쓰기 • 시험 치르기 기술	Strichart, MangrumII, & Laanuzzi (1998)	• 정보 기억 전략 • 읽기 및 필기법 • 수학적 문제 해결 • 수업 시 필기법 • 도서관 이용법 • 인터넷 활용법 • 참고문헌 활용법 • 도표 해석법 • 보고서 작성법 • 시험 준비 및 시험 치르기 • 공부 시간과 환경 준비
Thomas & Rohwer (1993)	• 초벌 읽기 • 수업 참여 활동(수업, 토론 및 기타 활동) • 시험 준비	Van Ede, & Coetzee (1996)	• 정보처리 과정에 대한 효과적인 조절과 감독 • 부호화와 회상을 돕는 기억전략에 대한 지식과 활용 • 학습 자료에 대한 심층적인 이해, 통찰을 이끌 수 있는 과정에 대한 적용 및 탐구적 태도 • 기억수행의 효율성과 관련된 심리적 요인
Weinstein & Mayer (1986)	• 시연전략 • 정교화 전략 • 조직화 전략 • 이해 점검 전략 • 정의적 · 동기적 전략	Weinstein, Palmer, & Schulte (1987)	• 동기, 태도, 불안 • 시간관리 • 주의집중 • 정보 처리 • 주요 아이디어 선택 • 학습 조력 • 자기 검열 • 시험전략

상 전략, 주의집중력 향상 전략, 기억력 향상 전략, 효과적 읽기전략, 효과적 쓰기전략, 시간 및 학습환경 전략의 6개 영역을 중심으로 살펴보기로 한다.

(1) 학습 동기 향상 전략

학생들의 목표 및 가치 인식, 학습 동기를 위한 실천방안 및 자기 이해를 강조하는 것을 학습 동기 향상 전략이라고 한다. 건강장애학생도 일반학생과 마찬가지로 학습 동기가 학업성취에 중요한 영향을 미친다고 할 수 있다. 학습 동기 향상을 위한 전략을 과제, 목표, 평가와 보상, 통제, 그리고 학급 구조의 풍토로 구분해서 살펴본다.

① 과제

- 도전감이 있고 모든 학생이 성취할 수 있는 과제를 제시한다. 이를 위해 과제 난이도를 다양화하고, 각기 다른 수준에서 완성할 수 있는 과제를 제공한다.
- 자신의 능력 향상을 자주 관찰할 수 있도록 과제를 세브적으로 조직화한다.
- 학생들이 실질적이고 지적인 활동을 할 수 있는 과제를 제시한다.
- 학생들의 적극적인 참여, 탐구, 실험이 필요한 과제를 제시한다.
- 학생들의 흥미와 관련할 수 있는 과제를 제시한다. 이를 위해 스스로 학습 주제를 선택할 수 있도록 하고, 수업과 토론 중에는 학성들의 흥미와 경험을 활용하여 학습내용에 대해 개인적 의견을 표현할 수 있도록 한다.

② 목표

- 단기목표를 설정한다. 단기목표는 과제를 좀 더 조작하기 쉽도록 하고 지속적인 피드백을 제공해 주기 때문에 자신감을 높이는 데 도움을 준다.
- 학생들의 능력에 따라 다양한 목표를 제시한다.
- 개인적인 목표를 설정하도록 한다. 이를 위해서는 도전할 만한 목표를 설정할 수 있는 적절한 유인가를 제공해야 한다.

③ 평가와 보상

- 알고 있는 것을 확인할 수 있는 다양한 방법을 제공한다.
- 자신의 수행을 스스로 점검하고 평가할 수 있도록 한다.
- 점수보다는 실질적이고 정보를 줄 수 있는 피드백을 제공한다.
- 동료의 성공적인 수행에 대해 축하하고 칭찬할 수 있도록 격려한다.

④ 통제

- 실패의 원인은 노력 부족이나 비효과적인 전략 때문으로, 성공은 노력과 능력 때문으로 인식하도록 한다.
- 과제를 생산적으로 처리할 수 있도록 학업 과제 설계, 과제의 난이도 선택, 개인 목표 설정 등에 가능한 한 많은 재량을 부여한다.

⑤ 학급 구조의 풍토

- 서로 만족하고 건강한 인간관계를 유지하도록 한다.
- 실패나 오류를 학급의 자연스러운 과정으로 보는 허용적 환경을 만든다. 오류의 정보적 가치를 강조하며, 오답을 생산적으로 활용한다.
- 학생들을 존중하고 그들의 가치를 인정한다.
- 부족한 기능을 학습시키기 위하여 '능력별 집단 편성'을 융통성 있게 활용한다.
- 학생 간의 관계를 차별화하고 수시로 다르게 과제를 제시한다.
- 학생과 교사가 함께 참여하는 학습자 공동체를 조성한다.

변창진(1991)과 김남옥(1992)은 학습전략 프로그램의 연구에서 제시한 학습 동기 촉진 전략을 언급하면서, '말을 물가로 끌고 갈 수는 있어도 말에게 물을 먹이지는 못한다'는 말은 아무리 좋은 것이라 하더라도 학습자가 그에 대하여 학습하고자 하는 동기가 없다면 학습이 일어나지 않는다는 것을 의미한다고 했다. 학습 동기를 촉진하는 방법은 첫째, 동기 각성으로 공부를 해야 하는 이유 혹은 학교에 다녀야 하는 이유에 대하여 깨닫도록 하는 것이다. 둘째, 삶의 방향수립으로 자신이 원하는 장래의 진로나 직업을 택하도록 하는 것이다. 셋째, 삶의 목표수립으로 앞 단계에서 택한 장래의 진로나 목표를 이루기 위한 단기 목표를 설정하도록 하는 것이다. 넷째, 장애 제거로 공부에 방해가 되는 심리적, 물리적 요소를 제거하도록 하는 것이다. 마지막은 자신감 갖기로 공부를 정말 잘할 수 있다는 신념을 가지게 하는 것이다.

(2) 주의집중력 향상 전략

주의집중력 향상 전략에는 자료 중심적 전략, 의미 중심적 전략 및 수업 과정적 전략이 있다.

① 자료 중심적 전략

학습자에게 제시되는 자료의 외적 특성에서 그들의 주의를 끌 만한 요소를 많이 포함하는 전략이다. 자료 중심적 전략을 효율적으로 실천하기 위한 원리를 살펴보면, 첫째, 흥미를 유발할 수 있는 자극을 선택한다. 즉, 특징적이거나 대비적인 속성을 지니고 학습자의 일상 경험 및 현상과 관련된 것을 활용한다. 둘째, 다감각적인 방식을 취한다. 즉, 한 가지 자극에 대한 의존을 지양하고 시각, 청각, 촉각, 운동감각 등 다양한 방식으로 가르친다. 셋째, 학습 자료를 다양화한다. 즉, 똑같은 학습 자료를 고수하거나 같은 방식으로 문제를 제시하기보다, 다양한 자료와 함께 서로 다른 방식으로 문제에 접근해 나갈 수 있도록 안내한다.

② 의미 중심적 전략

학습자가 교재내용의 의미를 이해하면서 흥미를 느끼고 학습에 임하도록 안내하는 전략이다. 자료 중심적 전략이 제시되는 자료의 외적 특성을 강조한다면, 의미 중심적 전략은 학습 자료의 내적 의미에 초점을 둔다.

의미 중심적 전략을 효과적으로 실천하기 위해서는 첫째, 성취 가능한 목표를 설정한다. 즉, 개인차를 고려하여 노력을 통해 수행 가능한 목표를 설정한다. 둘째, 경험 및 선행학습과의 관련성을 갖도록 한다. 즉, 학습자의 경험, 앞서 배운 학습내용과 새로운 학습내용을 연결 짓고 조직화한다. 셋째, 인지적 갈등을 활용한다. 즉, 기존에 알고 있던 지식이나 상식으로는 해결되지 않는 문제 등을 통해 호기심을 유발한다. 넷째, 단계적인 학습이 이루어질 수 있도록 학습 과제를 체계적으로 조직화한다. 즉, 현재 배우고 있는 학습내용이 다음 단계의 문제 해결을 위한 선행 조건이 될 수 있도록 한다.

3 수업 과정적 전략

학습내용의 외적 특성과 내적 의미가 학습자의 주의를 이끄는 주요한 변인이기도 하지만, 학습의 시작 단계나 진행 단계에서는 학생들이 주의집중을 위해 노력해야 한다. 수업 과정적 전략을 효율적으로 실천하기 위해서는 첫째, 긍정적 기대를 전달하고 격려한다. 둘째, 주의집중력의 개인차를 고려한다. 셋째, 학생들이 모델링할 수 있는 열의, 탐구심 및 배움에 대해 긍정적인 태도를 가진다. 넷째, 주의집중을 돕기 위하여 학습환경을 적절히 관리하고 통제한다.

(3) 기억력 향상 전략

일반적으로 기억은 학습에서 중요한 역할을 하는 정신적 과정으로, 저장된 지식을 활용하는 복합적인 지적 기능이라 할 수 있다. 많은 연구자에 의해 기억력 향상을 위한 연구가 이루어지고 있으며, 장애학생을 대상으로 한 연구가 많이 보고되고 있다. 기억력 향상 전략으로 대표적인 것은 머리글자(약자) 활용하기, 문장 만들기, 시각적 이미지 이용하기, 범주화하기, 장소 연결하기, 그래픽 조직화하기 등이 있다(최정원, 2006).

- 머리글자(약자) 활용하기: 기억해야 할 정보의 목록에서 각 항목의 첫 글자를 따서 새로운 낱말이나 구를 만드는 것이다. 예를 들면, 독수리, 소쩍새, 구관조, 기러기를 기억할 때 '소독기구'라는 새로운 낱말을 사용하여 기억하는 방법이다.
- 문장 만들기: 기억해야 할 정보의 개수가 많을 때 각 항목의 첫 글자나 제시되어 있는 항목의 낱말을 직접적으로 사용하여 의미 있는 문장을 만드는 것이다. 예를 들면, 'vivid(밝은)'라는 단어를 외운다고 할 때 비비드(vivid)와 발음이 비슷한 '비비다'라는 단어를 사용하여 '창문을 비비다, 그러면 창문이 밝고 선명하다'라는 문장을 만들어 기억하는 것이다.
- 시각적 이미지 이용하기: 새로운 단어나 개념에 시각적 단서를 연합하는 것이다. 상승은 '↑', 평등은 '=', 충고는 '☞'을 사용하듯이 상징적 기호나 그림을 이용하여 기억하도록 하는 것이다.
- 범주화하기: 조직화의 원리를 이용하는 것으로 사물이나 개념의 모양 및 속성에 따라 내용을 묶어 주는 것이다. 예컨대, '수학'의 범주에 '삼각함수, 확률, 집합 등'을, '사회'의 범주에는 '사유재산, 민주주의, 인플레이션 등'을 묶어서 기억하는 것이다.
- 장소와 연결하기: 기억하고자 하는 자료를 자신이 잘 알고 있는 장소와 연합하여 기억하고자 하는 것이다. 예를 들면, 집으로 들어갈 때 대문, 계단, 현관, 마루, 부엌, 안방, 화장실, 거실 등의 순서를 마음속에 차례로 선명하게 떠올리고 그에 기억하려는 대상을 연결하는 것이다.
- 그래픽 조직화하기: 내용에 대한 범주적 이해와 함께 시각적 이미지를 추가하여 기억을 촉진하는 것이다. 대표적인 것으로 마인드맵(머릿속에 지도를 그리듯이 이미지, 색깔, 핵심 단어를 사용하여 재미있고 효과적으로 이해하고 기억하는 21세기형 학습방법)을 들 수 있으며, 학습자료의 속성에 따라 다양한 형태의 도식을 활용할 수 있다.

(4) 효과적 읽기전략

읽기전략은 책을 많이 읽고 해독하는 정도에서 그치지만, 읽기전략은 글을 읽고 이해하는 것을 넘어 글이 전달하는 내용을 분석하고 적용하고 비판하면서 글의 전체적인 의미를 파악하는 능력이다. 읽기전략은 글을 읽고 글 속에 표현된 주제내용과 세부내용을 찾아내는 능력, 이를 읽고 알기 쉬운 다른 말로 바꾸어 표현해 보는 능력, 그리고 글 속에 나타난 부분의 이해를 확실히 할 뿐만 아니라 부분 간의 조직관계를 정리할 수 있는 능력을 기르기 위한 것이다. 긴 글을 읽기 위해서 학습자는 세 가지 문제를 감당하여야 한다. 첫째, 긴 글을 지속적으로 읽을 수 있도록 하기 위한 흥미와 동기를 유발하는 것, 둘째, 부분의 이해를 확실히 해야 함과 동시에 부분 간의 조직관계를 파악하고 정리하는 것, 셋째, 내용의 깊은 이해와 더불어 많은 양의 내용을 최대한 많이 기억하고 망각을 지연하거나 방지할 수 있는 기법을 가지는 것이다.

읽기전략은 사전 읽기 전략과 본격적인 읽기 전략으로 나누어 살펴본다.

1 사전 읽기 전략

읽기전략의 하나인 사전 읽기 전략에는 미리 보기(preview), 개요 잡기(outline), 질문하기(question) 등이 있다.

① 미리 보기

본격적인 읽기에 들어가기 전에 읽을 내용 전체를 훑어보는 방법이다. 미리 훑어보기의 목적은 읽기에 들어가기 전에 읽을 내용이 어떤 것인가 대략적으로 알아보는 데에 있다. 미리 보기는 이해력을 향상하는 데 매우 효과적이다. 새로운 교재를 읽기 전에는 많은 시간을 소비하지 않으면서 먼저 목차를 훑어본다. 그리고 사전 훑어보기를 할 때 자신에게 친숙한 개념, 사실, 아이디어를 찾아본다. 이런 사전 활동은 읽기를 통해 새롭게 알게 된 정보를 사전 지식 또는 배경 지식과 연결해 주는 중요한 역할을 한다. 그 밖의 미리 보기 방법으로는 책에 있는 도표, 차트, 표, 그래프, 다이어그램, 사진 등을 검토하는 것이 있다.

② 개요 잡기

개요 잡기는 읽고자 하는 책의 구조를 이해하는 것으로, 그림에서 스케치에 해당하는 과정이다. 읽고자 하는 책의 개요를 파악하는 목적은 책에 들어 있는 복잡한 정보를 좀 더 쉽게 이해하기 위해서다. 책의 개요 파악에 소요되는 시간은 책의 성격에 따라 다른데, 어려운 책은 오히려 많은 시간을 소모하게 되기에 이 단계를 생략할 수도 있다. 책에서 제시하는 개요가 있으면 읽어 보고, 없으면 절의 제목을 읽어 보는 것이 이에 해당한다.

③ 질문하기

질문하기는 읽고자 하는 글에서 얻고자 원하는 것이 무엇인지 자신에게 묻는 것이다. 이를 통해 글의 내용 이해에 좀 더 능동적으로 접근하게 된다. 저자와 같은 공간에 있다고 가정하고 저자에게 던질 질문을 구성하기도 하고, 읽을 책의 각 장 뒤에 제시된 퀴즈를 살펴보는 것도 문제 제기에 좋은 방법이라고 할 수 있다. 구체적인 질문을 던져 보고 해답을 구하는 것은 적극적인 읽기의 핵심이다.

2 본격적인 읽기 전략

본격적 읽기 전략으로는 읽기(read), 밑줄 긋기(underline), 답하기(answer) 등이 있다. 이는 교재나 주어진 읽기 과제를 실제 읽어 가는 단계다.

① 읽기

미리 살펴보기 단계를 마치면 본격적인 읽기에 들어가는데, 글을 읽어

가면서 글에 몰두하는 것이 가장 중요하다. 주의가 산만해지지 않고 읽기에 몰두하기 위해서는 필요한 것을 갖추고 조용한 장소를 찾아야 한다. 글을 읽는 도중 주의 산만을 줄이고 집중력을 높이는 방법으로는 첫째, 읽기 도중 주의가 산만해질 때마다 종이에 표시를 하고 다시 읽기로 돌아감으로써 자신의 집중력을 점검해 본다. 둘째, 개인적인 문제나 다른 일로 주의가 산만해진다면 마라톤식 읽기는 피하고, 규칙적으로 휴식시간을 가지며 읽기 목표량을 세운다. 셋째, 읽고 있는 내용을 시각화하여 읽기 주제에 관한 감각을 기르는 것으로, 상상력을 동원해 마치 눈앞에서 일어나는 것처럼 그려 본다. 넷째, 크게 소리 내어 읽어 본다. 읽는 내용을 청각적으로 듣게 되면 개인에 따라 이해력과 기억력이 높아지는 경우가 있다.

② 밑줄 긋기

읽으면서 밑줄을 긋거나 표시를 하는 것은 다시 보아야 한다는 뜻으로, 개인차가 있기는 하지만 밑줄 긋기는 읽는 내용에 대한 기억력을 높여 줄 수 있다. 밑줄을 그을 때는 너무 빈번하게 긋거나 형광펜을 사용하지 말고, 글의 15~20% 이하로 긋는 것이 이상적이다.

③ 답하기

글을 읽어 가면서 이전 단계에서 제기한 문제의 답을 적는 것이다. 답을 얻지 못한 경우나 새롭게 문제를 제기한 경우는 기록을 해 둔다. 이전 단계에서 잡은 개요를 작성하여 문제의 해답을 얻기 위해 모든 단서를 상세하게 살펴본다.

(5) 효과적 쓰기전략

많은 학습자는 글 쓰는 것을 두려워하고 피하려 한다. 그러나 글쓰기는 고차적 사고, 높은 수준의 교육, 높은 지적 활동에 필수적이다. 왜냐하면 자신의 생각과 주장을 표현하기 위해서는 말하기와 글쓰기의 두 가지 방법에서 글쓰기의 비중이 매우 높기 때문이다. 따라서 글쓰기를 가르치고 배우는 것은 매우 중요하다. 일반적으로 학교에서는 글쓰기를 국어과에서 해야 하는 일로 치부해 버린다. 그러나 글쓰기는 각 분야마다 다른 형식의 글쓰기가 있기 때문에 과목마다 다른 방식으로 가르쳐야 한다. 이러한 글쓰기를 통하여 학생의 사고력은 증진될 수 있다. 쓰기 프로그램은 다음과 같은 단계를 거친다.

- 제목의 선정: 재미 또는 흥미, 글을 쓸 때 사용할 자료의 가용성 여부 등을 고려하여 제목을 선정한다.
- 관련 자료의 수집: 글을 쓰는 데 적절하고 중요한 정보를 수집하는 방법과 자료의 정리 등에 대하여 가르치고 훈련한다. 대부분의 학생은 이 과정이 없이 글을 바로 쓰는 경우가 많다.
- 주제 문장의 작성: 앞 단계에서 얻은 자료를 기초로 하여 자신의 주장과 결론을 내리는 것을 훈련한다. 이것은 주제를 확인하고 확인된 주제에 대한 자신의 입장을 기술하는 것이다.
- 자료의 조직: 주어진 주제에 대하여 입장이 정해지면 그것을 뒷받침하는 증거가 제시되어야 한다. 이때 자신의 생각과 수집된 자료를 결합해서 조직화하는 훈련을 한다. 조직화는 ① 개요 만들기, ② 마인드 매핑, ③ 다이어그램의 이용과 같은 작문 전 과정을 거친다.
- 초안의 작성: 자신의 아이디어를 처음으로 옮겨 놓는 과정이기 때문에 문법이나 철자, 그리고 자료가 정확한가에 신경 쓰지 말고 아이디어가 어떻게 흘러가는지에 집중하여 작성하도록 한다.
- 검토 또는 초고의 수정: 앞에서 얻은 초고를 바탕으로 하여 논리적 전개가 매끄럽지 못하거나 좀 더 채워야 할 부분, 문장의 연결이나 표현을 바로잡는 것 등에 대하여 훈련한다. 여기에는 문법과 철자, 구두점 같은 것을 고치는 것도 포함된다.

- 최종 보고서의 작성: 이것은 '검토하기' 또는 '초고의 수정' 단계에서 실시해도 좋다. 때에 따라서는 구체적인 체제가 필요한 보고서를 제출해야 하는데, 이때 요구되는 규칙에 맞추어 보고서를 작성하는 훈련을 하게 된다.

쓰기능력은 수업을 들을 때나 공부할 때 필요한 중요한 기술이다. 효과적인 필기는 학습내용에 대한 정리와 기억을 도울 뿐만 아니라 독해력, 조직화 능력 및 비판적 사고력 등을 키우는 데 도움이 된다(Carter et al., 2000). 효과적인 필기전략으로 수업과정별 필기법, 밑줄 긋기와 줄여 쓰기의 두 가지 방법을 살펴본다.

① 수업과정별 노트 필기법

수업과정별 노트 필기법은 수업 전, 수업 중, 수업 후로 구분하여 제시할 수 있다. 먼저 수업 전에는 다음과 같이 한다.

- 앞서 배운 시간의 노트 내용을 훑어본다.
- 교과서, 노트, 다양한 필기구(연필, 볼펜, 색연필, 지우개 등) 등 필요한 자료를 준비한다.
- 경청과 필기에 적절한 시간과 노력을 배분(경청 80%, 필기 20%)하여 조직화할 충분한 준비를 하고 수업에 임한다.

수업 중에는 다음과 같이 한다.

- 주제어와 핵심어를 적는다.
- 중요한 세부 내용을 적는다.
- 교사가 강조하고 있는 내용과 단서에 주목한다.
- 여백을 남겨 놓고 기록한다.

- 토론이 이루어지거나 수업이 마무리 될 때까지 필기를 지속한다.

마지막으로, 수업 후에는 수업 중에 기록하지 못한 것이 있을 때 확인하고 기록하며, 하루를 마무리하기 전에 필기내용을 복습하고 그것을 편집하거나 보충한다.

② 밑줄 긋기와 줄여 쓰기

필기할 때 밑줄 긋기는 수업 중에 주요 내용에 집중함으로써 학습내용의 이해와 기억에 도움이 된다. 효과적인 밑줄 긋기는 다음과 같이 한다.

- 밑줄 긋기는 일단 한 번 읽은 후에 한다.
- 밑줄 긋기를 하기 전에 사전 지식을 검토한다.
- 연필보다는 볼펜이나 수성펜을 사용한다.
- 핵심 주제와 다른 중요한 아이디어 등을 구분할 수 있는 방법(예, 핵심 주제는 빨간색, 다른 중요한 것은 녹색)을 마련한다.
- 한 페이지에 15~20% 이상으로는 밑줄을 긋지 않는다.
- 지나치게 생략하거나 축소해서 밑줄을 긋는 것은 바람직하지 않다.

그리고 필기를 할 때 핵심을 파악하여 학습 자료의 분량을 줄인다면 학습 속도가 빨라지고 기억과 인출도 용이할 것이다. 밑줄 긋기와 줄여 쓰기를 결합한 필기는 밑줄 긋기를 단독으로 사용하는 것보다 더 효과적이다.

노트 필기 전략은 필기도구를 준비하는 것부터 시작한다. 노트 정리를 잘하기 위해서는 필기도구의 준비가 필수적이기 때문이다. 다음으로는 교사의 말을 효과적으로 알아듣기 위한 능동적인 듣기기술, 즉 경청하기를 훈련하여야 한다. 이 과정에서 주의 집중해야 할 단서가 무엇인지를 확인하고 그것을 이용하여 요점을 파악하는 훈련을 한다. 다음 단계에서는 일반적 노트 필기 기술을 훈련하게 되는데, 이는 요점 정리, 수정하기, 단서 적기, 암기하기, 통합하기의 하위 단계로 나누어진다.

요점 정리를 위해서는 노트용지를 준비하고, 요점을 찾아서 체계적으로 쓰고, 이를 점차 빨리 쓸 수 있도록 훈련한다. 수정하기에서는 미완성된 부분을 완성하고, 모호한 부분을 보충하고, 특별히 중요하다고 생각하는 곳에 밑줄을 그어 강조 표시를 하며, 필요시 예를 적어 놓는다. 또한 필요한 참고사항이나 참고도서, 홈페이지 주소 같은 것은 보충란에 써 놓는다. 단서 적기에서는 요점란에서 핵심적인 구나 단어에 표시하고, 표시한 구나 단어를 단서란에 적어 둔다. 그리고 관련된 것끼리 번호를 이용하여 연결하여 둔다. 암기하기에서는 요점란을 보지 않고 단서란에 있는 구와 단어를 보고 요점란의 내용을 외워 본다. 외울 수 없는 경우는 요점란을 본 후 다시 외워 본다. 마지막으로, 통합하기에서는 암기한 내용을 중심으로 서로 관련성을 나타낼 수 있는 개념을 그림으로 나타내거나 비교표를 만든다. 그리고 자신의 생각이나 결론이 있으면 그것을 적어 넣는다.

(6) 시간 및 학습환경 전략

시간관리는 학생뿐만 아니라 성인도 제대로 하기 힘든 것이다. 이 프로그램은 시간을 효율적으로 관리할 수 있도록 함으로써 공부뿐만 아니라 공부 이외의 활동 역시 여유 있게 할 수 있도록 해 주는 것이다. 시간관리의 전략은 각성하기, 계획하기, 실행하기, 수정하기, 활용하기의 다섯 단계로 이루어진다. 먼저 자기 관찰을 통하여 자신이 어떻게 시간을 보내고 있는지를 스스로 깨닫게 함으로써 시간관리를 해야 한다는 동기를 부여한다. 다음으로 실제 생활에 필요한 계획을 임시로 세우고, 만들어진 계획표를 기준으로 실제로 계획에 맞추어 생활하면서 실천의 정도를 점검해 나간다. 그 후 실천된 정도를 바탕으로 임시로 만든 계획표를 실천 가능하도록 수정하고 이를 실제 생활에 응용하는 단계를 거친다.

학습환경 관리전략은 학습에 장애가 되는 요소를 최대한 줄이고 학습에 필요한 최적의 학습환경을 조성하고 관리할 수 있도록 도움을 주기 위한 프로그램이다. 이것은 먼저 공부가 가장 잘되는 장소를 찾는 장소의 선정부터 시작한다. 다음으로 공부에 도움이 될 수 있도록 가구를 배치하고, 공부에 방해가 되는 시각적 방해물과 청각적 방해물을 제거한다. 그리고 학습 도구를 준비하고 정리하여 필요시 즉각 꺼내 쓸 수 있는 상태를 만들어 둔다. 마지막으로 조명과 온도를 조절하여 공부하기에 쾌적한 환경을 조절하도록 해 준다. 대부분의 학생은 대체로 학습환경 관리전략에 대하여 잘 알고 있지만 실제 실천은 잘 이루어지지 않고 있다.

5) 건강장애학생을 위한 교육과정의 재구성 방안

교육과정의 재구성은 장애학생의 교육과정에의 접근, 참여, 진보를 저해하는 장애물의 제거를 의미한다. 장애학생은 신체적, 정신적 장애로 인하여 일반학생이 접근할 수 있는 교육과정에 접근할 수 없는 사례가 많다. 이런 경우에 장애학생을 위하여 장애물을 제거하는 것이 재구성이다. 데셰니스 등(Deschenes et al., 1994)은 교육과정 요소의 재구성 유형을 크기, 시간, 지원수준, 정보 투입, 난이도, 산출 결과, 참여 정도, 대안 교육목표 개발, 그리고 대체 교육과정 개발의 아홉 가지로 구분하고 있다. 그들이 제시하는 교육과정 요소의 재구성방법은 〈표 2-5〉와 같다.

표 2-5 교육과정 요소 재구성방법

요소	정의 및 방법
크기	크기의 수정은 학생이 배우기를 기대하거나 학습기간 동안에 완성하기를 바라는 요소의 감소를 의미한다. 이 수정은 행동에 대한 기회비용을 줄이고 강화기회를 더 많이 제공한다. 크기 수정의 또 다른 방법은 작업계획표에서 복잡한 과제를 나누는 것이다.

시간	시간의 수정은 두 가지로 이루어진다. 첫째는 너무 느리거나 너무 빠르게 진행되는 교수를 조절하는 교수 속도의 수정이다. 교수 속도는 여전히 경험적인 연구의 중요한 주제이나, 수정의 전체적인 목적은 학생 반응의 증가와 반응의 제공이며, 교수 자극을 제공하는 학생과의 계약을 유지하는 것이다. 시간 수정의 다른 예는 복잡한 과제의 해결을 위하여 시간을 연장하는 것이다. 시간 연장이 가장 일반적으로 가장 잘 알려진 수정방법의 하나이나, 복잡한 과제의 수행을 위한 시간 연장은 연구에서 체계적으로 제기되지 않았고 학생의 반응에 대한 조사에서는 실제로 금기시된다.
지원수준	지원수준의 수정은 사회적, 개인적, 물리적으로 이루어진다. 특별한 학생을 위한 사회적, 개인적 지원은 교실에서의 또래교수 활용과 함께 수정된다. 협동학습 활동은 어떤 상황에서 또래에 의해 제공되는 지원을 확대하는 방법이다. 학생을 위한 물리적 지원은 시각적인 조직자나 안내 노트에 의해 이루어진다. 개인 지정석, 앉는 위치의 지정, 스케줄의 변화, 규칙 지정과 같은 물리적 지원은 행동의 결과에 대한 관계를 명확히 한다.
정보 투입	정보 투입의 수정은 학생에게 교수를 전달하는 방법을 수정하는 것이다. 교육과정 수정을 위한 방법은 컴퓨터 보조교수, 전략훈련, 직접교수의 수정을 포함한다. 정보 투입은 교수에서 사용되는 실질적인 자극과 직접적인 기술, 상위인지 처리 결함과 같은 교수의 중점과 교수 자극 비율의 수정을 포함한다.
난이도	난이도의 수정은 기술 단계의 수정, 문제 유형, 학생이 과제에 접근하는 방법에 대한 규칙 등의 수정이다. 난이도 수준은 교육과정에 바탕을 둔 평가, 선택, 교육과정 요소를 나타내기 위한 복잡한 문제 유형과 같은 교육과정의 적절한 배치에 따라 나타난다.
산출 결과	결과의 수정은 학생이 교수에 반응할 수 있는 방법의 수정이다. 이런 수정은 언어적 반응 대신 쓰기, 쓰기 대신 말하기, 언어적 반응 대신 카드를 사용하여 대답하기, 학생이 모두 함께 협력하여 대답하기 등을 포함한다. 결과의 수정은 학생의 활동적인 반응을 증가시키기 위한 기회비용 연구에 의하여 지지된다. 결과 수정의 목적은 학생의 반응능력 향상을 위하여 매체를 제공하고 교수과정에서 학생이 보이는 반응의 수를 증가시키는 것이다.
참여 정도	참여 유형과 정도, 과제와 연계된 행동 유형의 수정은 협동학습, 함께 대답하는 카드, 부분 참여를 통하여 이루어진다. 참여 범위와 특성의 수정은 결과의 수정과 유사하고, 또한 반응기회의 증가와 학생에 의하여 이루어지는 반응 범위의 증가를 제공한다. 교사는 교수절차의 지시를 위하여 학생의 개인차를 인정하고, 학생 개인 혹은 집단에게 정확한 피드백을 제공함으로써 교수체제의 잠재적인 혐오를 줄이고 학생이 자신의 능력에 맞게 활동에 참여하도록 유도한다.
대안 교육 목표 개발	대안 교육목표의 개발은 개발되어 있거나 제시된 교육과정을 대신하나 목표 또는 기대 결과는 같은 요소를 사용하는 수정이다. 생존기술은 일반교육 교육과정의 환경에서 깊이 있게 이루어지고 있다.

대체 교육 과정 개발	대체 교육과정의 개발은 생존기술과 개별 학생의 목표를 위해 고안된 기능적인 생활기술을 포함하는 수정이다. 교육에서 오랜 기간 동안 철학적 논의가 이루어져 온 학업적 교육과정과 기능적 교육과정 사이의 균형은 개별화교육 프로그램을 통하여 개별 학생의 수준에 맞게 이루어져야 한다.

그리고 구체적으로 건강장애학생에게 적용할 수 있는 효과적인 교수방법으로 보편적 설계를 들 수 있다. 턴불 등(Turnbull et al., 2004)은 보편적 설계의 내용을 〈표 2-6〉과 같이 제시하였다.

한편 박승희(2003)은 일반교육과정 내용의 접근방법으로 내용 단순화 접근과 기능적 추출 접근을 제시하고 있다. 내용 단순화 접근방법은 일반교육과정의 내용을 장애학생이 참여할 수 있는 수준까지 단순화하는 것이다. 그러나 일반교육과정의 내용은 학년이 올라감에 따라 심화되어 가는 데 비해 내용 단순화 접근으로 구성된 장애학생의 교육과정은 학년이 올라감에도 변함없이 쉬운 수준에 머무를 수 있다는 비판이 있기도 하다. 기능적 추출 접근은 일반교육과정의 내용에서 장애학생에게 적합하고 우선적으로 교수하여야 할 기능적 기술을 추출하여 재구성하는 것을 의

표 2-6 보편적 설계의 내용

교수 영역		학습에서의 보편적 설계
교수내용	보완	학생의 특별한 욕구에 부합하기 위해 일반교육과정에 내용을 첨가하거나 수행수준을 높인다.
	대체	일반교육과정의 근본적인 기초 내용을 가르치거나 수행수준을 낮춘다.
교수방법	보완	부가적인 기술을 교수한다. 예) 독립적인 학습능력을 키우기 위한 전략, 새로운 상황에 일반화할 수 있는 전략
	수정	내용 제시방법의 변화(읽기 책을 녹음으로 제시), 환경 배열의 변화, 환경의 수정(조용한 작업 공간의 제공), 학생의 반응방법의 변화(쓰기 대신 컴퓨터의 사용)
평가	수정	내용 제시방법의 변화(문제를 읽어 줌), 학생의 반응방법의 변화(추가시간의 제공, 몸짓으로 답을 말함)

미하는 것이다. 추출된 기능은 장애학생의 의미 있는 수업의 기회를 높일 수 있다.

6) 건강장애학생을 위한 학급 운영-협력교수

특수학급이나 순회교사로 건강장애학생을 지도한다면, 당신은 일반교사와 함께 협력할 기회를 가지게 될 것이다. 건강장애학생의 요구는 매우 다양하며, 그들이 통합된 일반학급 교사의 경험수준 역시 다양하다. 당신의 강한 협력 역할은 일반교육의 학생과 교사를 위한 성공적인 경험으로 나타날 것이다.

새로운 학기가 시작되기 전이나 학기 중에 학급 경험을 개선하기 위한 협력기술과 조직 구성에 관한 제의를 하면 다음과 같다.

(1) 학기 또는 반 편성 이전

우선 학기 또는 반 편성 이전에는 다음과 같이 하도록 한다.

- 학기가 시작되기 전에 일반교사와의 원만한 대인관계를 갖기 시작한다. 가능하면 사전에 계획을 세워 학생이 입급되기 전에 '중요한 조정' 또는 대안 활동이 필요한 내용이나 과제에 관한 자료를 수집한다.
- 교사와 약속을 정하여 학생의 필요한 요구내용을 설명하고 검토한다. 교사는 수업적 요구뿐만 아니라 신체적 요구(시야, 자료 배치, 청각 범위, 자세 등)를 확인한다.
- 교사가 학생에게 건강장애 교육 프로그램(학급 내의 보조원, 건강장애학생에 대한 교사의 주간 발달내용 등)을 지원받을 수 있는 방법을 알려주어야 한다. 또한 교사는 학생의 진도 또는 추가 요구를 항상 확인한다.

- 학급 내에 건강장애학생 담당교사 또는 보조원이 있는 경우에는 그 사람의 기대에 관해 논의한다. 이로써 중요한 내용의 누락이나 중복된 활동을 사전에 예방할 수 있다.
- 학생의 조정내용 복사본을 교사에게 제공한다. 학생의 특별한 부가적 요구나 필요한 지원이나 도움수준에 관한 것을 첨부한다. 교사가 조정내용을 유지하고 학업 성적이나 쉽게 활용할 수 있는 다른 관련 안내서를 이해할 수 있도록 한다. 게다가 긴급 계획(가능하다면 화재 대피 계획과 간질 발작 계획) 등이 안내서에 포함되어야 한다.

(2) 학기 중이나 평가기간 중

다음으로 학기 중이나 평가기간 중에는 다음과 같이 하도록 한다.

- 교사는 다양한 지도 형태나 성격, 그리고 학급 운영방식을 가지고 있다는 것을 명심해야 한다. 또한 지도방식에 방해되지 않는다면 수정할 수 있는 융통성을 가져야 한다.
- 조사와 수정을 위한 시간에 대한 자료를 준비한다. 예를 들면, 학생이 보조선이나 복잡한 과제에서 불필요한 정보를 요구하면 하루 전에 복사하여 준비한다. 만약 그것이 불가능하면 수정펜을 준비한다. 또는 학생이 자발적으로 과제를 조사하는 데 참여할 수 있다면 과제를 해결할 수 있도록 시간을 부여하거나 컴퓨터를 준비하게 한다. 학급 내 수업시간 중에 부분적으로 참여할 수 있다는 것은 더 많이 참여할 수 있다는 것을 의미한다.
- 교사에게 전반적으로 참여할 수 없는 경우에 부분적으로 참여할 수 있는 능력에 관한 정보와 의견을 제시한다.
- 교사에게 쉽게 접근할 수 있도록 일반적인 기준하에 대화를 한다. 만약 학생들이 의사소통의 요구를 나타낸다면 최대한으로 접근하여 대화한다. 예를 들면, 학생들은 '예/아니요' 질문에 대답을 더 잘할 수

있다. 교사는 학생에게 대답할 수 있는 충분한 시간을 주어야 한다.

- 교사에게 참여를 유도하고 격려할 수 있는 방법을 제시해 주어야 한다.
- 물리치료사, 작업치료사, 언어치료사, 간호사, 건강장애 담당교사 등 여러 관련인을 포함하여야 한다. 그들의 특별한 영역에서 계획을 수립하는 데 매우 중요한 역할을 할 수 있다.
- 학생은 개념 정착하기, 과제 수행하기, 또는 학습기술을 개선하는 데 수업시간 이외의 부가적인 시간이나 지도가 필요하다는 것을 명심하고 이에 맞게 계획을 세워야 한다.
- 정규학급 교사는 학생이 사용하는 보조공학과 보완대체 의사소통 기구에 친숙해야 한다. 담당교사는 건강장애학생의 요구, 예를 들면 학생의 휴식시간, 휴게실 시간, 일찍 학교 떠나기, 가정 내에서 할 수 있는 부교재, 확대된 시험지/교재(학습지), 입력과 출력을 위한 컴퓨터의 활용과 같은 요구를 정확하게 확인해야 한다.

(3) 추가 제안

그 외에 다음과 같이 할 수 있다.

- 학생의 모든 계획, 담당교사의 성명, 소속학급, 그리고 계획된 시간이나 점심시간(그들이 접근할 수 있는 최적의 시간)에 대한 내용을 작성한다.
- 부모와의 대화를 위한 책임자를 결정한다. 가끔은 건강장애학생 담당교사가 더 좋을 때가 있으며, 정규교육 교사가 더 좋을 때도 있다.

이상의 제안을 모든 교사가 늘 수행하지 않더라도 적은 노력과 시간의 제공으로 많은 문제를 해결할 수 있다. 통합에 호의적일수록 다른 통합의 기회에 더 많이 참여할 수 있다고 긍정적으로 반응하게 된다.

7) 건강장애학생의 학교 및 사회 생활의 적응

건강장애학생은 학교생활에 적응하는 데 많은 어려움이 있다. 건강장애학생 중 어떤 학생은 별다른 문제 없이 퇴원 후 학교로 복귀하지만, 어떤 학생은 심각한 정도의 지적, 심리적, 사회적 문제에 직면할 수도 있다. 특히 입원기간이 길어질수록 학교생활 적응을 힘들어하며, 학업을 따라가지 못할 것에 대한 두려움도 크게 느낀다. 심한 불안으로 학교에 가기 싫어할 수 있으며, 친구와의 관계도 수동적이 될 수 있고, 자신의 감정도 자유롭게 표현하지 못하는 경우도 있다. 건강장애학생은 우선 치료 결과를 알 수 없기 때문에 미래에 대한 공포감을 느끼고, 죽을 수도 있다는 무력감에 빠진다. 또 탈모와 몸무게의 변화 등으로 인해 열등감을 갖고 자아존중감이 상실되는 경우가 많아 말수가 줄거나 위축되고 소극적으로 변할 수 있다. 학교에 다시 다니게 되더라도 친구들의 호기심과 놀림의 대상이 됨으로써 사람들 앞에 나서기 싫어할 수 있다. 특히 휴학한 후 다시 복학해서 자신보다 나이가 어린 후배와 같이 공부해야 하고, 전부터 알고 지내던 후배들이 '-언니', '-형'으로 부르다가 '-야'로 부르는 것에 대해 속상해하고 불편하게 느끼기도 한다. 이럴 때 아팠던 학생들은 학교에 의존적이거나 미성숙한 행동을 보이기도 한다.

건강장애학생이 청소년인 경우에는 그들 나이의 본래 과업이 부모로부터의 독립과 성숙이기 때문에 부모의 과잉 보호적인 태도에 거부감을 느낄 수 있다. 그럼에도 청소년 또한 아플 때에는 부모가 자신을 보호해 주기를 바라는 등 이중적인 요구를 하게 된다. 그들은 부모에 대해 고마움과 동시에 거부감을 느끼는데, 이런 점은 다른 사람에게는 일관성 없는 행동으로 비쳐지기도 한다.

건강장애학생 중에는 소아암의 치료 중에 간혹 방사선치료의 후유증으로 학업능력 중 주의집중과 수학 계산능력 등이 감소하는 경우도 있다. 하지만 최근 방사선 치료량이 줄어들고 있어 대부분의 경우 학습능력은 예전과 같이 그대로 유지된다. 오히려 치료가 끝나고 난 뒤에는 그동안 하지 못했던 활동에 대한 보상심리로 공부를 열심히 하고 각종 활동에 몰두하는 등 적극적인 태도를 갖는 경우가 훨씬 많다. 단, 뇌종양의 경우 대량의 방사선치료로 인하여 학습능력에 상당한 지장이 초래된다. 또한 초등학교 고학년 이상일 때에는 영어나 수학처럼 기초가 없으면 따라가기 힘든 과목은 기초학습이 필요한 경우가 있고, 학교생활의 오랜 공백으로 학습습관이 부족한 경우도 있을 수 있다. 따라서 주위 친구들이 학습 의욕을 북돋아 줄 수만 있다면 그들은 발병 전과 같은 성적을 유지할 수 있을 것이다.

건강장애학생은 치료를 받아야 하기 때문에 학교에 빠지는 경우가 많아진다. 또한 학교에 가고 싶어 하지 않는 경우도 있는데, 이것은 여러 가지 이유가 있지만 그럼에도 가능한 한 학교에 빠지지 않는 것이 중요하다. 무엇보다도 배우는 것이 현재 그들이 해야 할 일이기 때문이다. 건강장애를 가졌다고 할지라도, 앞으로 계속 공부를 하고 일을 하기 위해서는 또래 친구들처럼 공부를 계속해야 할 것이다.

학교를 장기간 결석하게 된다면 병원학교를 이용하거나 집에서 가정학습을 할 수 있도록 한다. 학교 선생님과 반 친구의 협조로 학습 내용과 과제를 전달받을 수 있다. 학교에 돌아갈 때가 되면 상담교사, 보건교사, 또는 담임교사에게 이야기해야 한다. 일정표, 과제, 그리고 반 친구들에게 어떻게 말할지에 대해 계획할 수 있다. 학교 친구들이 건강장애학생의 질병에 대해 질문하거나 잘 이해하지 못할 수 있으므로 담임교사나 상담교사가 대신 이야기하도록 하는 것도 좋다. 그러나 어떤 소아암 환자는 반 모든 친구에게 이야기하는 것이 더 불편하다고 하는 경우도 있다. 이런 경우는 몇몇 친구에게만 자신의 암에 대해 말해 주고 나중에 질문을 하는 친구가 있으면 대답해 줄 수도 있다. 학교를 빠지게 되면 과제물을 수행하기가 어렵기 때문에, 교사나 부모와 함께 일정표와 과제계획을 세워서 따라잡을 수 있도록 해야 한다. 스스로 학습 목표량을 수립하면, 그것을 달성하도록 노력해야 한다. 계획된 대로 하나하나 실천해 나가면 자신에 대해서 그리고 학업에 대해서 자신감이 생길 것이다.

건강장애학생에 관한 내용을 학급 학생들에게 소개하기 위한 가장 효과적인 방법은 건강장애를 가진 학생이 자신의 병과 변화, 치료과정, 친구들이 도와주길 바라는 점 등을 친구들 앞에서 직접 이야기하는 것이라고 할 수 있다. 이럴 경우 교사와 학생이 미리 만나 어떤 방식으로 설명할 것인지에 대해 이야기하고, 다른 학생에게서 받게 될 예상 질문을 미리 뽑아 학생이 대비할 수 있도록 지도하면 설명할 학생에게 많은 도움이 될 수 있을 것이다. 만약 건강장애학생이 부끄러움을 많이 타서 직접 이야기하기를 꺼리거나 연령이 너무 어린 경우에는 치료를 받고 처음 학교에 가는 날 부모나 담임교사 또는 보건교사가 대신 설명하도록 하는 방법도 좋다. 그리고 교사가 직접 설명할 경우 학급의 일반학생에게 알려 주어야 할 내용은 건강장애 발병과 치료에 따른 학생의 신체적 변화, 치료과정, 건강장애학생을 도울 수 있는 방법 등이다. 특히 학생들에게 건강장애는 치료가 가능하고 전염병이 아니라는 사실을 강조해야 한다. 그리고 죽음, 벌 등의 부정적인 단어의 사용은 가급적 피하는 것이 좋다. 만약 학생들이 유치원이나 초등학교 1～2학년 학생이라면 색칠공부 책을 활용하여 설명할 수도 있다.

교육부(2006)의 건강장애학생 안내자료에서는 건강장애학생의 학교생활 적응에 필요한 지침서를 제시하였다. 이 지침서에는 건강장애학생이 학교생활에 적응할 때 필요한 내용을 가족, 교육청, 학교로 나누어 언급하였다.

(1) 가족을 위한 지침

가족을 위한 지침은 다음과 같다.

• 적절할 때 학교 측에 아동의 건강관리와 관련된 필요와 진단명에 대

해 알려야 한다. 가능한 한 빨리 알리고, 학생의 건강과 관련된 필요가 변화할 때마다 알려야 한다.

- 학교 측에 약물 투여와 관련된 관리, 응급처치 등에 대해 아동의 주치의가 제공하는 것을 포함한 학교에서의 학생의 건강과 관련된 필요에 대해서 서면으로 제공해야 한다.
- 학교에서의 학생을 위한 서비스 개발 절차에 참여한다. 즉, 학교의 모든 환경에서 학생의 요구를 충족해 주기 위해 계획을 수립하는 학교 팀과 만나서 학교 프로그램 담당자와 학생의 개인적인 주치의와의 적절한 정보 교환을 인정하여 학생의 건강 상태나 욕구의 중요한 변화에 대해 즉시 학교 교사와 의사소통한다.
- 적절한 약물 투여와 기타 건강을 유지하기 위해 필요한 물품을 제공하고, 필요시 이 약품과 물품을 교체하고, 학교 내에서 학생의 약물 복용과 기타 일상적인 의학적 처치가 이루어질 수 있도록 한다.
- 학교 측에 응급 시나 기타 의료적 문제 발생 시 부모나 책임질 수 있는 사람에게 항상 연락할 수 있도록 연락처를 제공한다.
- 학생에게 자신의 연령에 적합한 자기보호 기술을 개발할 수 있도록 교육한다.
- 학생이 일반적인 건강, 개인 위생, 영양 및 신체적인 활동을 유지하도록 돕는다.

(2) 교육청을 위한 지침

교육청을 위한 지침은 다음과 같다.

- 일반적인 만성 질병을 가진 학생에게 적용할 수 있는 지침과 이와 별도로 구체적인 질병, 예를 들어 천식, 알레르기, 당뇨나 간질과 같은 특정한 만성 질병을 가지고 있는 아동에게 적용할 수 있는 지침을 개발하여 집행해야 한다.

- 교육청에서 개발하는 지침에서는 학생이 자신의 학급과 모든 학교와 관련된 활동에서 자신의 건강을 성공적으로 관리할 수 있도록 하는 안전에 관련된 지침과 나이 및 기술 수준에 맞는 훈련을 포함한 지침이 제공되어야 한다.
- 교육청에서 개발하는 지침은 만성 질병을 가진 학생을 위해 이미 정착된 각종 법규에 어긋나지 않아야 하며, 학생의 건강과 관련된 정보에 대한 비밀보장과 함께 적절한 정보 공유를 포함하고 있어야 한다.
- 교육청에서 개발하는 지침은 학생에 대한 수용을 증진하고, 만성 질병을 둘러싼 악성 루머를 제거하는 등 학교환경의 모든 구성원을 교육하는 것을 다루어야 한다.
- 교육청에서는 학교에서의 만성 질병을 가진 학생을 책임질 학교 교사에 대한 훈련 프로그램을 개발하고 수행해야 한다.
- 교육청은 개별 학교가 만성 질병을 가진 학생의 학교 적응을 위해 개발된 지침을 잘 지키고 있는지를 감독해야 한다.
- 교육청은 학생의 욕구 충족과 관련된 문제를 다루기 위해 아동의 부모, 학교 인사, 보건 관련 인사 등과 만나야 한다.

(3) 학교를 위한 지침

학교를 위한 지침은 다음과 같다.

- 만성 질병을 가진 학생을 판별하고, 가족과 의사에 의해 제출된 그들의 건강 기록을 검토해야 한다.
- IEP 등에서의 건강관리계획의 개발 및 필요한 서비스나 특수장비에 대해 논의하기 위해 회의를 소집해야 한다. 참여자는 가족, 학생, 학교의 보건을 책임지는 교사, IEP 관련인, 학생을 보조하기 위해서 훈련된 사람, 담임교사가 반드시 포함되어야 한다.
- 장애를 가진 학생에게 차별되지 않는 기회를 제공해야 한다. 학생과

부모에게 특수교육 관련법의 조항에 대해 알려 주어야 한다. 또한 장애인 등에 대한 특수교육법에서 학생이 권리를 수행하는 데 영향을 주는 교육청의 정책에 대해 알려 주어야 한다.

- 학생과 부모에게 학교 인사의 역할과 책임에 대해 명확하게 명시하고, 아동의 건강과 교육적 욕구가 안전하고 협조된 방식으로 충족될 수 있도록 교육 프로그램과 정보전달 체계를 제공해야 한다.
- 체육활동, 쉬는 시간, 학교 밖에서의 활동, 과외활동, 현장학습 등을 포함하여 학생의 학교활동에서의 배제를 최소화할 수 있는 전략을 수행해야 한다.
- 가족과 학생의 의료 문제를 공식적으로 책임지는 전문가와 정규적으로 의사소통해야 한다.
- 학생이 안전하고 신뢰할 수 있고 효과적인 방식으로 처방된 약물을 투여 받도록 해야 하며, 학교와 관련된 모든 활동을 하는 동안 필요한 약물에 접근하는 것을 보장해야 한다.
- 의료적인 욕구와 응급처치를 다룰 수 있도록 준비되어야 하고, 약물 투여나 응급처치 등을 할 때 적절하게 훈련된 학교 인사가 시간과 장소에 구애받지 않고 아동에게 필요한 서비스를 제공할 수 있도록 반드시 대기하고 있어야 한다.
- 정규적으로 학생과 상호작용하는 모든 교사는 학생의 일상적인 필요, 조심해야 할 사항, 응급 시 행동강령 등에 대해 적절한 지침과 훈련을 받아야 한다.
- 학교 측에서는 학생과 교사에게 적절한 건강교육을 제공해야 한다.
- 안전하고 건강한 학교환경을 제공해야 한다.
- 학생에 대한 비밀을 보장하면서도 정보를 공유할 수 있도록 적절한 기록을 유지해야 한다.
- 만성 질병을 가진 학생을 의료적 욕구에 대한 대응을 제외하고는 다른 학생과 차별 없이 대할 수 있는 지원적인 학습환경을 제공해야 한다.

• 학생의 일반적인 건강과 개인 위생, 영양, 신체적인 활동을 유지할 수 있도록 한다.

8) 건강장애학생의 적응지도

일반적으로 자기효능감이 '나는 무엇인가를 잘할 수 있다'는 믿음인 데 반해, 학습된 무력감은 '나는 아무것도 할 수 없다'는 믿음이다. 학습된 무력감은 삶을 전혀 통제할 수 없고 또 무엇을 하더라도 실패를 피할 수 없다는 신념을 가리킨다. 건강장애학생은 다양한 요인으로 심리적 부적응을 나타내는데, 특히 학습된 무력감을 가장 많이 나타낼 수 있다. 학습된 무력감은 인지적 · 정서적 혼란으로 특징된다. 이는 개인의 반응하려는 욕구와 동기를 저해하고, 성공의 지각과 반응의 작용에 대한 학습을 왜곡하며, 불안이나 우울로 인한 고조된 정서를 초래한다. 학습된 무력감을 촉진하는 것은 단지 통제 부족에 대한 지각이 아니라 개인의 통제가 부족한 이유에 대한 오해다. 따라서 건강장애학생은 과제성취에 필요한 기술을 가지고 있음에도 그들의 실패를 능력 부족에 기인하는 것으로 본다. 이런 학생은 종종 "나는 할 수 없어." 또는 "나는 우둔해."라고 말하며, 과제를 정확하게 완수할 수 없다는 두려움으로 과제 시작하기를 머뭇거린다. 건강장애학생도 마찬가지로 학습의 어려움을 그들이 영향을 미칠 수 있는 요인에 귀속하도록 직접 가르쳐야 한다. 학급 중재에 더하여, 지원적 상담이나 집단상담은 자기존중감과 우울의 문제를 다룰 수 있다.

건강장애학생을 담당하는 교사도 다음과 같은 노력을 해야 한다.

첫째, 칭찬을 가능한 한 많이 하라. 성공 경험을 많이 갖게 하라는 전통적인 수업전략이 항상 옳은 것은 아니다. 성공 경험을 시키되 자신의 노력에 의한 성공이라는 믿음을 길러 주는 것이 중요하다. 예를 들면, 학생이 모든 과제를 모두 수행하지 못했다면 과제의 일부분은 수행할 수 있다고 격려해 주어야 한다. 그리고 학생이 도전할 수 있도록 다양한 기회를 제공해 주어야 한다.

둘째, 교사는 교육환경에서 인과적 원인에 영향을 주는 변인을 확인하고, 실제로 그러한 변인과 관련해서 학습자에게 학습 결과를 내적이고 통제 가능한 요인과 관련시켜 줌으로써 학습자의 교육적 경험을 증진해 주어야 한다.

셋째, 학생에게 자신의 학습 결과에 대해 스스로 책임지도록 해야 하며, 교사는 학습 결과에 대해 학생 자신이 책임감을 가질 수 있도록 지도해야 한다.

넷째, 노력 뒤에는 성공이 따른다(노력-성공 인지론)는 것을 학생에게 심어 주고자 한다면, 노력했을 때 실제로 성공감을 맛볼 수 있게 해 주어야 한다. 그러기 위해 교사는 노력이 성공을 가져올 수 있게 학습 과제의 난이도를 적절히 조절해야 한다. 경쟁적인 학습환경에서는 학습자가 성취 동기를 통제 불가능한 원인으로 보고, 미래 학습을 위한 노력을 지속하기가 어렵다. 그러므로 경쟁적인 학습 풍토보다는 협동적이고 개별화된 학습 풍토가 마련되어야 한다. 그리고 건강장애학생은 장기간의 입원이나 지속적인 치료가 요구되므로 보호자나 교사의 도움이 필요할 것이다. 그렇지만 건강장애학생 스스로 자신의 안전(건강장애에 대한 대처방안)을 유지할 수 있는 방안이 모색되어야 한다.

건강장애학생의 경우 학교 내에서 튜브를 이용한 식사, 도뇨관 청소, 인공항문 치료, 흡인법 치료(구강, 비강 및 기도에서 분비되는 분비물을 환자 자신이 뱉을 수 없을 때), 인공호흡기와 같은 특별한 건강치료 절차가 요구되는 것을 종종 볼 수 있다. 이러한 학생이 스스로 수행할 수 있도록 자립기술이나 독립기술을 배우도록 강조하고 있다. 만약 교육 팀이 학생들에게 건강치료 절차를 지도해야 한다고 결정한다면 IEP의 교육목표에 포함될 것이다. 여러 유형의 건강장애학생 모두에게 건강치료 절차를 수행할 수 있도록 배워야 한다. 학생들은 치료절차를 독립적으로나 일부분 참여할 수 있도록 배울 것이다. 예를 들면, 튜브식 식사지도의 경우에 학생들은 특정 형태의 음식(유동식)을 튜브를 이용해서 위나 소장에 직접 투입하는 전반적 절차를 수행할 수 있도록 배울 것이다. 일부 학생은 단순히 음식 준비, 식사 후 청소, 음식이 제공되는 튜브 잡아 주기와 같은 절차만을 배울 것이다. 어떤 학생은 장애가 심해서 신체적으로 돕지 못할 수 있기 때문에 다른 사람이 직접 수행해야 하는 경우도 있다. 이것은 능동적 참여를 촉진하고, 학생의 실수를 미리 방지하는 데 도움이 될 것이다. 또한 일부 학생은 건강치료 절차에 대한 학습목표를 가질 것이다. 또한 어떤 학생은 소화기관에 대해 배우는 한편 다른 학생은 복통이 일어날 경우에 해야 하는 것을 배울 것이다.

건강치료 절차는 작은 단위로 제시하는 과제분석 절차에 따라 이루어져야 한다. 학생들은 단계적으로 적절하게 조정할 수 있는 여부를 평가한다. 주요 단계는 학생이 빠르게 몸을 움직이는 것과 같은 부적절한 움직임으로 인해 어려움을 나타낼 수 있는 모든 것이 포함된다.

시간 제한의 단계는 일정한 시간 내에 수행되어야 한다. 튜브로 식사할 때 관장통과 튜브를 연결하거나 연결 튜브와 절단 스위치를 연결하는 것은 학생이 실수로 튜브나 스위치를 제거할 수 있기 때문에 중요한 단계로 고려되어야 한다. 시간 제한 단계는 튜브에 공기가 들어가는 것을 방지하기 위해 음식을 완전히 비우기 전에 튜브관에 음식물을 더 많이 투입하는 것이다. 이러한 단계가 확인되면, 교육 팀은 학생이 그것을 배워야 한다고 결정해야 할 것이다. 그렇게 한다면 교사는 모든 어려움을 방지하기 위해 학생의 손 1인치 이내에 교사의 손을 두는 것과 같이 바로 가까이에 있어야 할 것이다.

이러한 단계를 확인한 후, 교사는 최적의 수업방략을 선택하여 체계적으로 지도할 것이다. 교육 팀은 건강치료 절차를 적절하게 학습하는지를 결정한다. 만약 이것이 IEP의 수업목표로서 지도되거나 포함된다면 학생이 절차를 성공적으로 학습할 수 있도록 팀은 서로 협력해야 한다. 간호사는 절차에 관한 정보를, 교사는 수업방략과 조정내용에 관한 정보를,

물리치료사와 작업치료사는 학생과 설비의 적절한 자세 유지에 관한 정보를, 언어치료사는 절차와 관련된 의사소통 방략에 관한 정보를, 그리고 부모와 학생은 절차와 학생의 경험을 제공한다.

많은 학생의 경우 자신의 건강치료 절차에 대해 배우는 것은 학습된 무력감을 낮추고, 자아존중감을 높이고, 더욱더 독립적이 되도록 할 것이다.

제3장

건강장애아동의 심리

1. 건강장애아동의 심리 · 행동의 기초 이론

2. 건강장애아동의 심리 특성과 직면하는 문제

3. 건강장애아동의 지원

4. 건강장애아동의 사회참여와 자립

1. 건강장애아동의 심리 · 행동의 기초 이론

폭넓게 보면 '건강장애'는 여러 질환 장애를 대상으로 하기에, 그 심리 · 행동상의 특성을 한 가지로 논하는 것은 무리가 있다. 그래서 이 장에서는 만성 또는 진행성 질환을 중심으로 살펴본다.

건강장애아동의 심리에 위협이 되는 일상 사건(life event)에 관해서는 이미 수많은 연구가 행해지고 있다. 그러나 그 모든 것에 있어 질병과 그 최악의 결과인 죽음이 상위에 오게 된다. 성인에 있어서는 당연하지만, 그와 같은 경향은 초등학생 연령에서도 나타난다. 이와 같이 질병과 죽음에 관한 관심은 높으나, 체계적인 심리학적 연구의 역사는 그리 오래되지 않았다. 이 장에서는 건강장애아동의 심리연구의 주류를 이루고 있는 죽음의 5단계 이론과 대처행동이론에 대해 설명하고자 한다.

1) 죽음의 5단계 이론

죽음의 5단계 이론은 '인간은 병(특히 죽음)에 대해 어떠한 일정한 단계를 거친다'는 것으로, 최종 도달점은 병과 죽음의 '수용'이다. 이 이론의 제창자는 퀴블러 로스(E. Kübler-Ross)다. 1960년대에 출판된 그녀의 저서 『죽음의 순간(On Death and Dying)』은 베스트셀러가 되었고, 그 후 같은 시리즈가 출판되었다. 그녀는 말기암 환자와 사형수의 상담을 통해 인간이 죽음에 이르기까지의 과정을 '부인과 고립(denial and isolation) → 분노(anger) → 타협(bargaining) → 우울(depression) → 수용(acceptance)'이라고 했다. 죽음의 5단계 이론은 명쾌하고 알기 쉬우나 몇 가지 문제점도 있다. 그중 하나는 질병 등이 인간에게 주는 영향력은 개인마다 다양하며, 고정적인 유형이 있을 수 없다는 것이다. 이 모델의 과잉 적용은 환자를 '형태에 짜 맞추는' 위험을 가진다. 또 '적응 · 수용' 단계에 이르는 사람이 극히 적다는 점과 모든 사람이 '우울' 단계를 거치지는 않는다는 점도 지적되고 있다. 이와 같이 죽음의 5단계 이론은 연구 단계에서 이미 과거의 것이 되고 있으나, 상기한 문제점을 고려하여 적용한다면 건강장애아동의 심리를 이해하는 데 좋은 실마리가 될 수 있다.

2) 대처행동이론

(1) 질병과 대처행동

질병과 그에 따른 치료와 입원은 모든 사람에게 큰 스트레스이며, 이러한 스트레스 완화를 위해 여러 행동이 취해진다. 이와 같이 스트레스 상황하에 있는 인간이 취하는 행동을 대처행동(coping behavior)이라고 한다. 그러나 질병과 건강장애아동의 대처행동은 일차적, 직접적으로 연결되는 것은 아니다. 기본적으로는 건강한 아동이 스트레스 상황에 놓였을 때와 차이가 없고 각양각색이다. 질병과 그에 따른 치료 및 각종 제한에 의해 이차적인 대처행동의 특징을 가질 수도 있고, 때로는 문제행동으로 여겨지는 대처행동을 할 수도 있다. 예를 들면, 부모의 과보호와 과잉 간섭으로 인한 과도한 의존, 증상의 변동에 의해 초래되는 정서 불안정에서 오는 공격적 행동, 그리고 신체허약 · 학업부진에서 오는 열등감을 원인으로 소극적인 대처행동을 하는 경우가 있다. 이와 같은 대처행동은 주위 사람에게는 문제행동으로 보이나, 아동이 심리적인 안정에 도달하기 위한 필요행동이라고 해석할 수도 있다.

[그림 3-1]은 플루이스와 핀커튼(Plewis & Pinkerton)의 질병과 대처행동 모델이다. 이 경우 자기개념이 주요 개념이 되지만, 이는 견해에 따라 다르게 생각할 수 있다.

(2) 질병 전 성격과 대처행동

모든 건강장애아동이 같은 문제행동을 갖는 것은 아니다. 여기에는 질

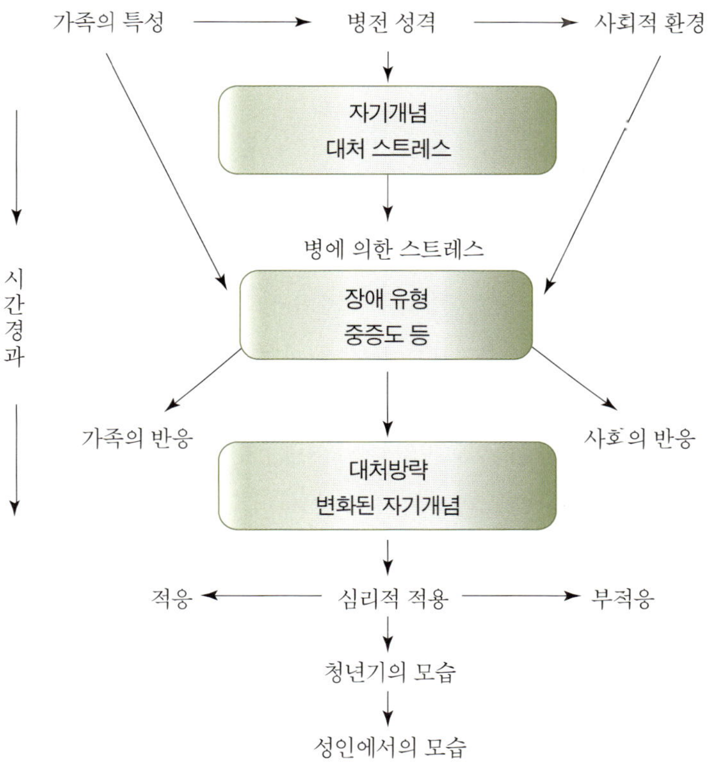

[그림 3-1] 플루이스와 핀커튼의 병약아 대처 모델

병 전 성격과 질병에 의해 초래되는 각종 제한과 고통이 크게 관여되고 있다. 질병 전 성격이란 병에 걸리기 전의 성격이고, 특히 그 일부를 형성하는 일상적인 대처 유형이 질병에 의해 수반되는 고통과 제한에 대해 유약할 경우 문제시되는 대처행동과 관계되는 경우가 많다.

예를 들면, 건강한 일상에서 잘 적응하던 아동도 그 대처방식이 건강한 일상에서만 대응하고 있고 고통과 제한이 많은 입원생활에는 응용할 수 없는 경우는 문제가 되는 대처행동을 취할 수 있다.

질병 전 성격과 대처행동의 관계에 대한 확실한 정설은 없으나, 질병과 입원이라는 사태에 있어서는 적절한 자기효능감(self-efficacy)과 새로운 인간관계에의 유연한 대응이 필요하다.

(3) 병명과 대처행동

오바다(小畑)와 미자와(三澤)는 진행성 근위축 증후 아동과 척추측만증 아동의 대처행동을 연령, 병명, 성별, 발병기간, 투병기간, 입원기간과 관련하여 검토하였다. 총칭하여 '병명(病名)'의 요인이 대처행동의 발생 양상과 관련이 깊고, 그 질적인 차이가 현저하다고 하였다. 이에 비해 진행성 근위축 증후 아동의 경우에는 공격과 적의 등 관찰 가능한 대처행동이 적고 심리적인 대처행동에 많은 노력을 기울이고 있다고 보고하였다. 진행성 근위축 증후는 현재 예측이 불분명하고 만성 · 진행성임에 반해 척추측만증은 일과성 병이다. 따라서 질병과 입원에의 대처행동에 큰 차이가 있는 것은 당연하다고 할 수 있다. 이러한 사실은 급성, 만성, 예후(豫後), 생활규제의 유무와 정도, 가시적 증상의 유무, 고통의 유무 등 질병이 아동에게 끼치는 여러 고통과 제한에 따라 각각 특유한 대처 경향이 있음을 추측하게 한다.

(4) 투병기간과 대처행동

[그림 3-2]는 진행성 근위축 증후 아동의 연령과 대처행동의 관계를 나타낸 것이다. 초기에는 공격적 행동과 충동적 행동이 우위이지만, 시간이 지나 투병기간이 길어지면 무기력, 무관심 등 회피적인 행동이 우위에 서게 된다. 근위축 증후는 진행성이라는 특성이 있으나, 만성병에서도 거의 같은 행동 경과가 나타난다. 입원 초기의 충격, 항의와 초조, 낙담, 체념은 성인 입원자에게서도 쉽게 관찰된다.

이 경우 주의해야 할 점은 이미 '체념' 단계에 있는 아동의 심리적 문제다. 일반적으로 이 단계의 아동은 교직원의 지시에 대해 순종적이며 큰 문제행동을 일으키는 일이 적다. 따라서 입원 초기에 자주 문제행동을 일으키는 아동과 비교하면 '착한 아이' 로 보일 수 있다. 그러나 얼핏 유순

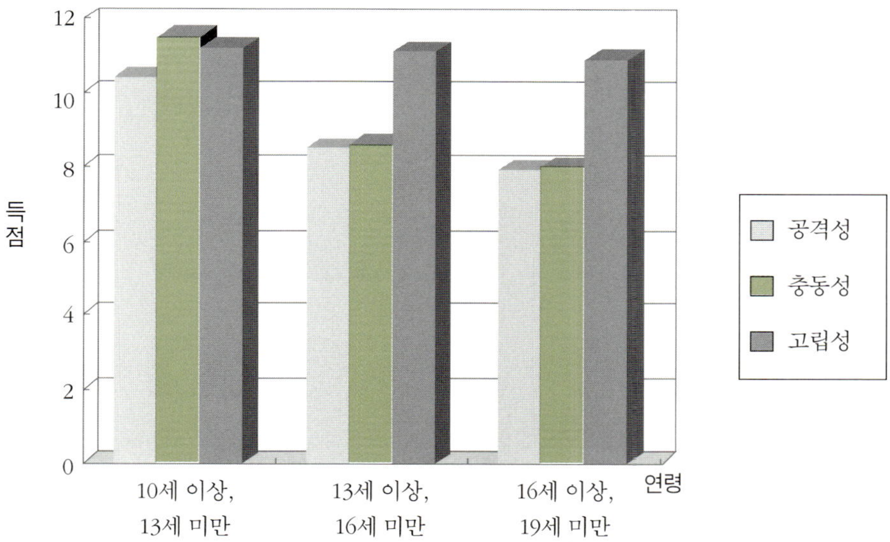

[그림 3-2] 진행성 근위축 증후 아동의 연령과 대처행동

해 보이는 모습은 모든 대처행동에 실패한 자포자기의 모습이기도 하여, 아동에 따라서는 교직원에게 있어 '문제아' 보다 더욱 심각한 심리적 문제를 갖고 있을 가능성이 있다.

(5) 질병의 인지와 대처행동

일반적인 대처행동이론에서 가장 중요시되는 것은 '위협'에 대한 인지다. 우선 사람은 위협의 일차적 인지평가와 자기가 가진 대처자원(coping resource: 개인과 그를 둘러싸고 있는 환경에 갖추어진 대처능력)을 비고 · 검토하여 실제 대처행동을 결정한다. 그리고 그 대처 결과에 대해 이차적인 인지평가를 하고 좀 더 상황에 맞는 대처행동을 선택한다([그림 3-3] 참조).

병약아의 경우에 이 위협은 질병을 바탕으로 한 '치료의 고통', '부모와 친구와의 격리', '다양한 제한' 등이 된다. 그리고 이러한 평가에는 개

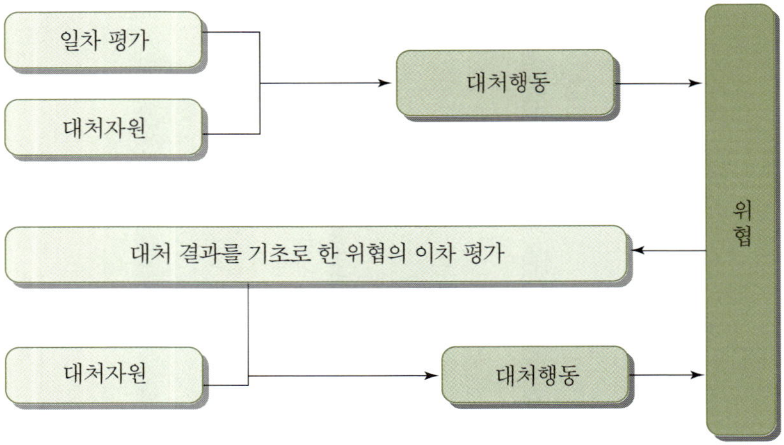

[그림 3-3] 대처와 인지평가

인차가 있다. 예를 들면, 같은 만성신장염의 아동이라도 그 병에 대한 인지적 평가는 개인마다 다르다. 만성신장염을 큰 위협으로 인식하는 아동은 치료상의 제약은 잘 지키나 장래에 대한 비관적인 전망을 할 우려가 있다. 반면 어떤 아동은 만성신장염이라는 위협을 낮게 인지 · 평가하여 비교적 낙관적인 전망을 갖고 투병에 임한다. 이는 심리적으로는 큰 불안을 주지 않는다는 점에서 고무적이다. 그러나 치료와 관련해서는 안정을 지키지 않고 식사 제한에 저항하는 등의 문제를 갖게 되는 경우가 있다. 후자의 경우 제한을 지키지 않음에 따른 증상의 악화를 이차적으로 평가하여 보다 적절한 대처행동을 하게 할 수 있으나, 전자의 경우는 적절한 인지평가에 도달하는 데 약간의 시간이 걸릴 것이다.

이상의 예에서 보듯이, 자신의 병에 대한 올바른 지식을 갖는 것은 치료를 효과적으로 진행하는 데 중요하다. 아동이 과도한 불안을 갖지 않도록 자기의 질병에 관한 학습을 할 필요가 있다. 그러나 예측 불가한 병에 걸린 아동에게 이러한 학습을 진행하는 것은 다소 저항이 따를 것이다. 예를 들면, 암과 백혈병 등에 대한 안내는 성인에게도 문제가 되는 것이다. 아동에 대한 병명 안내는 극히 일부 의료기관에서 이루어질 뿐이다. 그러나 아동의 치유와 생명 연장을 최우선으로 생각하는 경우 아동이 자기 병을 알고 의료 지시를 지키도록 지도하는 것은 중요하다.

2. 건강장애아동의 심리 특성과 직면하는 문제

만성질환을 가진 병약아는 질병 자체와 치료관리를 위한 생활과 행동상의 제한, 즉 건강장애 상황하에 놓여 있다. 여기서는 대표적인 만성질환의 건강장애아동의 특성을 검토하여 병약아가 직면하는 문제를 살펴본다.

1) 자기의 질병에 대한 이해의 어려움과 심리 특성

만성질환의 병상은 심하게 변화하지만 악화를 유발하는 원인이 명확치 않고, 게다가 그 악화의 정보를 조기에 정확히 인식하는 것이 어렵다. 그 결과로 치료관리가 지체되어 병상 악화로 연결되기 쉽다. 특히 악화의 원인이 자신의 생활행동에 있는 경우에는 병상 악화의 인식이 더욱 늦어지게 된다.

기관지천식 아동의 예를 들어 보자([그림 3-4] 참조). A군은 장기 복용약을 잊고 먹지 않았을 때 추운 체육관에서 충분한 준비운동도 않고 농구게임에 참가했다. 도중에 다소 숨이 차는 것을 느꼈으나 격한 움직임 때문이라고 생각했다. 그러다 게임 종료 시에 상당히 강한 천식 발작이 일어나는 것을 알게 되었다. 이같이 기관지천식이라는 질환을 전제로 할 때에 신체와 환경의 복합 조건이 겹쳐 천식 발작이 일어난 것이며, 그 요인의 대부분은 A군의 생활행동상의 배려를 통해 회피 가능한 것이었다.

[그림 3-4]의 우측 부분은 건강한 아동이라면 생활상 전혀 고려할 필요

보고에서 보는 사실 경과	A군 주위 조건과 병상의 인식
• 정기 복용약의 불규칙적 투여	• 신체적 조건+자기 관리 불충분
• 추운 체육관	• 신체적 조건+환경 조건
• 준비운동 불충분	• 신체적 조건+자기 관리 불충분
〈게임 도중〉	
• 숨가쁨을 느낌	• 악화 정보의 초기 단계에서의 인식
• 격한 움직임 탓이라 생각	• 경증 단계의 인식 억제
• 게임의 계속	• 자기 관리 불충분
〈사후 상황〉	
• 심한 천식 발작에 고통	• 중증 단계에서의 인식 성립

[그림 3-4] 기관지 천식 A군의 병상 변동과 그 원인 및 인식

가 없는 내용이지만 천식아동 A군에게는 그와 같은 관리를 하도록 암묵적으로 요구하고 있고, 그것을 할 수 없을 때에는 '자신의 일임에도 왜 알아채지 못하고 그것을 하지 못할까?' 라는 주위의 비판과 질책이 따르는 것이 보통이다.

이러한 불명확한 원인에 의한 신체 상황의 변화와 그에 대한 인식의 어려움, 결과로서 발생하는 병상의 악화와 주위의 이해 부족은 병약아의 심리 특성으로 일반적으로 지적되는 '자신 없음', '불안정감', '의존심' 등으로 연결된다.

2) 질병에 따른 생활활동 유지의 어려움과 사춘기

만성질환 치료관리의 대부분은 일상생활의 관리다. 의료자의 대체행위

인 기술적인 측면도 환자의 일상생활 중에 포함되어 있어 그 실시 여하에 따라 신체 상황의 변화와 연결된다.

기술적 측면의 습득이 자기 관리의 획득이라고 여겨지지만 그것은 자기 관리의 일부에 지나지 않는다. 관리를 '하느냐 마느냐'의 판단과 결정을 하는 것도 아동 자신이다. 특히 사춘기에는 병에 대한 거부감, 건강아 집단에의 참여의식이 치료관리의 의미와 삶의 의미를 묻는 것에도 연결되어, 관리를 게을리하는 방향으로 병약아를 몰아세우는 경우도 있다.

인슐린 의존형 당뇨병 아동의 예를 살펴본다([그림 3-5] 참조). B아동은 혈당 측정, 인슐린 자기 주사, 저혈당 보조식, 운동요법 등 당뇨병의 치료관리에 필요한 기술적 측면을 모두 습득하고는 중학교 2학년 때 특수학교에서 지역의 일반학교에 전입하였다.

학업 성적도 뛰어나고 체육활동도 우수한 B군은 학교에 쉽게 적응하였다. 그러나 B군이 매일 점심 전에 반드시 어딘가에 간다는 것을 알게 되어 학급 친구들이 이상하게 생각하기 시작했다. 불편함을 참지 못하고 B군도 보건실에서의 치료관리를 멀리하게 되었고 '그만두고 싶다'는 생각도 하게 되었다. 그러나 B군은 담임과 보건교사의 도움으로 자신의 병과 그 치료관리를 친구들에게 '공표'하여 주위의 이해를 얻으려고 했다. 그 결과, 몇몇 친구는 처음에는 호기심으로 바라보았으나 점점 이해하게 되어 오해가 해소되어 갔다.

B군은 치료관리의 기술적인 측면을 충분히 습득했다 해도 일상생활 중에 실제로 행하는 어려움을 경험하고 있었다. 그러나 대다수가 건강아동으로 이루어진 환경에서 그들과 같이 생활하고 싶다는 생각을 강하게 나타내었다.

[그림 3-5]에서 우측은 B군과 주위의 대인 접촉 수준과 정보 흐름을 나타낸다. 대인관계의 심화에는 제공받는 정보의 깊이도 필요하다. B군의 경우에는 관찰되지 않았으나, 초등학생 때는 인슐린 자기 주사 등을 보건실에서 했으나 중·고등학교에서는 화장실에서 하는 경우가 많다는 보고

보고에서 보는 사실 경과	B군 주위조건과 병상의 인식
• 당뇨병 치료관리의 기술적 측면을 습득	• 개인적
• 병약 특수학교에서 일반학교로 전입	• 표면적 접촉
• 학급에 순조롭게 적응	• 표면적 접촉
• 점심 전에 어딘가에 가는 것이 이상함	• 깊은 접촉과 '정보의 부족'
• 불편함에 보건실에서의 치료관리를 '그만두고 싶다는' 욕구를 가짐	• 소극적 상호작용
• 병과 그 치료관리를 '공표'	• 깊은 접촉과 '정보 제공'
• 주위와의 알력은 해소됨	• 적극적 상호작용

[그림 3-5] 당뇨병 B군의 자기 관리의 어려움

가 있다. 그 배경에는 질병의 정보가 전달되는 것에 대한 거부감이 포함되어 있음을 충분히 생각할 수 있다.

이와 같이 '해야 할 일을 이해하고 할 수 있는데' 도 '하지 않는' 장면과 때로는 '자신의 신체를 돌아보는 행동과 생활' 을 아무리 철저히 관리해도 개선할 수 없는 현실의 제약과 치료관리를 중심으로 한 생활(요양생활)을 유지하는 동기부여의 저하 문제를 생각할 수 있다. 거기에 집단 귀속을 더욱 강하게 요구하거나 인생의 의미를 묻는 등 사춘기의 자아의 성장이 관여하게 된다.

3) 생활행동과 건강 상태의 강한 결속

만성질환의 경우 보통 사람은 생각지도 못한 일이 병상 변화의 요인이 되는 경우가 많다. 건강아도 생활행동과 신체 상황이 강하게 연결되어 있으나, 병약아의 경우는 그 현상이 더욱 심하다.

병약아는 여러 요인으로 신체 상황이 악화됨을 관찰할 수 있다. 그 요인이 되는 것은 환경 조건에서 심리적 스트레스까지 폭넓지만, 표출은 약한 부분에 집중되는 것 같다. [그림 3-6]은 5명의 천식아가 강한 심리적 스트레스를 받은 날의 전후 호흡기능을 나타내고 있다. 심리적 스트레스가 있음을 미리 알고 있는 경우, 그 이전의 시기에 호흡기능이 저하되고 그것이 해제된 후에는 상승하게 된다.

건강아라도 심리적으로 부담을 느낄 때에는 숨 막힘이 있을지 모르나, 그림에서 나타난 것만큼 호흡기능이 저하되지는 않을 것이다. 이는 천식 증상이 '기관 선택(器官選擇)'의 결과로서 약한 부분에 나타난 것이라고 해석할 수 있다. 이 외의 만성질환, 예를 들면 혈우병 등에도 가장 기능이 저하된 관절 부위의 출혈이 일상생활에서 쉽게 발생함을 알 수 있다. 약한 부분으로의 영향이 신체 상황의 악화와 함께 관측될 가능성이 병약아는 높을 것이다.

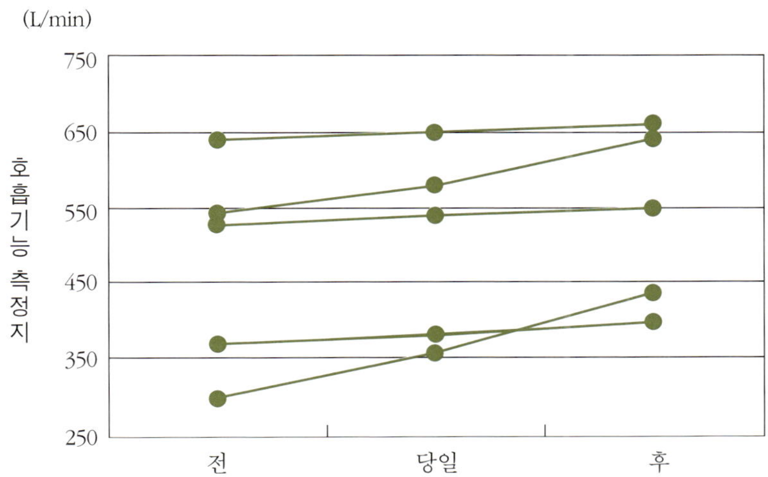

[그림 3-6] 심리적 부담과 호흡기능

3. 건강장애아동의 지원

1) 병상 변화의 원인과 조기 인식의 촉진

병약아 지원의 핵심은 '원인', '병상 악화의 초기 증상'의 인식에 있어서 불명확한 상황을 개선하는 것이다. 만성질환의 병상병동의 요인이 질환 그 자체를 전제로 하면서도 아동의 생활과 행동에 있음은 이미 언급한 바 있다. 그러나 생활행동과 병상병동 간의 관련은 복잡다단하여 그 가운데에서 특정 원인을 찾는 것은 쉽지 않다. 그렇다 해도 병약아 본인과 가족, 또는 병약아가 일상적으로 접하고 있는 지원자는 명확치는 않아도 병상 변화의 '원인', '악화의 초기 증상'을 인식하고 있는 경우가 많다. 그 배경에 있는 것은 오랜 경험에서 일어나는 병상과 생활에 관련된 정보의 축적과 추출이다.

두 명의 천식아동의 사례를 제시한다. 아동 자신이 기록한 건강관찰 기록 1년분을 연말에 집계하여, 매달 발작 횟수와 수업시간 간의 관계를 아동과 함께 조사하여 정리했다. 월별 집계 그래프를 보고 아동 각자가 자신의 발작이 많은 달에 대해 한 명은 "조금 춥고 공기가 건조할 때 많아져요."라고 말했고, 다른 한 명은 "난 좀 덥고 습할 때 많아요."라고 말했다. 그들은 그래프를 보기 전부터 발작이 일어나기 쉬운 예후 상황을 '어렴풋이' 알고 있는 것 같았다. 또한 발작이 많은 시간대를 집계한 그래프를 보고, 둘 다 "쉬는 시간 후에 많아요. 왜냐하면 쉬는 시간에 데굴데굴 몸을 구르니까요."라고 말했다. 휴식시간 후의 잦은 발작 발생은 자신의 행동이 원인이라는 것과 그것을 제어해야 한다는 것을 잘 알고 있었다.

이같이 장기간의 정보의 축적과 추출에 의해 원인과 초기 증상의 파악이 쉬운 것은 혈우병성 출혈과 간질 발작에서도 보인다. 여기에서 중요한 것은 병의 종류와 증상이 허락하는 한 아동과 함께 축적·추출하는 작업을 해야 한다는 것이다. 이 작업의 과정이야말로 병상 변화의 '예측 및 제어 가능성의 인식'을 촉진하는 것이다.

2) 투병 생활행동의 유지 촉진

만성질환의 치료관리에서 핵심은 치료생활의 관리로, 이를 유지하는 것의 어려움은 이미 살펴본 바와 같다. 그렇다 해도 그와 같은 생활관리를 유지하지 않으면 병상이 악화된다. 병약아 지원에서 또 하나의 핵심은 질병에 따른 생활행동에 '동기부여'를 하는 것이다.

(1) 생활의 목적과 규칙적인 주기

병을 앓으면서 사회에서 활약하는 신장질환자의 사례를 살펴보면 다음과 같은 보고를 한다. '일 있는 날, 예정이 있는 날 등에는 일정한 리듬을 갖는 생활을 보낼 수 있는 경향이 있다.' '생활습관 중 몸에 익힌 생활주기가 있다. 그때에는 병의 관리에 있어 필요한 규제를 깨는 것이 필연적으로 적어진다.' 이와 다르게 생활주기가 '평상시와 다르다' 또는 '깨진다', '아무래도 상관없다', '이런 식으로 나아가면 생활관리 전체가 무너진다'는 등의 보고도 있다.

다른 만성질환 성인 환자도 '치료관리 일변도의 생활에서 자기답게 살기 위한 치료관리로 가치의 전환을 꾀하는 것', '매일 할 일이 있는 생활'이 투병생활에 있어 중요하다고 말하고 있다. 그러기 위해서는 '생활주기의 확보'와 '주기 속에서의 치료관리의 자동화'를 시도하는 것이 유효하다고 지적한다. 이를 아동에게 적용한다면 '상태가 좋지 않으면 내일 소풍 못 가!'가 아닌 '내일 소풍 가기 위해 오늘 관리해 두자'고 긍정적으로 생각하도록 하는 것이다.

(2) 치료관리의 위기: 사춘기

'생활행동의 유지'는 해당 아동의 생활 속의 목적과 관련된다. 특히 사춘기에는 '인생의 의미를 묻는다'와 직결된다. 질병관리를 담당하는 사람이 부모와 가족에서 병약아 본인으로 이행하는 시기이자 신체적인 격변기, '관리의 의미를 묻는' 사춘기가 겹치는 중·고교 시기는 만성질환 관리에서 위기가 되는 시기다. 이 다양한 불안정 상태를 주위의 성인이 지켜봐 주는 것은 투병생활의 생활행동 유지를 촉진하는 데 도움이 된다.

3) 매개과정으로서의 생활행동 실천: 교육 지원

만성질환은 여러 가지 요인으로 병상이 바뀌고 그 결과로 건강 상태가 생활과 행동에 큰 영향을 준다는 것은 이미 설명한 바 있다. 최근 증가일로인 중증 건강장애아동의 경우에는 특히 신체 상황과 생활행동이 강하게 결부되어 있다.

중증 건강장애아동은 신체 상황과 생활행동이 곤란하므로 병상 변화도 심하고 신체를 기초로 한 발달과 학습도 그 영향을 받기 쉽다. 지금까지 할 수 있었던 행동이 병상의 악화 후에는 어려워지는 일도 자주 있다. 여기에서는 복수의 난치성 만성질환과 지적장애, 간질, 다운증후군을 합병한 중증 건강장애아동의 예를 들어 본다.

[그림 3-7]에서는 연 70일간(10일이 1회기) 대상아동에게 교육적인 접근을 할 때 의미 있는 미소의 빈도와 신체 상태가 중첩된다. 그림에서 보는 바와 같이 가까이 하려는 행동의 계속으로 미소가 관측되는 날은 증가하지만, 신체 상태의 악화에 따라 미소의 빈도도 감소한다. 그러나 회복 후 접근을 재개하면 처음보다 빨리 미소가 번진다. 이것은 신체 상태의 악화에 따라 교육적 접근 이전의 수준에까지 행동 변화가 되돌아가지 않는다는 점, 또한 행동적 반응이 비교적 빨리 악화 직전의 수준까지 회복된다는 점을 시사한다.

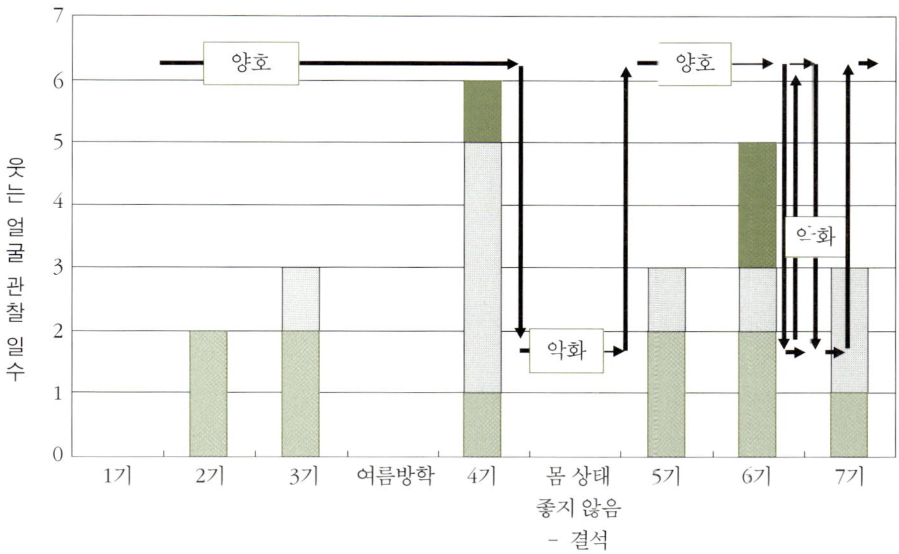

[그림 3-7] 신체 상황과 행동의 관련

이 사례는 첫째는 장애와 질환의 중증도가 증가할수록 신체 상황과 행동이 밀접히 연관되어 있음을 나타낸다. 그와 동시에 비교적 장시간 경과 중에는 교육적 접근 시도에 의해 생활행동과 신체 상황의 연결이 완만해지는 것도 보여 준다.

만성질환에서는 중증질환을 앓는 위의 사례만큼 생활행동과 건강 상태의 결합은 강하지 않다고 생각된다. 그러나 이 사례는 질병(신체 상황)에 의해 병약아의 생활행동, 또한 심리 상태가 규정되는 정도가 교육적 지원에 의해 변화할 가능성이 있음을 시사하고 있다.

평생 힘든 장기간의 치료와 요양이 필요한 만성 건강장애아동은 아동 자신이 관련된 치료관리의 생활 행동적 측면이 병상 변화에 큰 영향을 끼친다. 생활 행동적 측면은 교육적 지원이 직접 관여할 수 있는 영역이다. 이러한 '예측과 제어 가능성의 인식'을 기르는 지원은 건강장애아동이 스스로의 병을 객관화하는 것을 가능하게 하고, 신체 상황의 구속에서 완전히 벗어나지는 못하더라도 마음가짐과 그 발달에 의해 투병에 큰 영향을 미칠 수 있음을 시사한다.

4. 건강장애아동의 사회참여와 자립

1) 건강장애아동의 사회적 위치

건강장애아동의 장애 상태는 매우 다양하다. 얼핏 보아서는 전혀 장애인이 아닌 것처럼 보이는 사람부터 생활의 모든 부분에서 지원이 필요한 사람까지 다양하다. 그러나 중증도에 관계 없이 개개인에게는 모두 심각한 문제가 될 수 있다. '장애를 갖고 있다고는 보이지 않는' 내부적 장애를 가진 경우 앞서 말한 건강과 역량강화가 일상 과제가 되지만, 나아가 주위 환경과의 조화에서 스트레스를 느끼는 경우가 많다. '한창 공부할 나이에 집에서 빈둥빈둥 놀고 있다', '아동이 매일 누워만 있다' 등의 오해를 받는 경우가 많다. 또한 아토피성 피부염 등 피부질환을 갖는 여아의 경우에는 외모의 변화에 민감하거나 외출기회가 줄어드는 등 사회생활에 제약을 받는 경우가 많다. 이는 어느 면에서는 건강장애아동에 대한 일반인의 인식 결여가 원인이지만, 당사자의 망설임과 주저 역시 사회참여에서 주요 문제가 되는 경우가 많다. 즉, 그들의 경우 일상생활에서도 '장애아동'과 '건강한 아동' 사이를 오가게 되어, 대부분의 아동은 정신적으로 확고한 입장을 가지지 못한다.

내부적 장애를 가진 아동의 경우 주위 사람과 때로는 스스로도 장애인이라는 의식은 없지만, 증상이 나왔을 때 또는 장래를 생각할 때 장애가 있는 자신을 의식할 수밖에 없다. 그들은 '얼핏 보면 장애가 있다고는 생각되지 않는' 이중의 삶을 살고 있는 셈이다. 이러한 문제에 대해 우에노(上野)를 비롯한 연구자와 일부 집단에서는 '질병과 함께 있는 자기'라는 개념을 설명한다. 즉, 자기가 가진 질환을 자신의 특성의 하나로서 자신 안에 두고 거기에서 생활하며 자신의 재통합(re-integration)을 이루게 된다는 것이다.

많은 건강장애아동은 오랫동안 자신의 질병과 지내오면서 자연히 이러한 생활기술을 익히는 경우가 많다. 이처럼 질병과 함께 생활하면서 사회에 적응해 가는 모습은 '정적(靜的)인 사회참여'라고 볼 수 있다. 그러나 자신의 질환과 잘 어울리지 못하는 사람도 많다. 특히 중병인 경우 그러한데, 이 경우 그 정신 상태는 유동적이다. 예를 들어, 사회참여를 거부하는 사람도 있는 반면, 건강과 역량강화를 높이고 사회적으로 인지하며 보다 적극적으로 사회에 참여하는 경우도 있다. 이것이 바로 '동적인 사회참여' 다.

2) 건강장애아동의 취업과 자립

1980년에 세계보건기구(WHO)는 기능장애, 능력장애, 사회적 불리의 세 차원으로 구별해야 할 필요성을 강조하면서 국제장애분류(International Classification of Impariment, Disabilities, and Handicaps: ICIDH)를 제시하였다. 그 후 1997년에는 ICIDH-2의 개념으로 환경과 개인이라는 상황적 요인을 포함한 장애 개념을 추가하여 '손상', '활동', '참여'라는 새로운 유형 분류를 시도하였다. 또한 2001년의 '건강'에 초점을 둔 국제기능장애건강분류(International Classification of Functioning, Disability and Health: ICF)는 ICIDH-2에서 이미 개발해 놓은 대부분의 내용을 계승하면서 분류체계와 언어 사용을 보다 긍정적이며 환경적인 측면을 강조하여 수정하였다. 여기에서는 장애인에 한정되어 적용될 수 있는 것이 아닌 모든 사람의 건강과 관련된 요소를 설명해 줄 수 있는 보편적인 적용이 가능한 틀로 제시된다.

이처럼 ICF에서는 '참여'와 '활동'의 기본 조건의 하나도 건강 상태(질병과 병세)가 설정되어 있다. 이러한 장애를 전제하여 '건강 상태' 라고 하나 내부 장애자, 중병장애아의 경우 이 '건강 상태' 자체에 장애가 있어 '참여', '활동', 나아가 '자립' 에 있어 곤란이 있을 수밖에 없다. 그러나 '참여' 는 반드시 '그 현장' 에 있음을 의미하는 것이 아니며, '활동' 은 반드시 신체적인 동작을 수반하는 것이 아니다. 예를 들면, 인터넷에서의 채팅도 '참여' 이고 입력도 '활동' 이다. 이런 점을 생각하면 '취업' 도 사업장에 가는 것만이 취업이 아니다.

최근 폭발적으로 보급되고 있는 SOHO 워크에 의한 취업과 자립도 확실한 '취업' 이고 '자립' 이다. 건강장애아동의 사회참여, 취업, 자립을 생각할 때는 종래의 개념 또는 어감에 얽매이지 않고 보다 넓은 의미에서 그 가능성을 탐색하는 것이 필요하다.

제4장

건강장애의 질환 분류와 지도

1. 소아암
2. 천식
3. 신장질환
4. 심장질환
5. 결핵
6. 근위축 증후
7. 당뇨병
8. 근골격계 질환
9. 간질
10. 신경증
11. 신체허약
12. 비만증

1. 소아암

건강장애 질환 중 소아암(childhood cancer)에 대해 살펴보면 다음과 같다.

1) 소아암의 개요

소아에게는 성인에게서 볼 수 있는 위암 · 폐암 · 자궁암 등은 거의 볼 수 없지만, 급성백혈병 · 악성림프종 · 뇌종양 · 고환태아성암 · 신경아세포종 · 간암 · 골육종 · 바이러스성 종양 등은 많이 발생한다. 소아암은 소아악성종양의 총칭으로, 죽음에 이르는 위험과 투병생활을 보내게 되는 대표적인 소아만성질환이다. 어린 환자에게는 육체적, 정신적, 교육적, 가정적인 측면에서의 침습을 야기하는 위험성이 따른다. 소아암으로 분류되는 질환에는 백혈병(34%), 신경아세포종(20%), 악성림프종(7%), 뇌종양(6%), 망막아세포종(6%), 빌름스종양(4%), 간아종(2%), 성기종양(2%), 횡문근육종(2%), 골육종(2%) 등이 있다. 이들 악성종양, 즉 소아암 중에는 급성백혈병이 가장 많아 전체의 35~40%를 차지한다(강영희, 2008). 소아암은 1년에 1~2만 명 중 1명의 비율로 발생한다. 특히 4~5세 이하에서 발생 빈도가 높고, 드물게는 출생 때부터 암의 발생을 볼 수 있는 것으로 보아, 소아에서의 발생에는 출생 전에 어떤 발암 인자가 작용한 것으로 추측된다.

2) 소아암의 유형

(1) 백혈병

우리 몸의 뼈는 몸의 체형을 유지하고 운동을 할 수 있게 하며 칼슘 조절에 관여하는 기능을 한다. 뼈의 내부에는 뼈보다는 촘촘하지 않은 골수라는 조직이 있는데, 이곳에서 백혈구, 적혈구, 혈소판 등의 혈액세포를 만드는 기능을 한다. 백혈병(leukemia)이란 이러한 혈액세포 중 백혈구에 발생한 암으로서, 비정상적인 백혈구(백혈병 세포)가 과도하게 증식하여 정상적인 백혈구와 적혈구, 혈소판의 생성이 억제된다. 정상적인 백혈구 수가 감소하면 면역 저하를 일으켜 세균감염에 의한 패혈증을 일으킬 수 있다. 적혈구의 감소는 빈혈 증상(어지럼증, 두통, 호흡곤란)을 가져오며, 혈소판의 감소는 출혈 경향을 일으킨다. 또한 과다 증식된 백혈병 세포 자체로 인하여 고열, 피로감, 뼈의 통증, 설사, 의식 저하, 호흡곤란, 출혈 경향도 일어날 수 있다. 백혈병 환자는 치료받지 않을 시 이러한 증상에 의해 생명이 위험해진다.

백혈병은 세포의 분화 정도, 즉 악화 속도에 따라 급성과 만성으로 나뉘고, 세포의 기원에 따라 골수성과 림프구성으로 나뉜다. 백혈병은 흔히 다음의 네 가지 형태로 분류된다.

1 급성 골수성 백혈병

급성 골수성 백혈병(acute myeloid leukemia: AML)은 성인의 급성 백혈병 중 가장 흔한 형태로서 급성 백혈병의 65%를 차지한다. 골수성 백혈구의 분화 단계 중 초기 단계에 있는 전구세포(precursor cell) 또는 줄기세포(stem cell)에 암적인 변이가 발생하여 과도한 분열이 일어나고, 이것이 골수 내에 축적되어 말초혈액에 골수아세포(myeloblast: 과립 백혈구의 어린 세포 형태이며 이 세포가 성숙하여 골수성 백혈구가 됨)가 나타나게 된다. 각 조직이 침범되고, 정상적인 골수기능의 마비로 심각한 면역기능 저하 및 출혈 경향(bleeding tendency: 지혈 메커니즘에 장애가 발생하여 전신적으로 출혈하기 쉬운 상태를 말하며, 이 경우 사소한 손상에 의해서도 출혈이 발생하게 됨)이 나타나며, 치료받지 않을 경우 수개월 이내에 사망하는 급성질환이다.

급성 골수성 백혈병의 발병 원인을 밝히는 것은 대부분의 경우 불가능하지만, 유전성 요인, 방사선조사, 화학약품 등에 의한 직업성 노출과 항암제 등의 치료 약제가 발병 원인이 될 수 있는 것으로 보고되고 있다. 급성 골수성 백혈병이라는 진단이 내려진 경우 우선 항암제를 사용한 화학요법을 적용한다. 항암제는 전신치료라고도 불리는데, 약물이 혈액 속에 들어가 혈류를 따라 전신을 돌기 때문에 온 몸의 백혈병 세포를 죽일 수 있기 때문이다. 그러나 뇌와 척수의 내부에는 항암제가 잘 도달하지 못하므로 경우에 따라서는 허리 중심부에 가느다란 바늘을 넣고 항암제를 뇌척수액에 직접 주입하는 요추천자(lumbar puncture, 허리천자)를 시행하기도 한다. 급성 골수성 백혈병의 치료 성적은 다제병용 항암요법(2종류 이상의 항암제를 사용하는 방법), 조혈모세포 이식(골수이식), 지지요법(보조요법)의 발달에 따라 최근 10년 동안 상당히 개선되었다.

항암치료 중인 환자는 점막이 약해져 있으므로 거칠게 양치질을 하지 않도록 하며 가글을 자주 하는 것이 좋다. 배변 후에는 화장지를 사용하는 것보다는 좌욕을 하는 편이 점막 손상을 줄일 수 있다. 칫솔은 부드러운 것을 사용하고 면도날로 면도를 하는 것은 피한다. 식중독의 위험이 있는 날것의 섭취를 피하며 위생적으로 조리된 음식을 섭취한다. 관해 상태(백혈병으로 인한 증상이 완화된 상태)에 도달하여 퇴원한 환자라도 감염에 걸린 사람과의 접촉을 피하고 양치질을 부지런히 하여 감기에 걸리지 않도록 하는 등 개인 위생을 철저히 관리하는 것이 중요하다.

② 급성 림프구성 백혈병

급성 림프구성 백혈병(acute lymphocytic leukemia: ALL)이란 혈액 및 골수 내 림프구 계통 세포에서 발생하는 혈액암이다. 혈액 내 세포는 기능을 유지하기 위해 증식, 분화, 성숙 및 파괴 과정을 되풀이하는데, 이러한 혈액세포를 만들어 내기 위한 조상 세포를 조혈모세포라고 한다. 조혈모세포는 뼈 안의 골수(뼈 안의 공간을 채우고 있는 부드러운 조직)라는 곳에 주로 위치한다. 백혈병은 조혈모세포가 혈액세포로 증식, 분화, 성숙하는 일련의 과정에 장애가 생겨 발생하는 암을 의미한다. 림프구 계통의 혈액세포에서 백혈병이 발생하고 급성의 경과를 보이는 경우를 급성 림프구성 백혈병이라고 한다.

급성 림프구성 백혈병의 발병 원인은 림프구 계통 세포의 증식, 분화, 성숙 및 파괴 과정에 관여하는 여러 가지 유전자의 변이에 의해 발병하는 것으로 알려져 있다. 이러한 유전자 변이의 원인은 현재 뚜렷이 밝혀져 있지 않지만, 다른 암에서와 같이 유전적 소인, 바이러스, 다수의 발암물질, 전리 방사선 등이 관여할 것으로 추정하고 있다.

급성 림프구성 백혈병에서 관찰되는 증상은 다른 백혈병과 유사하다. 피로감, 전신 쇠약, 체중 감소, 식욕부진, 발열, 감염, 출혈, 쉽게 멍이 듦, 두통, 뼈의 통증 등의 증상 이외에도 림프절, 비장, 간이 커지는 등의 징후가 나타날 수 있다. 이러한 증상 및 징후는 수일에서 수주 사이에 빠르게 진행되는 경우가 많지만, 일부 환자에서는 수개월에 걸쳐 천천히 진행되기도 한다. 이러한 경우 환자는 별다른 증상을 느끼지 못하므로 건강검진 시에 백혈병이 우연히 발견되기도 한다.

치료는 환자의 몸속에 남아 있는 백혈병 세포를 제거하기 위해 대량의 항암 화학요법과 전신 방사선조사를 시행한 후 치명적으로 손상을 받은 조혈모세포를 구제하기 위해 타인에게서 조혈모세포를 이식받거나(동종 조혈모세포 이식), 이미 냉동해 두었던 자신의 조혈모세포를 다시 주입하는 방법인 자가 조혈모세포 이식을 하거나, 표적치료 등을 한다.

대부분의 암에서와 같이 현재까지 뚜렷하게 정립된 예방법은 없다. 위험인자로 알려진 흡연은 되도록 금하는 것이 좋으며, 벤젠 등의 석유 화합물을 사용하는 직장에서는 적절한 보호방책이 필요하다. 그 외에 규칙적인 식사, 적당한 운동 및 체중 조절, 스트레스 관리, 과일 및 야채류의 충분한 섭취 등의 일반적인 암 예방법도 적용된다. 급성 림프구성 백혈병은 항암 화학치료를 통해 완치될 수 있는 질환이며, 무엇보다 항암 치료를 이겨 내고자 하는 의지가 중요하다. 항암 화학치료가 많은 시간과 비용, 고통을 수반하는 만큼, 환자 자신과 가족, 의료진이 합심하여 치료를 성공적으로 이끌어 가도록 노력해야 한다. 입원치료를 제외하면 암환자라고 해서 일상생활에 구애를 받을 필요는 없으며, 정상적인 사회생활을 유지하는 것이 치료에 도움을 줄 수도 있으므로 이에 대해 의료진과 상의하는 것이 좋다. 많은 암환자가 질병에 의한 압박감, 기능 상실, 치료의 고통 등으로 인한 불안 증상, 우울증, 불면증 등을 경험하는데, 많은 경우 심리치료, 웃음 치료등의 행동치료와 적절한 약물치료를 통해 이러한 증상을 완화할 수 있다. 그러므로 이에 대해서도 반드시 능동적으로 대처하고자 하는 자세가 필요하다. 급성 림프구성 백혈병 환자에게 특별히 요구되거나 도움이 되는 식이요법은 없다. 다만 질병이나 치료로 인해 면역력이 저하된 상태이므로 위생적인 식사관리가 중요하다. 병원에 입원하여 치료받는 경우에는 대부분 음식을 가열 처리하여 만든 저균식을 먹게 된다. 퇴원하여 통원 치료하는 경우에는 일반적인 음식을 섭취해도 문제가 없지만 날것으로 섭취하는 과일 및 야채의 경우 깨끗이 씻고 껍질을 완전히 벗겨 먹는 것이 좋으며, 어패류나 육류는 되도록 조리해서 먹는 것을 권장한다.

3 만성 골수성 백혈병

만성 골수성 백혈병(chronic myeloid leukemia: CML)은 필라델피아 염색체(philadelphia chromosome)를 지닌 조혈모세포(stem cell: 골수 혈액 속에 존재하며 모든 혈액세포를 만들어 낼 수 있는 능력을 지닌 세포)의 클론이 비정상적으로 확장되면서 골수 내에 비정상적인 세포가 과도하게 증식하여 생기는 질환이다. 만성 골수성 백혈병은 전체 성인 백혈병의 약 25%를 차지한다. 연간 약 10만 명 중 1~2명 정도에서 발생하며, 30~50세 및 노년층에 자주 발생하기 때문에 성인형 백혈병이라고 한다. 그러나 모든 연령층에서 발병 가능하며 소아나 청소년에서도 발생한다.

④ 만성 림프구성 백혈병

만성 림프구성 백혈병(chronic lymphocytic leukemia: CLL)은 백혈구의 일종인 림프구가 성장하면서 종양으로 변하고, 그에 따라 골수 내에 과도하게 증식되어 정상적인 혈액세포의 생산을 방해하는 질환이다. 정상 백혈구가 줄어들면 감염이 발생할 위험이 높아지고, 적혈구가 감소하면서 빈혈이 생긴다. 지혈 작용을 하는 혈소판이 줄어들기 때문에 지혈되는 시간도 길어진다(혈소판 감소증). 비정상 백혈구는 림프절, 간, 비장 등으로 퍼진다. 만성 림프구성 백혈병은 우리나라에서는 매우 드물지만 미국에서 가장 흔하게 발생하는 혈액의 종양이다. 대개 50세 이후에 많이 나타나며 남성에게서 더 흔하다.

(2) 신경아세포종

신경아세포종(神經芽細胞腫, neuroblastoma)은 주로 신경계에서 기인한 악성종양이다. 교감신경에 생기는 악성종양으로 부신수질이나 교감신경절에서 발생한다. 주로 복강에서 생기는데 그중 절반이 부신수질에서 비롯되고, 나머지는 척수 주위에 있는 교감신경절에서 생기며, 흉곽 · 목 · 골반 등에서도 발생한다. 시기상으로는 대부분 영아나 10세 미만의 소아에게 발병한다. 간혹 태아에게서 발견되기도 한다. 발생 부위와 전이 부위에 따라 증상이 다양하며, 주로 복강에 생기므로 배에서 덩어리로 만져지는 경우가 많다. 간혹 소뇌를 침범하면 발작적으로 눈이나 팔다리가 빠르게 움직이는 증상이 나타난다. 혈액검사, 소변검사, 방사선검사 등을 통하여 진단하고 컴퓨터단층촬영(computed tomography: CT)이나 자기공명영상술(magnetic resonance imaging: MRI)로 검사하기도 한다. 검사를 통하여 증상이 의심되면 확진을 위하여 조직 생체검사를 하는데, 복강 내에 있는 경우가 많기 때문에 바로 수술하여 검사와 치료를 동시에 한다.

치료법은 다음과 같다.

- 병기 I : 종양이 발생 부위에 국한되어 있기 때문에 완전히 제거할 수 있다.
- 병기 II: 종양이 주위 림프절로 전이되지는 않았지만 완전히 절제할 수 없기 때문에 부분 절제하거나, 생체검사를 거쳐 항암화학요법을 시행하고 다시 2차 관찰수술을 한다.
- 병기 III: 종양이 주변 조직으로 퍼져서 복강 내의 림프절로 전이된 상태다. 1세 미만 영아인 경우에는 80% 이상 완치되지만 1세 이상 소아인 경우에는 완치율이 50~80%밖에 되지 않는다. 예후가 좋지 않은 환자와 1세 이상의 환자에게는 고용량 항암화학요법과 방사선치료, 골수이식, 강력한 항암화학요법과 방사선치료를 동시에 시행하기도 한다.
- 병기 IV: 종양이 멀리 떨어진 림프절과 뼈, 골수, 간 등에까지 전이된 상태다. 생존율은 1세 미만인 경우 50~80%이지만 1세 이상인 경우에는 10~30%로 크게 떨어진다. 항암화학요법, 수술 및 방사선치료, 고용량 항암화학요법, 방사선치료 및 골수이식 등의 치료방법이 있다.
- 병기 IVS: 종양이 간과 피부 · 골수에만 전이된 경우로, 특수한 증상으로 분류하여 치료방법을 달리한다. 육종이 자연 퇴화하는 빈도가 높기 때문에 항암화학요법이 필요 없으며 특별한 경우에만 가벼운 항암화학요법을 시행한다. 치료를 하지 않아도 되지만 심한 간종대와 같은 합병증이 발생하면 치료를 한다.

(3) 악성림프종

림프조직의 세포가 악성 전환되어 생기는 종양을 말한다. 림프종에는 호지킨씨 림프종과 비호지킨씨 림프종(악성림프종)이 있다. 비호지킨씨 림프종은 림프조직에 존재하는 세포의 악성종양으로서 호지킨씨 림프종을 제외한 질환을 말한다. 악성림프종의 종류에는 여러 분류법이 있으나,

최근에는 면역표현형과 세포계열에 따른 WHO 분류법을 사용하고 있다. 전신적인 증상으로는 열이 나거나, 야간 발한, 체중 감소 등이 올 수 있으며 이를 B증상이라고 한다. 림프종은 혈액암의 일종으로, 기본적으로 특수한 경우를 제외하고는 치료로서 수술이 적용되는 경우는 매우 적다. 방사선치료는 종양을 제거할 수 있는 용량을 사용하고 정상 장기에 손상을 주지 않으면서 적용해야 한다. 그러므로 병변의 위치 및 병변의 수가 치료 방향의 설정에 중요하다. 한 가지 약제로는 병이 금방 재발하여 서로 작용기전과 독성이 다른 약제를 몇 가지 조합하는 복합항암화학요법이 시도된다. 자가조혈모세포 이식은 재발한 림프종에서 완치율을 높이는 효과가 있다(국가암정보센터, http://www.cancer.go.kr).

현재 악성림프종의 치료는 입원보다 외래로 실시되는 일이 많아지고 있다. 외래치료의 경우 다음 사항에 주의해야 한다.

- 높은 열이 나는 경우는 주의해야 한다. 담당의사에게 항생물질을 처방받은 경우에는 곧바로 복용한다.
- 투여하고 있는 항암제로 인해 폐렴이 생길 수 있으며, 이 때문에 기침, 미열, 숨이 차는 증상이 생길 수 있다. 그런 경우에는 예약을 변경해서라도 빨리 외래로 진찰을 받거나 담당의사에게 전화 연락을 하여 스테로이드제를 투여받도록 한다.
- 악성림프종으로 치료를 받으면 감염에 대한 저항력이 떨어지기 때문에 대상포진(수포를 수반하는 발진이 생기며 통증을 동반하는 일이 많음)이 합병되기 쉽다. 악성림프종에서는 대상포진이 심해지는 경우가 종종 있는데, 그럴 경우에는 통증이 오랫동안 지속된다. 대상포진에 대해서는 효과적인 항바이러스제가 있어 신속하게 치료를 하면 중증화를 예방할 수 있다. 담당의사에게 연락하거나 피부과 의사의 진찰을 받는다.
- 항암 치료 후 약 1～2주가 경과하면 백혈구 감소가 일어나 감염에

대하여 취약해지므로 이때 약 1주간은 주로 음식을 익혀서 먹도록 한다.

• 관해에 접어들어 치료가 순조롭게 종료된 경우라도 재발할 가능성은 항상 있다. 또한 방사선치료와 항암제로 인한 장기적 영향에 대해서도 계속해서 관찰해야 한다.

(4) 뇌종양

뇌종양(腦腫瘍, encephaloma)은 두개(頭蓋) 안에 생기는 종양으로 뇌실질(腦實質)에서 생기는 종양 이외에도 뇌막, 뇌하수체 등의 내분비선, 뇌신경에 발생하는 종양 등을 모두 포함한다. 두개내종양(頭蓋內腫瘍)은 원발성(原發性)인 것과 전이성(轉移性)인 것으로 나뉜다. 원발성 종양은 그 최초의 발생 부위 및 종양세포에 따라 병리학적으로 세분되어 있다. 진성뇌종양과 만성뇌종양, 그리고 기생충 · 매독 · 결핵 등에 의한 육아종(肉芽腫)도 두개내종양으로 취급되는 경우가 많다. 그리고 뇌종양은 그 위치에 따라 특이한 증세를 나타내기 때문에, 크게는 소뇌천막(小腦天幕: 대뇌와 소뇌의 중간에 있는 뇌막)의 위와 아래의 종양으로 나눈다.

일반적으로 성인에게는 천막상종양(天幕上腫瘍)이, 소아에게서는 천막하종양(天幕下腫瘍)이 나타난다. 대표적인 뇌종양 중에는 뇌실질에서 발생하는 신경교종(神經膠腫, glioma)이 가장 많고, 수막종(髓膜腫, meningioma), 뇌하수체선종(腦下垂體腺腫), 신경초종(神經鞘腫)의 순으로 발생된다. 연령대로 보면 대뇌신경교종이나 수막종은 성인에게 많고, 소뇌신경교종은 소아에게 많다. 그 밖에 두개인두종(頭蓋咽頭腫)도 소아에게 많다. 성별에 따른 차이도 있는데 남성에게는 송과선종(松果腺腫), 혈관종(血管腫), 수아세포종(髓芽細胞腫)이 많고, 여성에게는 신경초종이나 수막종이 많다.

뇌종양의 증세는 두개내압고진증(頭蓋內壓高進症)과 침해된 뇌 부분에 상당하는 신경탈락 증세 또는 자극 증세를 나타낸다. 두개내압고진증이란 두통, 구토, 울혈유두(鬱血乳頭) 등이다. 그 밖에 경련발작, 의식장애, 정신장애를 수반하는 일이 많다. 치료는 수술치료를 원칙으로 하지만, 신경교종 등의 악성종양은 수술에 의한 치유는 어렵고, 그 밖에 전체 척출(剔出)이 곤란한 송과선종은 방사선치료를 겸하여 쓰는 경우가 많다. 또한 화학치료도 있다.

3) 소아암 아동의 증상과 치료

소아암의 증세는 종류에 따라 다르다. 성인암이 상피성 종양을 주로 한 병리적 형태인 것에 비해, 소아암은 거의가 비상피성 종양의 육종이고 증식이 빠르며 수소(愁訴)가 확실하지 않다. 또한 병화에 따라 초발 연령의 차이가 있고 확정 진단 이전에 전이만이 나타나는 경우가 많은 것 등이 특징이다. 예를 들면, 급성백혈병에서는 안면창백, 출혈, 발열이 있고, 간, 림프절 등의 종창이 있다. 주로 부신(副腎)에서 발생하는 신경아세포종이나 신장에서 발생하는 윌무스종양 및 간암은 별로 증세가 없고, 복부의 팽창이 눈에 띌 정도다. 망막아세포종은 눈이 고양이 눈과 같이 빛나며, 일단 걸리면 자손에게 유전될 가능성이 있다.

치료는 성인의 암과 마찬가지로 수술, 방사선조사, 제암제(制癌劑)에 의한 화학치료 등을 병행한다. 일반적으로 소아의 암은 진행이 빠르므로 발견되면 가급적 빨리 수술해야 한다. 수술이 불가능한 것은 방사선조사나 화학치료를 쓰며, 완전한 수술을 한 경우에도 이 치료를 겸하면 치유율이 높아진다. 의학의 발달에 따라 소아암의 치료는 2~3년으로 끝나며 50% 이상 완전히 회복될 수 있다.

4) 소아암 아동의 지도

소아암 아동의 생존율이 높아지면 높아질수록, 치료과정으로 인해 장기적으로나 단기적으로 인지와 사회 · 정서 및 행동에서의 문제가 발생하게 되고, 이로 인해 그들의 전체적인 기능이 저하되는 현상이 나타나게 된다.

백혈병 아동 중 1/3은 학교 복귀 후 특수교육 서비스가 필요하다. 백혈병 치료를 위하여 방사선치료, 화학치료를 받았던 아동의 학교 기록, 출석 및 성취도 검사를 검토해 본 결과, 그들은 읽기와 수학에서 또래보다 낮은 성취율을 보였으며, 주의집중력과 순서화 능력, 그리고 기억과 이해 능력을 요구하는 과제수행에서 어려움을 보였다. 3년간의 화학치료를 받은 아동의 경우, 최근에 진단을 받아 치료를 시작한 아동에 비해 집중, 기억, 구성, 표현 및 수용 언어 기술 등을 포함한 상위 인지기능에 대한 검사에서 더 낮은 점수를 받았다는 보고도 있다. 또한 치료가 끝난 아동 중 60%가 수학에서 학습장애를 보였다. 이처럼 치료과정으로 인해 장단기적으로 학습이나 행동에서의 문제가 발생할 수 있고, 신체적인 기능에 이상이 나타날 수 있다. 특히 수학적 기술, 소근육 운동, 시각과 운동의 협응에서 문제를 겪는다고 보고되고 있다. 그러므로 이와 같이 만성적인 질병을 경험하는 아동에게는 특수교육적 서비스가 필요하다(서울특별시교육연구정보원, 2011a).

가족, 친구 등 주변의 도움도 긍정적으로 받아들이고 암을 이겨 나가도록 함께 노력할 것을 다짐하도록 한다. 필요한 경우에는 전문가와 만나서 마음의 어려움을 털어놓고 해결책을 함께 모색하는 것이 도움이 된다. 가벼운 운동은 수술 후 회복에 도움을 준다. 처음 1개월 정도는 아침저녁 일정하게 30분~1시간씩 가볍게 걷는 것이 좋다. 수영이나 자전거, 등산, 골프 등의 가벼운 운동을 그다음 단계에서 할 수 있고, 3개월 이후에는 본인이 즐기던 어떤 운동도 할 수 있다. 단, 수술 후 항암제나 방사선치료 중인 경우에는 가벼운 산책 이외의 운동은 삼가는 것이 좋다. 암 치료 중에는 면역이 떨어지는 경우가 있다. 손을 자주 씻는 등 위생적인 생활이 중요하다. 또한 암의 치료 중에는 입 안이 헐거나 입맛이 없어지고, 구강 점막이 악화되는 경우가 종종 생긴다. 암 치료 전에 치과 진료를 통해 구강 건강을 먼저 점검받고 치료 중에도 지속적으로 관리해야 한다. 폐렴구균 예방접종과 가을마다 독감 예방접종을 하는 것이 도움이 된다. 암의 진단명, 병기, 받은 치료, 검사 결과, 증상, 체중 변화 등에 대해 노트를 마련하여 꾸준히 메모하도록 한다. 또한 암 치료가 끝난 후에도 보통 사람처럼 검진 지침에 따라 다른 암종에 대한 주기적인 검진을 받아야 하며, 특히 이차 암 발생을 예방하기 위한 주기적인 검진과 생활 실천이 필요하다. 암을 치료하는 특별한 식품이나 영양소는 없으며 균형 잡힌 식사로 좋은 영양 상태를 유지하는 것이 가장 중요하다. 그러기 위해서는 충분한 열량과 단백질, 비타민 및 무기질을 공급할 수 있는 식사를 섭취해야 하며, 이는 여러 가지 음식을 골고루 먹음으로써 가능하다.

2. 천식

건강장애 질환 중 천식(asthma)에 대해 자세히 살펴보면 다음과 같다.

1) 소아천식의 개요

천식이란 호흡곤란을 일으키는 염증성 기도폐쇄 질환이다. 소아기에 흔한 만성질환으로 소아의 입원과 학교 결석의 주된 원인이 되며, 소아천식의 절반은 성인에까지 이어져 성인천식으로 지속된다(유진호 외, 2008).

약 80%의 환자가 6세 이전에 첫 증상이 나타나며 1세 이전의 영아기에도 천식이 발병할 수 있으나 비교적 드물고, 돌이 지나면서 천식 발생률이 증가하며 대부분은 5세 전후가 되어야 전형적인 천식 증상이 나타나게 된다. 천식은 일생 동안 호흡에 문제를 가지는 것으로 전 세계적으로 500만 명의 아동이 천식을 앓고 있다. 천식은 기도가 부풀거나 닫히는 것에 기인한 것으로 소아의 호흡을 어렵게 할 수 있으므로 죽음에 이를 수 있는 위험한 질환이다. 소아기의 피리소리와 같은 목의 가르랑거림을 수반한 발작성의 호기성 호흡곤란이 반복해 일어나며, 알레르기가 원인이 되어 생긴다.

2) 소아천식의 원인

기관지천식의 원인에 대해서는 알레르기설, β-아드레날린 수용체 차단설, 자율신경설, 내분비설, 심인설, 감염설 등이 있으나 어떤 이론도 그 한 가지로는 충분히 해명할 수 없다. 그러나 가장 큰 역할을 하고 있는 것은 알레르기설이다. 즉, 천식 발작은 알레르기 인자 외에 정신적 불안정, 자율신경 실조, 내분비이상, 감염, 기상의 변동, 대기오염이나 과로 등이 그 원인이다.

또한 마음과 몸을 종합한 상태가 갑자기 발생하는 호흡 발작에 현저한 영향을 주는 것은 잘 알려져 있어 천식을 정신신체 질환이라고 생각하는 학자가 많다.

소아는 매일의 생활 체험이 바람직하지 않은 경우에는 정서적으로 불안정하게 되어 자율신경이나 내분비 등의 기능 손실을 가져오기 쉽고 식욕이나 수면 등도 불안정하게 되어 신체적으로 기능 손실을 일으키기 쉽다. 심신의 상태가 소아의 성장과 함께 왜곡될 수 있는데, 심신 상관의 왜곡이 생긴 소아에게 알레르기가 있으면 천식이 발병하기 쉽고 발작이 일어나기 쉽다.

3) 소아천식의 증상

소아천식의 주요 증상은 다음과 같다.

- 숨을 보통보다 더 빨리 쉬어야 되거나 숨쉬기 힘들다.
- 숨쉴 때 쌕쌕 소리 같은 소음이 난다.
- 밤이나 아침 일찍 기침이 더 심하게 난다.
- 가슴이 답답하다.
- 심장박동이 빨라진다.
- 머리에 울혈이 있다.
- 목구멍이 간지럽거나 가렵거나 아프다.
- 피곤하다.
- 의사가 호기량 측정기를 사용하여 검사한 결과 그 측정 수치가 떨어진 것으로 나타난다.

천식 발작의 호흡곤란은 첫째, 기관지 점막의 부종, 종장, 둘째, 기관지 점막으로부터의 분비 과량, 셋째, 기관지 평활근의 경련 때문에 기도의 협착이 일어나 환기가 곤란하게 되는 것에 의해 일어난다.

발작이 일어나는 경우 재채기, 콧물 분비로 시작해 그다음에 기침해 상명, 호흡곤란의 순서로 나타난다. 아동은 어깨를 올려 노력호흡을 하거나 앞쪽으로 기운 자세의 기좌호흡을 실시한다. 또 불안정 상태가 되어 피로로 입술에 티아노제(혈액의 산소 유입이 방해받음으로써 피부가 청록색으로 변화하는 병)가 나타나며, 특히 격렬한 경우는 복통이나 구토를 수반하기도 한다. 가래는 차지고 진하며 소량인데, 회복기가 다가오면서 진한 가래가 대량 배출되어 호흡곤란이 오고 완화되는 것처럼 보인다. 이 발작의 정도는 소 · 중 · 대발작과 구별되어 발작이 일어나는 빈도를 기준으로 경증, 중등증, 중증으로 나눌 수 있다.

천식중적 상태(천식 지속 상태)란 호흡곤란이 격렬하고 장시간 지속해 혈관수축제인 에피레나민이나 아미노피리소의 약제에 반응하지 않게 되는 상태를 말한다. 이 경우 호흡관리 등의 구명적인 구급 의료가 필요할 수도 있다. 그리고 천식아는 습진, 아토피 피부염, 결막염, 비염 등의 합병증이 많이 나타난다.

4) 소아천식 아동의 지도

(1) 천식아의 정신적 측면

행동 특징으로는 동작이 느리고, 움직임이 적으며, 소극적이고 활기가 없다. 성격 특징으로는 의존적, 복종적, 혹은 반항적이어서 불안감이 강하다. 대인관계에서는 집단활동에의 참가도가 낮다. 방관자적으로 교우범위도 좁은 점이 보인다.

(2) 가족의 태도와 영향

일반적으로 잔걱정이 많고 어머니의 과보호 태도가 많이 보인다. 또 아동에 대해서 가지는 거부적인 심리로 무의식중에 과보호적 태도를 취하는 경우가 많다.

오랜 세월에 걸친 질병 경과로 인해 어머니 자신이 불안정한 심리 상태에 있어, 그 불안정함이 아동에게 투영되어 발작을 유발하고 악화를 조장해 회복을 어렵게 하는 경우도 많다. 가정 내의 분위기는 밝고 즐겁게 유지하는 것이 중요하다.

(3) 가족의 지도

가족의 지도는 가장 중요하고 빠져서는 안 되는 부분이다. 구체적으로는 다음과 같이 한다. 첫째, 가족 사이의 신뢰관계를 확립한다. 둘째, 양육에 관한 의견의 불일치를 없앤다. 셋째, 과보호 또는 거부가 아니라 자신감을 가지고 적극적 태도를 취하여서 과도한 불안이나 공포는 불필요하다는 것을 이해한다. 넷째, 건강장애아동의 정신 · 신체 면의 지도법을 이해해 실행한다.

(4) 일상생활상의 주의

일상생활에서는 다음을 주의한다.

- 실내환경: 청결한 환경을 만든다. 천식의 원인이 되는 실내의 곰팡이를 가능한 한 줄인다. 특히 침실은 일상 청소에 세심한 주의를 기울인다.
- 냉난방: 방의 온도 조절에 쓰이는 연료에서 발생하는 가스의 환기에 주의하고, 냉방에서는 급격한 실온 저하나 찬바람에 직접 신체가 노출되지 않게 주의한다.
- 침구: 판자 부착 마루에 침대, 매트리스가 바람직하다. 이불 · 모포류도 화학섬유로 된 것이 좋다. 융단, 털의 커튼, 메밀겨의 베개는 사용하지 않는다.
- 애완동물 · 완구: 동물이나 작은 새는 항원성이 강하고 알레르기 체질의 아동은 감염되기 쉽기 때문에 항원 양성이 아니어도 기르지 않도록 한다. 사육하고 싶을 때는 금붕어, 열대어 등으로 견디게 한다. 완구도 털이 많은 봉제인형 등 먼지가 발생하기 쉬운 것은 피한다.

(5) 규칙적인 올바른 일과와 생활 지도

천식아는 소극적이어서 가족이 과보호에 빠지기 쉽고, 자립성이 부족하며, 치료자에 대해 의존적이 되기 쉽다. 규칙적인 올바른 일과를 만들어 그것을 반드시 실행하도록 정신 · 신체 면에서 생활지도를 하는 것은 중요하다. 조기 기상, 세면, 화장실, 신변 정리정돈, 가사 심부름 등과 같이 할 수 있는 것부터 스스로 하도록 해 자립심을 길러 준다.

학교에는 다소 기침이나 호흡 소리가 거칠어도 스스로 등교하는 습관을 붙인다. 학교에서도 발작 시 외에는 가능한 한 건강아와 같이 취급해 천식아가 열등감을 갖게 하지 않게 배려한다. 다만 학교와 가정의 연락은 밀접하게 하고 알림장을 통해 서로 증상을 충분히 파악해 둔다. 현장체험

학습, 운동회, 야영 등의 학교 행사에도 가능한 한 참여시킨다. 즐거운 학교생활을 체험시켜 스스로 몸에 자신감을 갖게 한다. 동아리 활동에 참여하는 것도 효과적이다.

자율신경의 조절력, 신체의 방어력을 강하게 하기 위해 피부 단련은 필요하다. 아침저녁으로 마른 헝겊 또는 냉수마찰, 탕 속에서의 냉수욕 등을 계속 실행하는 것은 강한 의지를 기르는 데도 도움이 된다. 자주 얇게 입거나 옥외놀이, 일광욕이나 바깥 공기를 쐬는 것도 피부 단련이 된다.

(6) 천식 체조

발작 시에는 공포를 느껴 매우 효율이 나쁜 얕은 호흡을 하는 경우가 많다. 일상 호흡운동의 연습을 통해 발작 시 효율이 좋은 호흡법을 침착하게 할 수 있도록 훈련하는 것이 천식 체조다. 천식 체조의 목표는 먼저 발작 시의 호흡곤란을 완화하고 발작이 반복되었기 때문에 일어난 폐기종 경향을 개선한다. 그리고 스스로 천식을 극복하는 용기를 길러 약제에 대한 의존심을 없애는 것 등이다.

(7) 발작 시의 주의

천식 발작은 야간에 잦다. 주치의를 두고 가정에서 미리 가능한 처치에 대해 문의하여 준비해 둔다. 발작 시 가족은 조용히 침착하게 아동의 상태에 대한 조치를 취한다. 아동은 불안하게 되면 발작이 커진다. 주의를 다른 곳으로 돌려 텔레비전을 보게 하거나 옥외 산책을 하게 하는 것이 기분 전환에 좋다.

발작 시에는 들이마시는 숨은 비교적 편하게 할 수 있지만 숨을 충분히 토해 낼 수가 없다. 평상시에 복식호흡 연습을 하게 해서(매일 밤 취침 전 20~30분 정도 연습시키면 좋다) 발작 때 충분히 숨을 내쉬는 노력을 하게 한다. 끊기지 않게 충분히 내는 것은 발작 시 안정시키는 데 중요하다.

발작 시의 기관지 확장제의 내복이나 흡입도 주치의와 자주 상담해 부작용이 없는 올바른 사용법을 숙지해 과하지 않도록 주의하여 사용한다. 발작이 일어나고 있어도 호흡곤란이 강하지 않을 때는 할 수 있는 범위에서 견딜 수 있을 수 있도록 의욕적이고 활동적인 상태에 하게 하는 것이 필요하다. 아침 발작이 일어났더라도 본인이 학교에 가고 싶은 마음이 있으면 가게 한다. 천식아는 발작이 나서 귀가하는 일도 많다. 발작으로 입원하는 경우에도 필요 이상으로 조용한 생활을 하게 하면 오히려 장기적인 경과는 그다지 좋지 않다.

3. 신장질환

건강장애 질환 중 신장질환(nephropathy)에 대해 살펴보면 다음과 같다.

1) 신장질환의 개요

신장에 발생하는 질환으로서 양쪽으로 퍼져 침해되는 것과 편측성 또는 국한성으로 침해되는 것이 있다. 전자로는 신원발성질환(사구체 신장염)과 전신성 질환에 수반되는 이차 질환(당뇨병성신증, 루프스신염)과 선천성 이상(다발성의 우포신)이 있다. 후자로는 신맹신염, 신결석, 신결핵, 신종양 등이 있다.

2) 소아 신장질환의 유형

소아의 주된 신장질환에는 급성 사구체신염, 만성 사구체신염, 네프로제 증후군, 자반병성 신장염, 요로감염증 등이 있다. 그 외에도 최근 학교 소변검사로 많이 발견되는 무증후성의 단백뇨 및 혈뇨가 문제가 된다.

(1) 급성 사구체신염

편도염이나 그 외의 감염증을 선행 질환으로서 일으키는 것으로, 소아의 경우 그 대부분이 A군 β용혈성 연쇄상구균감염에 의한 것이다. 그러나 최근 다른 균에 의한 감염증이나 농피증 등으로 일어나는 것이 주목받고 있다. 증상으로는 경도의 부종, 전신 권태, 식욕부진 등을 호소하고 요량의 감소, 혈뇨가 보인다. 혈뇨는 육안으로 밝혀지는 정도부터 현미경으로 인정되는 것까지 있다.

초기 고혈압이 보이고, 용응균감염 후의 신장염에서는 A군 연쇄상구균 감염증의 혈청학적 진단법으로 사용되는 연쇄상구균 항체의 하나인 ASO(anti-streptolysin o) 수치의 상승이 보인다. 뒤의 네프로제 증후군에 대한 설명에서 제시하는 것과 같은 혈청 총 단백의 저하, 콜레스테롤 수치의 상승 등은 보이지 않는다. 이러한 증상과 검사에 의해 진단은 용이하지만 가끔 편도염의 뒤쪽에 현미경적 혈뇨가 나타나는 것으로 보고된다. 예후는 양호하고 대부분은 1~3개월 내에 치유되지만 경과가 나빠 요소견이 6개월 이상 남기도 한다. 이것을 지체성 신장염이라고 한다. 하지만 이 역시도 1~2년, 가끔 수년의 경과를 거쳐 치유된다. 나이 많은 아동의 경우 특히 재연 · 지체화하는 것으로 여겨지고 있는데, 이른바 만성신장염으로의 이행이 문제가 된다. 이 증상은 드물지만 조기에 급속히 진행해 사망하는 경우가 있다. 고혈압에 의한 뇌증을 일으켜 경련 · 의식장애나 심부전을 일으키는 것, 급속히 요독증이 진행되는 것 등이 존재하므로 주의가 필요하다.

(2) 만성 사구체신염

근본 증세의 정의는 여러 가지 있지만, 요소견이 6~12개월 이상 계속되는 것을 만성신장염이라 한다. 이는 소아에게도 나타난다. 그러나 1년 이상 요소견이 있어도 신장기능 저하나 고혈압이 없고 또 만성신부전으로 사망하지 않을 때는 만성 사구체신염으로 간주하지 않기도 한다. 이러한 견해에 따르면 소아에게는 이 증상이 줄어든다. 그러나 최근 이러한 형태의 만성신장염도 소아기에 보인다. 이 증상은 부종이 주로 나타나고 요량 감소 등은 적으며 자각 증상도 거의 없다. 요에 적혈구 등이 인지되며, 대부분 잠입적으로 존재하지만 감염 외의 계기로 표면화해 고도의 혈뇨, 단백뇨, 혈압 상승을 보이기도 한다. 또 진행되어 만성신부전이 되면 그 외 혈청의 요소 질소, 크레아티닌 수치의 상승, 신장기능 검사에 의한 기능 저하 등이 인지된다.

이 병의 용태는 최근 신장검사의 진보로 조직학적 · 면역학적인 연구가 진행되어 왔지만 불명확한 점도 많다. 소아의 만성신부전 상태를 확실하게 하는 것은 어려움이 많지만 요의 이상소견이 장기적으로 계속될 때는 충분히 주의 깊게 관찰하여 신부전으로의 이행을 막고 조기에 치료를 시작하도록 해야 한다.

(3) 네프로제 증후군

소아의 근본 증상은 대부분이 특발성의 리포이드 네프로제로 유아기에 발병하지만 신장염성 네프로제는 특히 나이 많은 아동에게서 보이기도 한다. 이 증상은 식욕부진, 전신 권태 등의 일반 증상 모두, 고도의 부종, 요량 감소 등으로 나타난다. 급성신장염과 같은 선행 질환은 불명확한 경우가 많다. 요 중에는 단백이 고도로 인지된다. 원기둥도 보이지만 적혈구는 보이지 않는 것도 있다. 혈액검사로는 혈청 총 단백량, 특히 알부민양의 감소, A/G비의 저하, 혈청 총 콜레스테롤 수치의 상승이 보인다. ASO 수치는 정상이고 혈압도 정상이다. 일반적으로 이러한 증상과 검사결과를 통해 진단이 이루어지지만, 무증후성으로 단백뇨를 통해 발견되는 일도 있다.

(4) 자반병성 신장염

혈관성 자반병은 피부에 세세한 다수의 출혈 얼룩이 나타나 관절통, 복통을 수반하는 경우도 있다. 이 병은 예후가 좋고 대부분 1~2개월에 자연 치유되지만 30~60%는 신장염이 합병된다. 대부분 4주 이내에 발병하며, 드물게 자반의 반복 등이 3개월 이상 경과해 신장염이 합병되는 경우도 있다. 자반병성 신장염의 예후는 양호한 것과 만성화되는 것이 많아 일정하지 않다. 드물게는 급속히 진행해 신부전을 일으켜 사망하는 예도 최근 많이 보고되고 있다.

(5) 요로감염증

소아의 요로감염증은 상기도염에 이어 많이 발생한다. 보통 발열, 빈뇨, 배로통 등의 증상이 나타나고 요 중에 백혈구가 다수 보여 현미경 또는 배양으로 세균을 증명할 수 있다. 그러나 무자각성으로 그냥 지나치는 것도 있어 학교 소변검사로 백혈구뇨를 인지해 이 증상으로 진단되는 경우도 있다. 이 병은 병원균에 대한 항생제로 치료하면 경과는 좋지만 발병하여 또 만성화되는 경우가 있다. 소아의 경우 신장, 요로, 방광 등에 선천적인 이상을 갖고 있으면 반복적으로 요로감염증을 일으키기 쉽다. 반복하여 이 증상이 나타나면 신장장애 및 신부전이 되는 경우가 있으므로 주의가 필요하다.

(6) 무증후성 단백뇨

자각 증상이 전혀 없고 단백뇨만을 가지는 것이다. 이에는 체위성 단백뇨, 운동성 단백뇨 등이 포함되지만, 이들을 제외한 증상이 검사 결과에서도 상기의 여러 종류의 신장질환 안에 들어가지 않는 것이 있다. 양성으로 예후가 좋은 것으로 평가되지만 만성신장염의 잠재형인 경우도 있으므로 충분한 관찰이 필요하다.

(7) 무증후성 혈뇨

요 중에 적혈구가 관찰되는 것이다. 양성 반복성 혈뇨증후군이라고도

한다. 반복적으로 현미경 또는 육안으로 혈뇨가 나타나는 것이 있다. 이름처럼 예후는 양호해 신부전은 되지 않는다고 여겨진다. 그러나 학교 소변검사로 발견된 무자각성의 혈뇨에서 비뇨과적 질환(신장결석, 신장결핵 등)을 찾아내는 경우도 있다. 소량의 혈뇨라는 적혈구만이 인지되는 가운데 만성신장염 등이 발견되었다는 보고가 나오고 있어 충분한 장기간의 관찰이 필요하다.

3) 신장질환 소아의 지도

병 초기에는 많은 경우 입원치료가 필요하지만 절대 안정 기간은 비교적 짧다. 그 후는 병형에 따라 다르지만 2~3개월에서부터 수년 이상의 생활규제가 필요한 것이 있으므로 적절한 지도가 중요하다.

급성신장염은 초기 기간을 지나면 보통 1~3개월에 퇴원하여 일상생활로 돌아오지만, 요의 이상소견이 더 길게 이어지는 경우도 있다. 회복기의 통학은 허용되지만 격렬한 운동이나 노동은 감염에 주의해야 한다.

네프로제 증후군은 부신피질 스테로이드 투여 중에는 부작용, 특히 감염에 주의해야 한다. 그래서 어느 정도 약이 감량되지 않는 동안은 일반적으로 등교는 삼가야 한다. 운동은 어느 정도 기간을 두어 제한해야 하고, 경우에 따라 다르지만 완전히 일상생활로 돌아가는 것은 약 복용을 중단한 지 6~12개월이 경과해야 한다. 더욱 중요한 일은 현재 가정에서도 용이하게 사용할 수 있는 리트머스지법으로 요단백을 매일 측정하여 신속하게 재발을 발견해 의사의 지시를 받도록 하는 것이다. 재발은 처음 1년에 몇 차례 반복하는 것에서부터 약을 중단한 지 수년에서 10년이 지나 재발하는 경우도 있으므로 주위 및 당사자의 끈기 있는 요양이 중요하다.

이것은 만성신장염의 경우에도 마찬가지다. 입원도 장기간이 되는 경우가 많기 때문에 원내 학급 및 그 외 방법으로 학업을 계속함과 동시에,

양호 · 훈련의 적절한 시행으로 병에 대응하는 지식과 이해를 갖추어 스스로 병을 고치려는 인식을 갖게 한다. 원내 학급에서는 학업과 함께 생활을 충실히 하게 해 안정시킨다. 그리고 딱딱해지기 쉬운 근육을 부드럽게 하기 위해서 신장에 부담이 되지 않는 적절한 운동이 필요하다. 하지만 이것은 향후의 연구 과제로서 확실한 방법은 나와 있지 않다. 또 여러 가지 행사, 단체행동도 긴 요양생활을 윤택하게 해 정신 안정에 도움을 주지만, 의사의 충분한 지도 아래 개별 간호사, 교사 등과 긴밀한 연락을 취한 후 행해야 한다.

퇴원이 허가된 학생은 일반적으로 학교에 등교시킨다. 하지만 이 경우에도 학교까지의 거리를 고려하고 가정환경 등에서 개별 학생별로 치밀한 지도가 필요하다. 등교했을 시에는 학교 측의 적절한 지도 유무에 따라 상황이 많이 바뀔 수 있다. 병을 무서워한 나머지 필요 이상의 규제를 하는 경우도 있고, 또 반대로 표면상 환자같지 않은 신장질환 아동에게 운동을 강요하는 경우도 있다. 따라서 담임교사, 학교 측은 신장질환에 대한 더 많은 이해를 가져야 한다.

4. 심장질환

건강장애 질환 중 심장질환(heart disease)에 대해 살펴보면 다음과 같다.

1) 심장질환의 개요

심장질활은 학령기 아동의 0.2～0.6%에서 발견되는 비교적 높은 빈도의 질환이다. 그 종류도 선천성 심질환을 시작으로 류머티즘성 판각질환, 부정맥 등 다방면에 걸쳐 있지만 성인의 그것과는 양상이 다르다. 또 동일 종류의 질환에서도 아동마다 중증도가 다르므로 경우에 따라서는 가치 다른 종류의 질환과 같다. 정확한 정보와 지식을 가지고 해당 아동에게 가장 적절한 관리를 해야 하지만 아동을 둘러싼 사람들에게 상응하는 기초 지식을 가지고 보는 것이 바람직하다.

우선 심장의 발생과 해부 및 생리에 대해 살펴보자.

심장은 태생 2주째에 심장원기가 나타나 복잡한 발생과정을 거쳐 8주째에 대략 완성된다. 태아에게는 태반 순환이 있어 출생 후와는 다른 혈액 순환이 이루어진다. 출생에 의해 호흡과 폐순환이 확립되어 태반 순환이 정지하지만 이에 수반해 성인형의 혈액 순환이 확립되는 것이다. 즉, 신체 각부로부터의 정맥혈은 위 및 부정맥을 거쳐 우심방에 유입해, 여기에서 우심방 → (삼첨변구) → 우심실 → (폐동맥판구) → 폐동맥의 경로로 폐에 이른다. 그리고 포키에서 탄산가스와 산소를 교환해 산소포화도가 높은 동맥혈과 허파정맥 → 좌심방 → (승모판구) → 좌심실 → (대동맥판구) → 대동맥의 경로로 다시 신체 각부를 향해 나온다. 이와 같이 심장은 4개의 방으로 되어 있는데, 좌심방과 우심방 사이의 격벽을 심방중격, 그리고 좌심실과 우심실 사이의 격벽을 심실중격이라고 한다. 또 심장은 심낭에 둘러싸여 외측으로부터 차례로 심외막, 심근 및 심내막이라고 부르는 조직으로 구성되어 있다. 심장의 수축을 일으키는 원래의 자극은 우심방벽에 있는 동방결절이라는 조직에서 발생한다. 이 자극은 특별한 자극전도계를 거쳐 심실관계에 이르러 심실을 수축한다. 심장은 신체의 요구에 따라 1분간마다의 심박 수나 1회의 심박출량 변동에 의한 심송혈량의 증감으로 적응한다. 이와 같은 신체 각부의 정보는 혈중의 호르몬이나 화학물질 외에 교감신경과 부교감신경에 의해 전해진다. 이러한 순환의 형세를 살피는 간단하고 좋은 지표는 맥박 수이므로 소아의 정상치를 참고한다.

2) 심장질환의 유형

여기에서는 비교적 빈도가 높은 심장질환을 중심으로 소아 심장질환에 대해 살펴본다.

(1) 선천성 심질환

선천성 심질환이란 태어날 때부터 존재하는 심장 및 대혈관의 구조이상을 가리킨다.

1 원인

일부는 유전, 염색체이상, 선천 풍진, 탈리도마이드 등의 약제로 발생하지만 대부분은 그 원인이 불명확하다.

2 발생 빈도

출생 1000명당 대략 6명의 비율로 나타난다.

3 종류

잘 알려져 있는 것만으로도 40종 전후다. 그러나 그중에 빈도가 높고 중요한 것은 다음과 같은 것이다.

① 좌-우단락군

동맥혈이 정맥혈 유역에 이상 합선로를 거쳐 유입해 오는 질환군을 말한다. 이 경우 심장 각부에 그만큼의 부담이 가서 심장 확대나 심장 비대를 가져오고, 폐순환계의 혈압이 높아지는 폐고혈압증을 일으킨다. 경증의 경우에는 무증상으로 체중 증가도 정상적이고, 중증의 경우에는 심부전을 가져오기 쉽다. 또 이러한 질환에서는 기도감염이 노출되기 쉬운 경향이 있다. 다만 학령기에는 무증상이어도 반드시 경증은 아니라는 것에 주의하지 않으면 안 된다.

- 심방중격결손: 심방중격에 결손구멍을 가지는 것을 말한다. 미처치로 방치했을 경우에 평균수명은 40세 정도라고 하지만, 매우 경증의 것은 정상인과 같은 생활과 수명을 가진다.
- 심실중격결손: 심실중격에 결손구멍을 가져 동맥혈이 좌심실에서 우심실로 유입하는 질환으로, 선천성 심질환 중 가장 발생 빈도가 높다. 예후는 중증도에 따라 완전히 다르다. 유아기에 사망하는 중증의 경우 5～10% 정도인 한편, 일생 동안 문제없이 생활할 수 있는 경증의 경우도 있다. 또 이 질환의 25% 이상에서는 생후 자연폐쇄가 있다.
- 동맥관개존: 태생기의 순환에서는 원래 있던 폐동맥과 대동맥을 잇는 동맥관이 생후에도 폐쇄되지 않는다. 예후는 역시 동맥관의 굵기와 폐고혈압의 유무에 좌우된다.
- 심내막상결손: 심장구멍결손이라는 아랫부분의 심려중격결손(心戾中隔缺損), 윗부분의 심실중격결손(心室中隔缺損), 그리고 삼첨변(三尖弁)이나 승모변(僧帽弁) 이상이 함께 합쳐져 나타나는 것을 말한다. 그리고 이 모두를 가지고 있는 것을 공통방실변구잔유(共通房室弁口殘遺)라고 하는데 다운증후군에서 잘 나타난다.
- 울혈성 심부전빈맥, 맥박긴장 불량, 다호흡, 운동 시 호흡곤란, 다한, 심장 확대, 간종대 및 부종의 증상이 모두 포함된다.

② 우-좌단락군

정맥혈이 폐순환을 돌기 전에 동맥혈 유역에 이상 단락로를 거쳐 유입하는 한 형태의 질환을 말하며, 티아노제성 심장질환이라고도 한다. 몇 종류는 심장기형이 합병되어 위독한 질환군으로 예후가 나쁘고, 미처치로 취학 연령기까지 이르는 경우는 매우 적다. 산소 함량이 적은 정맥혈은 동맥혈에 비해 검고 색이 진하다. 따라서 이 질환군에서는 티아노제성으로 신체 표면이 보라색을 나타낸다. 가쁜 호흡이 나타나며 운동에 의해 증가한다. 우유 먹기도 곤란해 신체 발육이 나쁘다. 또 손가락의 앞부분이 둥글게 부풀어오르는 곤봉지도 보인다. 신체 각처의 산소 수요를 충족하기 위해 적혈구나 혈색소가 정상보다 많은 다혈증이 있다. 이 때문에 가끔 뇌혈전을 만드는 경우가 있다. 이 외에 뇌농양(brain abscess)도 일으킬 수 있으므로 주의해야 한다.

- 팔로의 4징후: 팔로(Fallot, 프랑스)의 이름을 딴 것으로 티아노제성 심장질환 중 가장 빈도가 높을뿐더러 취학 연령기에 이르는 것도 많다. 심실중격결손, 폐동맥협착, 대동맥이 좌심실과 우심실에 관련되어 있는 대동맥기승(大動脈騎乘), 그리고 우심실 비대의 네 가지 증상을 가지는 것이 특징이다. 보행 시에 준거(蹲踞), 즉 웅크리고 앉는 독특한 체위를 취한다.
- 완전대혈관전위: 대동맥이 우심실로부터, 폐동맥은 좌심실로부터 위치가 바뀌어 나오고 있어 폐순환계와 체순환계가 완전히 분리된다. 따라서 그대로는 태외생활이 불가능하며, 양 심방 혹은 양 심실의 사이가 통하고 동맥관개존 등에 의한 동정맥혈의 혼합이 있어 생존이 이루어진다. 출생 직후부터 티아노제나 심부전이 발병하는 의독한 심장질환이다.
- 총동맥간잔유(總動脈幹殘遺): 대동맥과 폐동맥이 분리되지 않고 1개의 굵은 총동맥간이 양 심실과 관련되어 나타나고 그 도중에 폐동맥이 분기되는 중증 질환이다. 드물게 취학 연령기까지 생존하는 경우도 있다.

③ 협착성(폐색성) 심장질환군

심장 혹은 대혈관의 어디엔가 혈류를 막는 것 같은 협착을 가지는 질환군이다. 협착의 부위와 정도에 따라 그 증상이 다양하지만 가끔 돌연사가 발생할 수 있으므로 관리가 중요하다.

- 대동맥축착: 대동맥의 일부가 좁아지는 질환이다. 생후 조기에 심부전을 나타낼 수도 있고 거의 무증상일 수도 있다. 하지의 맥박이 약하고 혈압도 낮은 반면, 상지에서는 자주 고혈압이 인지된다.
- 대동맥협착: 대동맥판이나 그 아래의 협착을 나타낸다. 대부분의 경우 신체발육도 정상적이어서 무증상이다. 하지만 이 질환은 진행되는 경향이 있어 돌연사가 7~8%나 나타나고, 특히 청년기에 주의가 필요하다. 평균 생존 연령은 60세를 넘는다.
- 폐동맥협착: 폐동맥판 혹은 우심실로부터 폐동맥에의 유출부 협착을 나타낸다. 다른 심장기형과의 합병도 많다. 전술한 팔로 4징후가 그 한 예다.

④ 신체발육

선천성 심장질환은 일반적으로 신장이나 체중의 증가가 불량하며 대개 중증도로 유지된다. 특히 체중 증가가 적다.

⑤ 지능발달

나이 든 아동의 IQ는 정상보다 아래인 경우가 많지만 높은 IQ를 나타내는 경우도 있다. 지능발달이 낮다고 생각되는 경우에도 아동의 양육방법이나 사회적인 접촉 등이 영향을 미칠 수 있기에 쉽게 판단해서는 안 된다.

⑥ 정서적 문제

일반아동과 함께 일상행동이 어려울 것으로 보이는 아동의 경우, 아동 자신의 불안이나 불만, 사회적 접촉 결핍에 더해 부모의 불안이나 과보호가 유아기 정서 문제를 가지게 하는 경우가 있다. 따라서 올바른 이해를 통해 불안을 제거하여 병상에 맞는 적절한 양육과 교육을 받을 수 있도록 심리 측면의 지도도 실시한다.

⑦ 운동 허용량

심장질환을 운동 제한과 동의어로 오해하는 사람이 많다. 일반적으로 피로했을 때 언제라도 휴식할 수 있는 상태라면 운동을 제한하지 않는다. 그러나 심장질환 중에는 돌연사를 초래하는 것도 있기에 의사의 지시를 따라야 한다.

⑧ 선천성 심장질환의 검사

심장질환이 의심되는 시점에서는 일반적인 진찰로 다른 흉부 X선 사진을 통해 심전도를 확인하여 대부분 심장질환의 종류와 정도를 알 수 있다. 더욱 상세한 상태를 알기 위한 여러 가지 검사법이 있지만, 대표적으로는 가는 관을 심장 각부에 삽입해 검사하는 심장 카테테르법, 이 관에 조영제를 주입해 X선으로 검사하는 선택적 심혈관조영법이 있다. 이러한 검사는 특별한 경우를 제외하고는 출생 직후부터 언제라도 가능하다.

⑨ 심장수술

최근에는 수술 성과가 매우 좋아지고 있다. 위독한 심장질환에서는 신생아와 유아라도 수술을 하고 있지만, 보다 안전율이 높은 것은 유아기 및 학령기다. 다만 폐고혈압을 가지고 있는 경우에는 폐동맥의 벽이 차츰 두꺼워져서 그 변화가 불가역성이 되므로 쉽게 수술 시기를 연장하는 것은 좋지 않다. 수술을 받으면 문제가 완전히 해결된다고 생각하기 쉽지만, 수술 후에도 부정맥의 발생 등 여러 가지 문제가 나타나므로 당분간 의사의 관리가 필요하다.

(2) 후천성 심장질환

디프테리아, 여러 가지 바이러스, 진균류 및 결핵이라고 하는 감염증에 의해 심근염이나 심장외막염이 생긴다. 또 여러 가지의 교원병, 종양성 질환, 비타민 결핍, 내분비 질환, 신경관계 질환 및 외상에 의해서도 심장질환이 생긴다. 그러나 무엇보다도 대표적인 후천성 심장질환은 류머티즘열에 의한 심장염과 그 후유증인 판막질환이다.

류머티즘열은 A군 용련균이라는 세균에 의한 경우가 많아, 상기도염에 계속하여 일어나는 일종의 알레르기 현상에 의해 발병한다. 주요 증상으로는 심장염, 다관절염, 무도증, 붉은 반점, 피하결절 등이 있고, 부증상으로는 같은 질환의 기왕, 관절통, 발열, 혈침, 그 외의 급성기 반응이나 심전도 이상이 있다. 치료에는 원칙적으로 입원 요양이 필요하고, 페니실린, 아스피린, 스테로이드 호르몬제 등이 사용된다. 류머티즘열에서 가장 중요한 것은 재발 예방이다. 방치했을 경우의 재발률은 60%에 이르고, 심장병변이 진행되어 손을 쓸 수 없게 될 수도 있다. 재발은 A군 용련균의 재감염에 의해 일어나므로, 이를 방지하기 위해 일반적으로 페니실린의 내복 혹은 월 1회의 주사 투여를 하고 있다. 재발 예방기간은 5년에서 일생 동안으로 의사의 지시에 따라야 한다. 류머티즘열의 후유증으로는 다음과 같은 판막질환이 남는 경우가 있다.

① 승모판 폐쇄부전

가장 빈도가 높다. 승모판이 심장의 수축기에 완전하게 죄이지 않으며 혈액이 좌심실에서 좌심방으로 역류하는 것을 말한다.

② 승모판협착겸폐쇄부전

위 증상 이외에 확장기에도 승모판이 완전하게 열리지 않고, 좌심방에서 좌심실로의 혈액 유입을 방해하는 것을 말한다.

③ 대동맥판협착겸폐쇄부전

대동맥판에 같은 장애가 생긴 것이다.

④ 연합판막증

복수의 판막에 장애가 일어난 것을 말한다. 중증 판막증의 경우에는 재발의 위험성이 지난 시기에 심장 수술을 한다.

(3) 원발성 심근질환

기존 질환에 의한 것이 아닌 오로지 심근에 의한 일련의 질환을 말한다. 만성심부전은 원발성 심근질환으로 심기능이 떨어지고 심장이 확대되어 발생하는 경우가 많다. 매년 10만 명당 6명이 발생되며 그중 20%는 유전성이다. 이는 발생 빈도는 낮지만 소아 돌연사의 중요한 원인이다.

(4) 부정맥

심장은 동방결절로 생긴 자극이 특정한 자극 전도계를 거쳐 심근에 이르고, 이에 의해 일정한 간격과 일정한 수로 박동하고 있다. 이 조율에 이상이 있는 것을 부정맥이라고 부른다. 부정맥에도 선천성과 후천성이 있어 원인이 명확한 것과 불명확한 것이 있다.

① 호흡성 부정맥

호흡운동에 따라 심박수가 증감하는 것으로, 소아에서는 생리적인 것으로 보인다.

② 기외 수축

기외 수축(期外收縮, extrasystole)은 일정한 리듬으로 규칙적인 박동을 하는 심장에 이상자극이 형성되어 정상적인 박동 이외에 다른 박동이 일어나는 상태다. 이상자극의 발생 장소에 따라 심방성, 방결절성 및 심실성, 그리고 일원성 및 다원성으로 분류된다. 건강한 사람도 가끔 경험하는 심장의 이상박동이지만, 대개는 자각되지 않으며 또 해로운 것도 아니다. 이처럼 일원성으로 발생 빈도도 적고 운동에 의해 소실되는 것 같은 기외 수축은 거의 무시해도 좋다. 하지만 그 이외의 것에 대해서는 의사의 적절한 지도가 필요하다.

③ 발작성 빈맥

1분간 200~300 혹은 그 이상이 나타나는 발작성 빈맥증의 한 종류로, 발작성으로 빠른 맥박(빈맥)이 발생하였다가 정상 리듬으로 다시 바뀌는 부정맥 질환을 통칭한다. 주로 심실성 빈맥을 가리키는 경우가 많다. 심실성 빈맥은 대개 지속성과 비지속성으로 분류한다. 심실성일 경우 구급처치가 필요하고, 그 증상이 나타나면 신속히 의사의 진찰을 받아야 한다.

④ 완전 방실블록

심방으로부터의 자극이 차단되어 심실에 전해지지 않는 것을 말한다. 심박수가 극단적으로 적은 것이 특징이다. 그 원인으로는 선천성의 것과 디프테리아 등의 질환, 약제의 부작용 및 심장수술 등에 의한 후천성의 것이 있다. 어쨌든 심박수가 극단적으로 적게 되면 혈행이 나빠져 의식장애나 경련이 오고 생명의 위험이 있다. 이 상태를 아담스-스톡스 증후군(Adams-Stokes syndrome)이라고 부른다. 약제에 의한 치료 효과가 보이지 않는 경우에는 심장에 인공적인 전기자극을 주는 심장박동기(pacemaker)를 착용할 수도 있다. 그러나 선천성일 경우에는 무증상으로 오랫동안 지내는 경우도 있다.

5. 결핵

건강장애 질환 중 결핵(tuberculosis)에 대해 살펴보면 다음과 같다.

1) 소아 결핵의 개요

결핵은 결핵균의 감염에 의한 만성전염병이다. 아동의 경우는 어느 정도 한정된 범위에서 감염되며, 몸의 저항력이 약하고 진행이 빠르다. 그러므로 성인의 결핵과는 별도로 취급하는 경우가 많다. 또한 소아결핵은 성인결핵과 다른 다음과 같은 특징을 가진다.

- 가족 내 감염이 많은 것: 이때 소아에게 결핵이 발병했을 때 가족력을 조사해 보면 동일 가족 내에 결핵환자를 발견하는 경우가 많다. 유아결핵의 감염원에 대해 162명 중 129명, 약 79%가 가족 내 감염을 발견했다. 따라서 유아를 둔 가족의 건강관리가 필요하다.
- 초기감염결핵, 조립결핵 등이 많은 것: 결핵의 병형에 대해서는 후술하겠지만, 성인과 달리 소아에서는 초기감염결핵이 압도적으로 많고 조립결핵도 성인과 비교해 많아지고 있다.
- 유 · 소아에서의 감염, 즉 발병이라고 생각해도 좋은 것: 결핵에 감염되면 반드시 발병한다고는 할 수 없다. 균량 또는 균의 독력과 생체의 방어능력 간의 균형이 무너졌을 때 처음 발병하는 것이다. 그러나 면역력이 부족한 유아에서는 결핵에 감염되면 거의 발병하게 된다. 감염 위험이 높은 유아에 대해서는 감염원에서 격리하거나 BCG를 접종하는 등 예방조치를 고려해야 한다.

2) 소아결핵의 유형

(1) 폐결핵

결핵균에 의한 기도 감염이 원인이므로 먼저 폐에 변화가 일어나는 경우가 많다.

- 초기감염 결핵증이 대표적인 것으로 초기변화군결핵증을 들 수 있다. 이것은 폐 내에 초기감염병 소재가 있어 그 소속 임파선에 종창이 있는 상태다. 소아에서는 가장 많은 형태다.
- 조립결핵증 결핵균이 혈행 안에 들어가 전신에 살포되고 X선으로 폐에 아주 작은 것이 음영으로 나타나는 것과 같은 경우를 말한다. 자주 결핵성 수막염, 신장결핵 등과 합병된다. 덧붙여 조립결핵증도 대부분 유·소아에게 보인다.
- 성인형 결핵증(2차 결핵증): 초기감염결핵증에 이어 일어나는 폐결핵증으로, 소아에서는 비교적 적은 형태다. 적절한 치료를 하지 않고 방치할 경우에는 폐조직의 붕괴가 자주 일어나 공동을 형성한다. 이 형태의 폐결핵증에서는 가래를 뱉을 때 다량의 배균을 보이는 경우가 많다.

(2) 폐외 결핵

소아에게 보이는 주된 폐외 결핵은 결핵성 수막염, 경부임파선결핵 및 신장결핵 등이다. 결핵성 수막염은 결핵균이 혈행성에 살포되어 수막에 결핵성의 병변을 보이는 상태다. 항결핵제가 진보한 오늘날에도 적절한 처치를 하지 않으면 증례에 따라서는 중증의 후유증을 남기는 일이 있으므로 주의를 필요로 한다.

3) 소아결핵의 증상과 진단

투베르쿨린 반응, 흉부 X선 촬영, 혈침(血沈)으로 진단한다. 갓난아기의 경우는 BCG 접종을 하지 않았는데도 투베르쿨린 반응이 양성으로 나타나면 X선 사진에 이상이 없어도 발병되는 것으로 간주한다. 갓난아기는 X선 사진을 찍기가 어려우므로 의심스러울 때는 1~2개월 후에 재검사를 하도록 한다. 원인을 알 수 없는 발열이 있거나 체중 증가가 불량

할 때는 결핵의 감염을 염두에 둔다. 또 가족이 건강진단을 받아 환자가 있을 때는 갓난아기와 방을 격리 조치한다. 법률로 정해진 기간 내에 투베르쿨린 검사를 받아 양성이면 의사의 지시를 받는다. 치료는 성인의 경우와 같으나, 일반요법(식이, 안정, 신선한 공기)에 각별히 유의한다.

4) 소아결핵의 지도

(1) 투베르쿨린 양성 반응을 보인 아동의 관리

투베르쿨린에 양성 반응을 보인 아동은 다음과 같이 관리한다.

- 흉부 X선이 정상인 경우: 이전에 BCG를 접종한 경험이 있으면 체육, 현장체험 학습은 물론 격렬한 운동(예, 수영 등)도 제한할 필요는 없다. 그러나 BCG 접종을 한 적이 없으면 일반적인 체육 교과는 허가하지만 격렬한 운동은 금지한다.
- 흉부 X선에 이상을 인지한 경우: 이 경우에는 결핵의 발병이라고 보고, BCG 접종 유무에 관계없이 당분간 등교를 금지하고 항결핵제 등의 치료를 시작한다.

(2) 결핵아동의 치료 후 관리

결핵아동은 치료 후에 다음과 같이 관리한다.

- 초기감염결핵증: 스트렙토마이신, 파스, 나이드라지드를 중심으로 한 화학치료를 실시하지만, 치료 개시 후 4~6개월 무렵부터 등교를 허가한다. 그러나 체육, 현장체험 학습, 당번 등은 발병 후 약 1년간은 금지한다. 덧붙여 3~6개월마다 X선 등에 의한 경과 관찰이 필요하다.
- 조립결핵증 및 결핵성 수막염: 스트렙토마이신, 파스, 나이드라지드

를 병용하여 실시한다. 치료기간은 약 2년간이 적당하다. 원칙적으로 9~12개월 사이에 입원치료를 실시하지만, 그 이후는 외래에서 관리한다. 퇴원하고 3~6개월 후에 통학을 허가하지만, 일반적으로 퇴원하고 1년간은 격렬한 운동(예, 수영, 마라톤 등)을 금지한다.

• 성인형 결핵증: 스트렙토마이신, 파스, 나이드라지드를 사용하지만, 최근 에탐부톨, 카나마이신, 에티오나미드, 리팜피신 등 2차 항결핵제도 자주 사용되게 되었다. 일반적으로 7~12개월 사이의 입원이 필요하지만, 그 이후에는 외래 통원으로 건강관리를 한다. 특별한 이상이 없으면 퇴원하고 3~6개월 후 등교를 허가하지만, 퇴원하고 1년간은 체육 외에는 금지한다. 물론 퇴원 후에도 3~6개월마다 X선 촬영 등의 관리를 게을리해서는 안 된다.

6. 근위축 증후

건강장애 질환 중 근위축 증후(distrophia musculorum progressiva: DMP)에 대해 살펴보면 다음과 같다.

1) 근위축 증후의 개요

인간의 신경계통에 장애가 있으면 그 통제하에 있는 근육이 점차 위축된다는 사실은 오래전부터 알려졌다. 그런데 신경계통에는 어떤 장애도 나타나지 않는데, 근육만이 점점 변성해 힘이 약해지는 일련의 병이 있다는 것이 19세기 중반부터 프랑스의 의사 뒤센(G. B. A. Duchenne) 등에 의해 보고되었다. 1891년 독일의 의사 에르프는 이러한 질환 전체를 진행성 근위축 증후라고 명명하고 이것이 근육의 영양장애에 의한 것이라고 추측했다. 여기서 '위축증(atrophy)' 이라는 말을 '이영양증' 으로 번역해 이용한 적도 있었다.

2) 근위축 증후의 유형

근위축 증후는 병이 악화되는 형태이나 유전 형식의 차이에 따라 몇 개의 병형이 있는 것으로 알려져 있다. 가장 일반적으로 볼 수 있는 것은 뒤센형(Duchenne), 베커형(Becker), 안면견갑상완형, 지대근형, 긴장성 근이영양증 등이다.

(1) 뒤센형

진행성 근위축 증후의 대부분(85%)은 뒤센형(Duchenne)이다. 반성유전의 형태를 나타내는 증례의 대부분은 남성이다. 발증은 3~4세경이며 좀 더 일찍부터 어떠한 증상이 있었다고 하는 경우가 많다. 걷기가 처음에 늦었다는 보고가 많으며, 보행이상이 가장 일반적이다. 즉, 다리를 좌우로 벌리고, 양 어깨를 돌리며, 배를 쑥 내밀고, 몸을 좌우로 기우뚱거리면서 걷는 것을 깨닫는 경우가 많다. 이를 '동요성 보행(waddling gait)'이라고 부른다. 빨리 달리는 것이 어렵고 자주 구른다. 한 번 구르면 일어서기가 매우 어렵고, 양손을 이용해 발목과 무릎을 누르면서 일어선다. 이를 '가우어 증상(Gower's sign)'이라고 부른다. 이러한 증상은 모두 허리 주위의 근육이 약해졌기 때문에 일어나는 것이다. 또 비복부(장딴지)의 근육이 비대해지는 것이 병형의 특징으로, 이것을 '가성 비대(pseudohypertrophy)'라고 부른다. 그리고 걷는 모습을 보면 발목 뒤의 인대가 굳으면서 짧아져 발뒤꿈치를 들고 발가락으로 걷게 되는데(첨족), 이것이 일찍부터 나타나는 경우가 있다. 슬개골 반사는 조기에 감소 또는 사라지고, 다음으로 아킬레스건 반사도 감소 또는 소실한다.

상지의 근육은 하지보다 조금 늦게 약해지지만, 그 경우도 손끝의 근육보다 어깨 주위(견갑대근)에서부터 장애가 시작된다. 그 때문에 견갑골 아래의 가장자리가 나오거나(편 날개 모양의 견갑) 겨드랑이 아래에 손을 넣어 안으려고 하면 어깨와 손에서 누락 현상(이완 어깨)이 보인다.

보통 생활환경에서는 8~9세까지는 자력으로 보행이 가능하지만, 합병증 등으로 수면이 길거나 추운 계절에 운동 부족이 되면 급속히 걸을 수 없게 되어 버린다. 대부분 10세 정도 사이에 보행이 불가능하게 되어 휠체어 생활에 들어간다. 보행이 불가능하게 되면 하지의 근육은 급속히 근력이 쇠약해져, 슬·족·고관절은 구부러진 채로 있고 성장하기 어려워진다. 관절구축과 척추의 근육도 약해지므로 측난, 후난 등의 등뼈 변형이 일어나고, 그에 따라 흉곽도 현저하게 변형되어 호흡기능도 낮아진다. 눈, 손, 발 등의 근육은 비교적 말기까지 기능을 유지하지만 완전하지는 않으며, 이의 맞물림이 좋지 않은 '교합부전'이 많이 보인다.

(2) 안면견갑상완형

뒤센형에 비하면 안면견갑상완형(facioscaplohumeral type: F.S.H. type)의 수는 훨씬 적다. 전체 근위축 증후 중 5% 전후다. 뒤센형의 경우에서는 반성 열성 유전인 색맹, 혈우병 등과 같은 유전 형식을 나타내는 예가 많지만, 이 형태는 상염색체성 우성의 유전 형식을 나타낸다. 그래서 한쪽 부모가 이 병이면 남녀를 불문하고 아동의 50%에 발병자가 나온다. 발증 시기는 뒤센형에 비해 훨씬 늦은 사춘기부터 20세 전후다. 얼굴의 표정에 관련된 근육이 특별히 달라지므로 표정이 부족하게 되고, 눈을 감을 수 없기도 하고, 입뼈가 내려와 특유의 생김새를 나타낸다.

어깨의 근육, 상완의 근육도 현저하게 가늘어지지만 비교적 허리 주위 근육의 쇠약은 적고, 장기간 보행이 가능하며 생명에 대한 예후도 양호해 오래 사는 사람이 많다.

(3) 지대근형

근위축 증후 전체의 10% 정도는 지대근형(limb-girdle type)이다. 발병

연령도 병의 진척 상태에 부합해 정확히 뒤센형과 안면견갑상완형의 중간 정도로 비교적 나이가 들어도 보행이 가능하다. 상염색체성 열성 유전으로 남녀를 불문하고 25% 정도 나타난다.

이 외에 보기 드물지만 원위형, 안구근육형 등이 있다. 또 선천성 근위축 증후, 특히 후쿠야마형은 비교적 드물지 않게 보이는 것으로, 고도의 지능장애, 관절구축을 수반해 중증 지체부자유아로 취급된다.

(4) 근위축 증후의 유사 질환

병의 본질상 근위축 증후는 아니지만 유사 질환으로서 교육기관 등에서는 함께 취급되고 있는 몇 가지 질환이 있다. 그 예는 유아형 유전성 척수성 진행성 근위축 증후(Werdnig-Hoffmann disease), 유전성 척수성 근위축 증후(Kugelberg-Welander disease), 샤르코-마리-투스병(Charcot-Marie-Tooth disease: CMT), 다발성 근염 등이다. 여기에서는 일상적으로 나타나기 쉬운 유아형 유전성 척수성 진행성 근위축 증후(베르트니히-호프만병)에 대해 간단히 소개한다.

유아형 유전성 척수성 진행성 근위축 증후(Werdnig-Hoffmann disease: SMA type 1)은 유아성 척수근위축증(spinal muscular atrophy)이라고도 하는데, 근위축 증후가 아니고 척수의 신경세포에 장애가 있어 일어나는 병이다. 대부분 유아기 후반에 발병해 불행한 예후를 취한다고 여겨져 왔지만, 발병 시기가 늦은 것의 경우에는 청소년기까지 생명이 유지되는 것 같다. 실제로 일본의 특수학교의 근위축 증후 학급에는 이 병을 가진 아동이 2~3명 정도 섞여 있다. 상염색체성 열성 유전의 병이므로 남녀 모두 25% 정도 나타난다. 적절한 주의가 이루어지지 않으면 사지구간의 변형이 극심해 호흡기 장애 등으로 사망하는 경우가 많다.

3) 근위축 증후의 진단

다음에 제시하는 검사는 근위축 증후의 진단에서 중요하게 다루는 내용이다.

(1) 혈청 및 요의 생화학적 검사

근위축 증후 아동의 요를 검사하면 근육의 수축에 중요한 역할을 완수하는 크레아틴이라는 물질이 다량 검출될 수 있다. 한편 건강아의 요에서는 크레아틴이 다량 검출되는 경우는 드물다. 이 현상은 병의 진단뿐만 아니라 베르트니히-호프만병 등과 근위축 증후를 구별하는 데 있어서도 중요한 검사법이 되고 있다. 또 환자의 혈청을 조사하면 CPK(크레아틴 포스포키나제)라는 효소를 다량 발견할 수 있다. 이것은 진행성 근위축 증후 중에서도 뒤센형의 환자에게서 특별히 다량 발견되므로 진단상 극히 중요한 검사다.

(2) 근전도 검사

근전도 검사는 주로 바늘과 같이 미세한 전극을 근육에 삽입해 거기에서 나오는 활동 전류를 조사해 근병변의 종류를 구별하는 검사다. 이에 의해 근위축 증후와 같이 근육 그 자체가 장애가 된 병인지, 베르트니히-호프만병과 같이 척수 등 신경계의 장애로 일어난 근육의 병인지를 구별할 수 있다.

(3) 근육생검(생검법)

수술로 근육의 작은 부분을 떼어내어 얇게 잘라 색소로 물들이고 검사하는 방법이다. 이에 의해서도 근육 그 자체에 기인한 병인가, 신경에 기인한 병인가, 혹은 다른 염증에 의한 병인가 등을 구별할 수 있다.

(4) 유전 검사

근위축 증후 중에서 가장 많은 뒤센형에서는 성염색체성 열성 유전(반성 유전이라고도 한다)의 형태를 취한다고 여겨지고 있다. 이것은 병의 토대가 되는 인자가 어머니의 성염색체(X염색체)상에 있어 어머니의 경우 병이 나타나지 않지만, 아동의 경우는 남아에서 50%, 여아에서는 50%가 보인자가 되는 것이다. 그렇지만 뒤센형이라도 그 가계에 분명히 다른 예가 있을 확률은 30% 정도에 지나지 않는다. 또 같은 뒤센형에서도 극히 양호한 경과를 나타내는 증례가 있는데, 이것을 베커형(Becker type)으로 구별하는 경우도 있다.

여성이 보인자인지 어떤지의 결정은 임상상 매우 중요한 것이다. 여기에서는 혈청의 CPK 수치가 약간 높다든가, 근육을 잘라내어 조사해 보면 근위축 증후의 변화가 보인다든가, 가끔 가성 비대가 있다든가 하는 것이 보고되고 있다. 하지만 아직도 결정적인 증거는 없다. 최근 어떤 종류의 유전적 질환은 임신 초기의 어머니 양수 속의 세포를 통해 출생 전에 알 수 있는 방법이 널리 행해지고 있지만, 근위축 증후의 경우는 결정적 진단이 불가능하다.

4) 근위축 증후의 지도

근위축 증후의 원인에 대해서는 근육의 미세 구조에 비정상적인 부분이 있기 때문이라든지, 세부의 혈액 순환의 장애로 인한 것이라든지, 또한 신경계통의 이상은 부정할 수 없다는 등 많은 의견이 있지만, 실제로는 현재까지 정확하게 알려지지 않았다. 따라서 완전한 치료법은 없다. 베크만(1965)이 사용한 레바드진이라는 약품 이래 여러 가지 것이 시도되었지만 모두 효과가 없었다.

기능훈련을 통해 근육의 폐용 위축이나 관절 구축을 최대한 막아 병상의 진행을 늦추는 것이 현재 할 수 있는 가장 적합한 의료라고 할 수 있다.

그렇기에 독립 보행이 가능한 동안은 무리가 없는 정도로 하루의 보행시간을 결정해 장시간 누워 있는 자세를 피하고, 항상 족 · 슬 · 고관절을 관찰하여 구축이 일어나지 않게 적극적으로 늘여 주면 좋다. 토쿠시마 대학에서 개발한 용수철이 삽입된 장비로는 보행기간을 3년 이상 연장할 수 있었다고 한다. 좋은 방법이지만 항상 심장의 합병증에 유의해야 하기에 적절한 관리하에 사용해야 한다. 보행기부터 휠체어로 바뀌면 사지관절의 구축, 척추의 변형이 차례로 일어나므로 일상생활에서의 올바른 자세 유지가 아주 중요하게 된다. 필요하다면 변형 예방 장비를 이용하고 적절한 휠체어를 선택하여 심장에 가는 부담을 줄여 주는 배려가 필요하다.

손가락의 기능은 비교적 말기까지 남는다. 이에 각종 수예, 글쓰기 등은 작업치료로서 최적의 방법이다. 그리고 병상의 진행에 따라 환자가 차례로 겪게 되는 심리적 손상에 대해 깊은 공감과 이해를 가지고 해당 업무에 종사하는 것이 필요하다.

7. 당뇨병

건강장애 질환 중 당뇨병(diabetes)에 대해 살펴보면 다음과 같다.

1) 소아당뇨병의 개요

0~14세에 발병한 것은 유아 및 소아 당뇨병, 15~24세에 발병한 것은 청년당뇨병이라고 한다(WHO). 젊은 사람에게 발병한 당뇨병의 대부분을 차지하는 것은 청년형 당뇨병이다. 치료를 위해 인슐린 주사가 필수다. 소아비만으로 인해 식이치료가 주된 치료가 되는 성인형 당뇨병도 있다.

일본에서는 최근의 조사에서 소아 · 청소년형 당뇨병의 빈도는 약 0.01%이며, 그 외에 발병은 되지 않지만 임상검사에 의해 당뇨병으로 판정되는 것, 즉 화학 당뇨병은 3~4배 더 많이 존재한다는 것이 밝혀졌다.

유전적인 소인이 중시되고 있지만, 바이러스에 의해 취장(膵臟)이 침해되어 발병한다는 설도 있다. 유전자 빈도는 22.5%라고 할 만큼 고빈도이기 때문에 누구라도 당뇨병에 걸리기 쉽다고 알려져 있다.

2) 소아당뇨병의 증상과 치료

소아의 당뇨병은 진전이 빠른 것이 특징이다. 매우 드물게는 발병해 2~3일 내에 생명을 잃는 경우도 있다. 많은 경우에 발병해서 차츰 병상이 나타나지만, 방치했을 경우에는 수개월에 걸쳐 임상이 필요하게 되고, 2~3년 후에 생명을 잃을 수도 있다. 초기 증상은 나른함으로, 빨리 지치고 뒹굴뒹굴하는 것처럼 보이는 경우가 많아진다. 피부에 화농집이 나타나기 쉬우며, 소변량이 증가하고 야뇨를 하는 경우도 있다. 물을 많이 마시고 식사를 많이 하더라도 야위며, 피부에 윤기가 없어지고 입술이 말라 트거나 눈곱(안지, 眼脂)이 낀다. 뺨이나 입술에 홍조가 나타나며, 눈이 움푹 들어가고, 호흡이 차츰 거칠어진다. 또한 복통이 일어나고 점차 강해지며 구토가 일어나게 된다. 통증이 또한 고통으로 이어지고 점차 정신이 몽롱해지고 난폭하게도 된다. 이후 의식을 완전히 잃는 혼수상태로 들어가며, 혼수상태를 방치하면 사망하는 경우도 있다.

확실하게 관리하면 건강하게 장수한다는 사실은 잘 알려져 있다. 불완전한 치료는 여러 가지의 합병증을 일으킬 수 있다. 당뇨병성 만성 합병증으로 가장 문제가 되는 것은 망막증과 신장장애다. 극단적인 경우로 실명하거나 신부전으로 사망하는 일도 있다. 고령이 되면 심근경색이나 뇌혈관장애 등이 문제가 된다. 따라서 관리를 잘해 건강을 유지하게 하는 것이 필요하며, 장기간에 걸쳐서 치료에 지루해하지 않도록 하는 것이 중요하다. 그러기 위해서는 다른 아동과 차이가 없게 삶에서 생활의 의의를 부여하도록 하고, 당뇨병에 대한 지식을 알도록 하며, 소아당뇨병의 치료

캠프 등에 참가시키는 활동을 통하여 충실한 삶을 보내게 하는 것이 바람직하다.

3) 소아당뇨병의 지도

(1) 가정에서 실행하는 의료에 관한 것

- 주사기와 주삿바늘의 소독과 보관, 예비 주사기의 구입
- 소독 알코올 면의 준비와 보관
- 인슐린의 구입 및 보관. 인슐린은 반드시 담당의사를 통해 구입하도록 한다. 보관은 냉장고에 하지만 얼지 않도록 유지하고 현재 사용하고 있는 인슐린은 실온에서 보존한다.
- 인슐린 주사의 실행. 자기 주사가 원칙이지만 어리고 스스로 할 수 없을 때는 보호자가 주사한다.
- 당뇨병식의 메뉴 작성. 주로 '당뇨병 치료를 위한 식품교환 목록'을 이용한다.
- 식사의 조리
- 식품의 계량
- 휴대용 식품의 작성과 점검. 저혈당에 대비해 반드시 휴대하게 한다. 가방에뿐만 아니라 상의와 바지 주머니에도 넣어 둔다. 설탕과 비스킷이 좋다.
- 운동을 격렬하게 할 시의 추가식 계산과 작성
- 1일 3~4회의 채뇨와 베네딕트 반정량법에 따른 당뇨검사 실시
- 당뇨표에 검사 결과 기입

(2) 가정에서의 지도

당뇨병이라는 병명을 가지고 있기 때문에 당뇨병아는 어쩔 수 없이 환자 취급을 당하기 쉽다. 또한 다른 아동보다 돌봄이 필요하여 과보호가

되기 쉽다. 그러나 치료가 잘 행해지고 있는 당뇨병아는 건강아와 같이 대하는 것이 바람직하다.

- 일상생활: 가능한 한 규칙적인 생활이 바람직하다. 그러나 때로는 불규칙적인 생활을 하고, 그것을 통제할 수 있도록 하는 것도 필요하다.
- 학교생활: 일반학교 생활이 바람직하며 특수학교 등의 특별수업을 배려할 필요는 없다.
- 운동: 적당한 운동이 필요하며, 격렬한 운동을 한 경우는 보식(補食) 하는 것을 잊지 않아야 한다.
- 예방접종: 감염 가능성이 있는 것에 대한 예방접종은 적극적으로 실시해야 한다. 특히 투베르쿨린 반응의 음성자는 BCG 접종을 실시해야 한다.
- 병에 걸렸을 때의 대책: 당뇨병아는 상기도(上氣道) 감염 등에 걸리면 가끔 당뇨병 상태가 악화되는 경우가 있다.
- 정신적 문제: 소아당뇨병은 소아기부터 사춘기, 청년기를 거치면서 정신적 문제가 일어나기 쉽다. 이 때문에 당뇨병의 관리가 소홀히 되면 합병증을 일으키고, 그것이 심하면 신체장애를 일으킨다. 그러므로 정신 면에서의 대책이 중요하다.
- 의사와의 연락: 일반적으로 외래 통원은 월 1회다. 1개월 사이의 관리 상태와 요당표를 지참하고 의사의 점검을 받아 다음 1개월의 지시를 받도록 한다. 당뇨병아의 상태에 이상이 생겼을 때에는 곧바로 병원이나 담당의사에게 연락하도록 해 두는 일도 중요하다.

(3) 학교에서의 지도

소아당뇨병은 가정에서의 경우 관리를 모두 스스로 하도록 하는 것이 원칙이지만, 학교에서는 그렇게 하기 쉽도록 배려하는 것이 중요하다. 다른 아동과 조금 다르지만 그것이 당뇨병아의 불이익이 되지 않게 하는 것이 필요하다.

- 인슐린 주사: 보통 아침식사 전(또는 저녁식사 전)에 실시하므로 가정에서 행하지만, 교외학습에서 숙박을 하는 경우에는 문제가 된다. 청결하며 사람이 보지 않은 곳에서 주사하도록 배려한다.
- 식사: 대부분의 당뇨병아는 오후 4시경과 취침 전에 가벼운 식사가 필요하고, 때로는 오전 10시에도 가벼운 식사가 필요하다. 특히 격렬한 운동을 할 때는 30분마다 보식을 하고, 식전에 운동할 때에도 보식이 필요하다. 손쉽게 보식할 수 있는 장소를 마련해 주고 급식할 때에는 정해진 열량에 따라 제공한다. 일반적으로 학교 급식은 당뇨병식으로서 부적당한 경우가 많다. 이 경우 조정은 대부분 아침식사 및 저녁식사로 해서 열량만을 맞추도록 한다.
- 예방접종: 학교에서의 예방접종은 모두 시행하는 것이 좋다.
- 운동: 운동은 당뇨병 치료의 근간이며, 어떠한 운동이라도 실행하게 한다.
- 저혈당 발작: 인슐린을 주사하고 있는 당뇨병아의 경우 가끔 저혈당이 일어나는 것이 보통이다. 저혈당은 인슐린의 양을 과다 주사하거나 운동을 격렬하게 하여 보식이 충분하게 이루어지지 않았을 때 일어난다. 저혈당의 처음 증상은 불안해하거나 침착하지 못한 감정의 변화, 특이한 공복감, 창백, 손가락 떨림이다. 이때에는 비스킷을 먹는 정도로 증상이 회복된다. 하지만 강한 두통과 구토를 할 경우에는 구토 기분이 일어나지 않을 정도로 10%의 설탕물이나 전당주스 소량을 주어 저혈당에서 회복되도록 한다. 또한 저혈당이 되면 경련과 혼수를 일으켜 의사의 조치가 필요하게 된다. 따라서 저혈당은 빠른 시기에 대처해야 하며 조금씩 참아 넘겨서는 안 된다.
- 검사: 학교에서는 요단백검사와 동시에 요당검사를 행하도록 한다.

당뇨병을 검출하는 목적에서 채뇨는 아침식사 후 2시간 또는 점심식사 전이 좋다. 당뇨병은 빠른 시기에 발견해도 그 발병을 예방하기 어렵지만 일찍부터 관리하여 합병증 없이 성장시키는 것은 가능하다.

8. 근골격계 질환

건강장애 질환 중 근골격계 질환(musculoskeletal disoders)에 대해 살펴보면 다음과 같다.

1) 페르테스병

(1) 정의

소아기의 대퇴골두에 괴사가 나타나는 질환으로 순환장애에 의해 발생하며, 페르테스병(Legg-Calvé-Perthes syndrome), 대퇴골골두(大腿骨骨頭)의 골연골증(骨軟骨症) 등과 같이 불린다. 3~11세에 나타나고 남자가 여자에 비해 4~5배 더 많이 발생한다. 전신 상태가 양호하고 활발한 아동에게도 나타난다. 양측성에 발병하는 것이 약 15%이고, 좌우 발증(發症)의 간격은 약 1년 이내다.

(2) 원인

불명확한 점이 많지만 골두(骨頭)로의 혈행장애(血行障碍)가 원인이다. 그 배경은 염증 또는 외상에 의한 관절액 압력의 이상항진(異常亢進)이다.

(3) 증상

초기에는 알지 못하고, 병리학적인 혈행 재개기 이후가 되어 처음 의사를 방문하는 경우가 많다. 고관절통, 운동 제한, 특히 내외전 제한이 나타나고, 동통(疼痛)을 막기 위한 도피성 파행을 볼 수 있다. 전반적 소견으로는 이상이 없으며 비교적 건강한 남아에게서 나타난다. 고관절결핵 아동과 다른 점은 고관절결핵 아동은 혈침도 심해져 근위축도 강하고 전신 증상도 심한 상태다.

(4) 예후

발증 시기와 관계가 있고 일반적으로 발증이 5세 이하인 경우에는 비교적 예후가 좋다. 반대로 7세 이상 발증하는 경우에는 비교적 예후가 나쁘다. 또한 골변형이 골두 전체에 미치거나 아탈구(亞脫臼)를 나타내는 경우에는 비교적 예후가 나쁘다. 치료 완료에는 3~5년이 필요하다.

2) 연소성 류머티즘 관절염

(1) 정의

연소성 류머티즘 관절염(juvenile rbeiimatoid-arthritis: JRA)은 소아의 만성관절 류머티즘(류머티즘 관절염)으로 대체로 2~4세에 나타난다. 여아가 남아보다 많다. 성인의 만성관절 류머티즘(rheumatoid arthritis)은 중년 이후의 여성에게 많고 증상도 다른 점에 주의해야 한다. 또한 류머티즘열(rheumatic fever)[1)]은 5세 이하의 소녀에게 발생하는 경우가 많다.

(2) 원인

관절 류머티즘의 원인은 불명확하다. 감염설, 대사이상, 내분비이상,

---

1) 류머티즘열(rheumatic fever): 소아의 만성관절 류머티즘과 혼동되는 이름이지만 관절 류머티즘과는 전혀 다른 질환으로 주의해야 한다. 5~15세에 일어나고 A군 용련균(A群溶連菌) 감염에 의해 일어나는 급성 열성 질환이다. 관절은 주로 사지의 대관절이 침해되고 일과성이 있는 것이 특징이다. 그 증상 중 중대한 것은 심장장애의 발생이다. 판막의 류머티즘성 염증에 의해 중대한 판의 폐쇄부전, 협착이 일어나고 또한 심근, 심장 내외막이 침해된다.

알레르기설 등 있었지만 충분한 증거는 부족하다. 현재로서는 면역이상이 그 원인으로 부각되어 있다. 즉, 혈청 면역 글로블린의 증량(고감마글로블린혈증), 환자 자신의 여러 가지의 세포 성분과 반응하는 면역 글로블린의 존재, 골막에서의 형질세포나 임파구 침윤 등에서 자기면역 질환(auto-immune mechanism)의 하나로서 관절 류머티즘이 고려된다.

(3) 예후

예후는 일반적으로 양호하고 70% 정도의 증례가 이렇다 할 후유증도 남기지 않고 2~3년 안에 치유된다. 특히 단관절성(單關節性)의 경우가 예후가 더 좋다. 다만 활동성의 다발성 관절염의 경우는 성인이 되기까지 증상이 계속되는 경우가 있으며 영구적인 기능장애를 남기는 경우도 있다.

3) 척추측만증

(1) 정의

척추측만증(脊椎側彎症, scoliosis)은 '측방만곡(側方彎曲)'에 의한 변형을 일컫는다.

(2) 원인과 유형

① 기능성(가역성) 측만증

스스로 교정하려고 하거나 원인이 되는 질환이 제거되면 측만의 소실을 보는 측만증이다. 그중에는 습관성 불량자세에 근거한 것, 요통이나 좌골 신경통 등의 동통에 의한 것, 다른 질환에 의한 다리 길이의 차이에 기인한 것 등이 있다.

2 구축성(불가역성) 측만증

일반적인 치료대상이 된다. 일반적으로 척추측만증은 그 원인에 따라 다음과 같이 분류된다.

① 원인 불명의 측만증

- 특발성 측만증: 원인이 불명하고 성 호르몬이나 성장 호르몬, 뇌나 신경계의 비정상에 의한 것이라는 설도 있지만 현재까지 정설은 없다. 척추측만증 중 가장 빈도가 높아 70% 가까이 차지한다. 특징은 대부분 여아(83%)에게서 나타나고 우측이 돌출 모양의 만곡이 대부분이다. 발생 시기는 세 가지로 분류된다. 0~3세까지 발생하는 것은 유아기 측만증, 4~9세까지는 학령기 측만증, 그리고 10세 이상에서 성장 종료까지는 사춘기 측만증이라고 한다.

② 원인이 분명한 측만증

- 선천성(골원성) 측만증: 선천적으로 척추의 체(體)의 형성이상과 분화이상이 있기 때문에 측방의 성장 속도 차이에서 생기는 측만증이다.
- 신경원성 측만증: 척수 혹은 말초 신경의 마비와 종양 때문에 발생하는 측만증이며, 신경선유종(神經線維腫), 척수성 소아마비(poliomyelitis), 뇌성마비(cerebral palsy), 척수공동증(脊髓空洞症) 등의 질환에 수반해 발생한다.
- 근원성 측만증: 척수를 지지하고 있는 근육 자체 근력의 불균형에 따라 생기는 측만증이고, 각종의 근위축성 질환을 수반해 일어난다.
- 대사이상을 수반하는 측만증: 뼈 혹은 연부지지기구(軟部支持機構)가 대사이상을 일으켜 생기는 측만증이다.
- 그 외 선천성 심질환 흉곽형성 수술 후 방사선조사에 근거하는 측만증 등이 있다.

(3) 지도

1 조기 발견 및 치료

측만증의 치료는 측만이 가볍고 연령이 어릴수록 교정 효과가 크며, 비교적 간단한 보존적 치료로 교정이 쉽게 이루어진다. 중등도·고도 측만증의 경우는 수술밖에 방법이 없고, 교정 효과도 50%만 기대할 수 있으며, 수술의 고통, 가족의 경제적 부담이 크다. 이런 의미에서 조기 발견, 조기치료는 더 나은 치료법이라고도 할 수 있다. 그 증상의 발증 연령에서 고려하면, 조기발견을 위해서는 초등학교, 중학교에서 검사가 필요하다. 제1기 검사는 보건교사에 의해서 이루어지는 것이 바람직하다. 이 방법은 상반신을 벗고 아동을 바로 세워 등쪽을 관찰하고 양 어깨, 양 겨드랑이의 좌우 불균형 유무, 늑골 융기에 의한 한 측면의 돌출 유무를 확인하는 것이다.

2 치료상의 주의

측만증 치료는 보존적 요법에서는 장기간 장구를 착용하고 몇 개월에 1회는 병원에서 점검을 받는다. 수술치료는 소아에게는 큰 수술이 되며 비교적 장기간 누워 있는 경우가 많아 큰 정신적 고통을 갖는 경우가 있다. 따라서 가족, 의사 등은 진심으로 이해하며 후원과 협력을 해 주어야 한다.

9. 간질

건강장애 질환 중 간질(epilepsy)에 대해 살펴보면 다음과 같다.

1) 간질의 개요

국제간질협회(International Bureau for Epilepsy)에서 간질은 "임상적으로 재차 반복하여 발현하는 일과성으로, 대부분 단시간에 경과하는 신체적 · 정신적 발작을 가지는 만성의 뇌장애이고, 그 발작은 뇌신경 세포의 과잉 방전으로부터 일어나는 것" 이라고 정의된다. 즉, 어떠한 형태의 간질 발작을 가지는가에 따라 특징지어지는 하나의 증후군이라고 할 수 있다.

2) 간질 발작형의 유형

임상적으로 많이 나타나는 발작형에는 다음과 같은 것이 있다.

(1) 대발작(전신경련 발작)

처음부터 전신의 경련이 일어나는 경우도 있지만, 처음에 징조를 나타내거나 국한성 마비 또는 다른 발작에서 시작되어 대발작으로 이행하는 경우도 있다. 전신의 근육을 강직성으로 경련하며 넘어져 동시에 의식을 잃는다. 일반적으로는 상지는 굴곡되고 하지는 신전되며, 안구는 치켜 올라가 흰동자를 나타낸다. 보통 수십 초에서 전신이 떨림으로 변하고(間代痙攣), 점차로 떨림의 간격이 넓어지고, 마지막에는 깊은 숨을 들이키면서 경련이 정지된다(이때 입속에 거품을 분출한다). 전 과정은 길게 생각되지만 1~2분 정도에서 끝나고, 그 후 수면으로 이행하여 의식이 회복하기까지는 수십 분이 걸리는 경우도 있다.

때로는 경련이 끝난 지 얼마 되지 않아 다음 경련이 시작되는 경우도 있다. 또한 위에서 말한 정형적인 경과를 취하지 않고, 불완전한 형태의 대발작도 나타나며, 중도에 끝나거나 좌우부대칭(左右不對稱)인 경우도 있다.

(2) 소발작

임상적으로는 몇 개로 구분된다. 단순히 의식만이 일시적으로 소실되거나 막연히 한 곳을 바라보기를 하는 실신 발작, 갑자기 전신의 힘을 상실해 머리가 앞으로 넘어지거나 몸이 구부러져 서 있을 수 없는 발작[失立發作], 손과 발 또는 구간(軀幹)에 갑자기 수차례의 수축이 일어나는 발작 등이 있다. 실신 발작은 몇 초에서부터 수십 초 동안 계속되는 경우가 많지만, 그 외는 매우 순식간에 끝나 원상태로 돌아온다.

(3) 정신운동 발작

갑자기 의식의 혼탁이 일어나 동시에 여러 가지의 운동 증상—일어서서 걸어 돌아다니거나, 손을 주머니에 넣어서 뒤지거나, 입 앞을 떨리게 한다거나 하는—을 나타낸다. 지속시간은 수초에서 1~2분 정도다.

(4) 초점 발작

몸의 일부분(손과 발)의 경련 또는 이상한 감각이 갑자기 일어난다. 의식은 유지되는 경우가 많지만 대발작으로 이행되는 경우도 있다.

(5) 자율신경 발작

복통, 현기증, 두통 등이 발작을 일으킨다.

이상의 발작형은 보다 체계적으로는 국제간질연합에서 제시한 것처럼 다음과 같이 나눌 수 있다.

① 부분성 발작

- 요소성 증상을 나타내는 것
  - 운동 증상을 나타내는 것

- 특수 감각 혹은 신체 지각 증상을 나타내는 것
- 자율신경 증상을 나타내는 것
- 복합형

• 복잡한 증상을 나타내는 것
- 의식장애만을 나타내는 것
- 인식 증상을 나타내는 것
- 정동 증상을 나타내는 것
- 정신 지각 증상을 나타내는 것
- 정신 운동성 증상을 나타내는 것

• 복합형

• 이차적 전지성(全肢性) 부분성 발작

② 전반성 발작

• 결신 발작(缺神發作)
- 단일성 결신
- 복합성 결신

• 범근육 경련 발작

• 영유아 경련

• 간대성(間代性) 발작

• 강직성 발작

• 간대성-강직성 발작(대발작)

• 탈력(脫力) 발작

• 무동(無動) 발작

③ 일측성 혹은 일측우위 발작(영유아에 한정)

④ 분류 불능

각 발작형에서 가장 많은 것은 대발작으로 70~80%이고, 그다음은 정신운동 발작 20~25%, 소발작 5~10%의 순이라는 통계가 있다. 가끔 몇 가지의 발작형이 중복되는 경우도 있다.

3) 발작 이외의 증상

간질이라고 불리는 것은 어떠한 임상 발작을 가지는 경우이지만 발작 이외의 정신 · 신체 증상도 자주 볼 수 있다.

(1) 신체 증상

가장 많은 것은 운동기능의 장애이며(마비, 불수의 등), 때로는 시 · 청각의 장애가 합병된다. 이 경우 원인과의 관련이 중요하다.

(2) 정신 증상

정신발달의 지체, 즉 정신지체를 수반하는 경우가 가끔 있고, 후천적인 지능장애가 발작과 함께 강해지는 경우도 있다. 그러나 진성간질은 대부분 지능에 장애를 갖지 않는 경우도 있다. 성격 특징으로는 특유의 간질 성격이 보이는 경우가 많다. 첫째, 주의력장애(집중의 곤란함, 주의 산만이 쉬운 반면 고착됨), 둘째, 점착성(粘着性: 하나의 일에 감정이 정착하여 발달하지 못함), 셋째, 조발성(사소한 일로 급격하게 감정이 폭발함), 넷째, 과사회성(사회규칙에 비정상적으로 엄격하며 병적으로 결벽하고 과도하게 꼼꼼함) 등이다.

4) 간질의 원인

간질의 원인은 크게 진성(眞性) 간질과 증상(症狀) 간질로 나눌 수 있다. 발작이 일어나기 쉽게 소질적으로 갖추고 있는 경우와 어떠한 뇌장애를 기초로 일어나기 쉽게 되어 있는 경우다. 후자의 뇌장애로는 출산기의 장애와 후천성의 뇌의 감염, 외상, 종양 등을 들 수 있다.

뇌장애에 의한 증상 간질과 진성 간질에서 발작이 나타나는 형태와 그에 수반하는 신체 · 정신 증상, 뇌파 소견 등에 가끔 차이가 있다는 것이 알려져 있다. 또한 유아기의 열성 경련은 간질로 이행되는 경우도 있으므로 뇌파검사 등에 의한 감별이 필요하다.

5) 간질의 진단

(1) 뇌파검사

간질의 진단에 있어서 뇌파는 매우 유용한 소견을 나타낸다. 발작 시는 물론 발작 사이에도 간질에는 특징 있는 이상소견을 볼 수 있다. 임상 발작을 보지 않아도 뇌파 소견에서 발작형의 종류, 그 정도, 뇌장애의 유무 등이 추측된다. 이것은 치료약의 선택, 치료 효과의 판정, 약의 감소 및 중지의 결정에도 도움이 된다. 따라서 처음의 간질 유무의 진단에서도, 이후의 경과 추이에서도 빠뜨릴 수가 없는 진단법이다. 뇌파검사 자체는 본래 고통과 위험은 따르지 않지만, 아동의 경우 30분 정도 조용히 검사에 임하게 하는 것이 곤란하기 때문에 보통 수면(약에 의한 것) 시 검사가 이루어지기도 한다. 가능하면 경과 관찰을 위해서 6개월이나 1년에 1회의 뇌파검사가 이루어지는 것이 바람직하다.

(2) 잠재성 간질

많은 아동 중에는 뇌파상 확실하게 간질성 소견이 나타남에도 임상적인 발작을 일으키지 않는 경우도 있다. 이와 같은 예로는 앞서 언급한 간질성 성격 또는 행동 특성을 나타내는 것이 있다. 이에 대해서는 간질과 같은 약물치료를 시도하여 효과를 얻는 경우도 있다.

6) 간질의 지도

(1) 의료의 계속

발작의 예방을 위해서는 우선 올바른 약물치료를 받는 것이 중요하다. 즉, 발작 시만이 아니고 예방적으로 약을 계속해서 규칙적으로 복용시키는 것이다. 일반적으로는 하루 2~3회의 약을 복용한다. 발작이 잠시 일어나지 않으면 무심코 방심하기 쉽지만, 의사의 지시대로 복용하도록 한다. 상기한 부작용이 나타날 때에는 치료 의사에게 연락하도록 한다.

(2) 일상생활

일반적으로 과로를 피하도록 한다. 특히 수면에 대해서는 주의가 필요하며 수면 부족 때에는 발작이 일어나기 쉽다. 폭음, 폭식도 피해야 하지만 과도하게 절제할 필요는 없다. 운동도 마찬가지로 특히 난치 · 빈발하게 발작이 나타나는 경우 외에는 적당한 일반 운동은 지장이 없다. 따라서 체육 수업도 참가하게 하며, 수영은 발작이 일어나는 것을 두려워해 금지되는 경우가 많지만 발작이 억제되어 있을 경우에는 주의해서 참여하게 한다. 말하자면 발작이 일어나는 것을 두려워해 과보호, 과제약 속에서 일상생활을 보내게 하는 것은 지적 · 정서적 발달에 오히려 지장을 초래하기 쉽다.

(3) 직업지도

발작에 대한 염려가 남아 있을 경우에는 위험을 동반할 수 있을 직업을 피하는 것이 바람직하다. 특히 자동차 운전은 당사자뿐만 아니라 주위 사람에게도 위험을 초래하기 쉬우므로 매우 신중하게 임하게 한다.

(4) 발작 시 주의사항

발작은 보통 몇 분 이내로 단시간에 끝나기 때문에 황급히 서둘러서는 안 된다. 발작이 일어나면 가깝고 안전한 곳에 조용하게 쉬도록 하는 것이 중요하며, 경련 시에 혀를 깨무는 것을 걱정하여 무리하게 입을 벌리게 하는 것 등은 오히려 상처를 입게 할 염려가 있다. 가볍게 턱을 눌러 입에 손수건을 물리도록 하는 정도가 좋다. 발작이 진정되면 1～2시간은 조용히 지내도록 하여야 하지만 곧바로 원래로 돌아와 놀기 시작하거나 하는 경우도 있다. 1회의 발작이 끝나고 다음 발작이 연이어 일어나면 의료 대상이 되므로 바로 의사에게 연락하도록 한다.

10. 신경증

건강장애 질환 중 신경증(psychoneurosis)에 대해 살펴보면 다음과 같다.

1) 소아기 신경증의 개요

어떠한 심리적 원인으로 인해 일어나는 정신 · 신체 증상은 신경증이라고 불리지만 성인에서 볼 수 있는 것 같은 신경증은 소아기에서는 보기 드물다. 심신의 미분화와 정신, 특히 자아 발달의 미숙에서 유래하는 불안, 강박 증상 등은 더욱 나타나지 않기 때문이다. 그러나 이를 대신해 동일한 심리적 원인이 작용할 때에는 소아에서 여러 가지 반응이 일어난다. 영유아기에는 심신증의 형태로 나타나고, 유아기 이후에는 틱, 야뇨, 말더듬이라는 신경성 버릇의 형태로, 더욱이 무언증(함묵), 정서불안, 울화통, 혹은 등교 거부, 비행 등의 행동이상의 형태로 나타난다. 이들을 넓게 보아 신경증이라고 부르기도 하지만 엄밀하게 성인병으로 나타나는 경우에 한해서 신경증이라고 부르는 사람들도 있어 개념상 혼란이 있다. 아래에서는 넓게 해석하여 틱과 등교 거부를 그 예로 기술하고자 한다.

2) 소아기 신경증의 유형

(1) 틱

틱(tic)은 신경성 습관의 하나이지만 성인에게 나타나는 강박신경증으로 이행되는 경우가 가끔 관찰되는 것으로, 그 소아형이라고도 볼 수 있다.

① 증상

불수의적으로 신체 각부의 움직임이 빈번하게 일어난다. 그중에서도 눈 깜박임, 입 비틀기, 헛기침, 어깨 움츠리기, 목 흔들기, 고함 또는 험한 언어 사용 등을 많이 볼 수 있다. 긴장 시에는 더욱 많이 나타나고, 텔레비전을 보거나 타는 물건 등에 올랐을 때에도 많이 나타나며, 수면 중에는 소실한다. 한편으로는 버릇처럼 보이지만, 보통 버릇과는 다르게 억지로 하는 노력으로는 고치기 어렵고 오히려 늘어나는 경우도 있다. 이와 같은 틱 증상 이외에는 성격 경향으로서 가끔 침착성이 없고 다동, 주의 산만 등이 나타나고, 한편으로 매우 내향적으로 열등감이 강하고 과민한 특징을 나타내는 경우도 있다. 신경학적인 이상소견은 보통 나타나지 않지만 (마치 뇌염 후유증으로 불수의 운동의 하나로서 틱이 보이는 경우도 있지만 이것은 신경증의 범주에 들어가지 않음), 뇌파에는 때에 따라 발작성의 이상소견이 보이는 경우가 있다.

② 진단 및 치료

과보호로 자라나 부모, 특히 어머니의 과잉 기대 아래 과도하게 제한되어 있는 경우가 있다. 원래 활동 에너지가 높은 아동은 이러한 과도한 제한에 대한 탈출구로서 틱 증상을 보이는 것으로 알려져 있다. 또한 최초 발증에서 틱 증상을 강하게 억제하는 것이 그것을 고착화하는 경우도 있다. 말더듬이도 마찬가지이지만, 발증 시에 주의를 고착하지 않도록 하여 일과성으로 그치게 하면 나중에 증상이 남지 않는 경우도 종종 있다.

(2) 등교 거부

신체적인 병이나 가정에서의 특별한 이유로 결석하는 것이 아닌 신경증적 기제에 의해 등교하는 것에 대한 강한 불안을 가져 등교하고 싶은 기분을 가지면서도 결석이 장기간 계속되거나 빈번하게 반복되는 상태를 등교 거부라고 총칭한다. 이와 유사하게 결석을 계속하거나 반복하는 사이에 학교 이외의 생활에 끌려 의도적으로 게으름을 피우는 것은 태업이라고 부른다. 하지만 둘을 분명하게 구별할 수 없는 경우도 있다. 또 지적인 발달의 지연으로 학교 부적응이 일어나거나, 분명한 정신질환의 발병 때문에 등교를 싫어하고 의욕을 잃거나 하는 것도 신경증 기제에 따른 등교 거부와는 구분해야 하지만, 임상적으로는 이들 간에도 합병과 이행이 있다.

① 증상

많은 등교 거부 아동은 초기에는 결석의 이유로 여러 가지의 신체적 호소를 한다. 이러한 호소는 심리적인 또는 히스테리적이라는 의미에서 신경증 증상으로 간주될 수도 있다. 그러나 실제로 어떠한 신체질환이 있었더라도 그것이 치유된 이후에 호소는 남아 있는 경우가 있다. 어쨌든 이 시기에 가족은 어떠한 신체질환이 있는 것을 걱정해 소아과 검진 등을 하는 경우가 많다.

기질적인 질환이 부정되어도 호소가 남아 있는 상황에서 어렵게 신경증 증상인 것이 밝혀지는데, 이때는 이미 수개월이 경과되고 결석이 습관화되어 등교에의 저항이 꽤 높아져 버리는 경우가 있다. 호소 문제로는 복통, 두통, 권태감 등이 많다. 일반적으로는 아침 등교시간에 가장 강하고, 오후가 되면 가벼워진다. 또 휴일에도 가벼워지는 경향이 있다.

전술의 심리적 호소의 시기는 결석이 장기화됨에 따라 차츰 반항적인 행동이 두드러지는 다음 시기로 이행된다. 즉, 결석의 합리화로서의 신체 증상은 쇠퇴하고, 집안에서 멋대로 하는 행동이 많아지고 등교를 조건으로 여러 가지 요구를 하게 된다. 그러나 요구가 관철되어도 학교에는 가지 않고, 학교에 대한 이야기를 하는 것만으로 기분이 나빠져 거친 행동을 반복하는 경우도 있다. 부모도 아동을 거의 방치하게 되고 아동의 일상생활은 극히 불규칙하게 된다. 아침도 늦고, 밤을 지새우는 생활 리듬이 종종 나타나고, 낮에는 외출을 싫어해 집에서 두문불출하게 된다. 또 친구나 담임교사의 방문에도 얼굴을 마주하지 않고, 자폐적인 생활태도에 빠지는 경우도 있다.

② 진단 및 치료

의료 면에서는 협의(狹義)의 정신질환과의 감별이 필요하다. 특히 중·고교 연령에서는 정신분열증, 조울증의 발병 가능성이 있다. 그 경우에는 향정신 약물법이 효과를 가지는 만큼 올바른 진단이 조기에 필요하다. 신경증적 기제에 의한 등교 거부의 경우에는 심리치료와 환경에의 작용이 원칙이다. 그러나 등교 거부아의 경우 당사자에게 직접 개선하도록 하는 것은 어렵다. 의료기관 또는 상담기관에서의 상담 또는 치료에도 강한 저항을 나타내는 경우가 많고, 담임교사나 때로는 가족과 친구에게도 거의 대화를 하지 않는 경우가 많다. 가능한 한 조기에 서로 대화기회를 가지는 것이 바람직하며, 심한 경우에는 병원 또는 시설에 적극적으로 상의하는 것이 바람직하다.

가족 관련 문제도 가능한 한 조기부터 적극적으로 진행하도록 한다. 등교 거부아의 경우에는 아버지의 심리적 부재가 가끔 언급되지만, 그 외에도 가정 내의 정신적인 면에서의 문제도 지적되고 있다. 과보호, 아동에 대한 복종 강요 혹은 과지배, 아동의 요구 무시는 곤란한 사태에 대한 인내성의 발달을 저해하고, 학교에서 가정으로의 도피를 촉진하며, 약한 자아 구조를 유발한다. 또한 틱과 같은 초기 증상에 대한 대응 실패는 결석의 장기화를 초래하기도 한다. 무익한 등교의 강요는 등교 거부 감정을 한층 강화하는 결과를 가져올 수 있다.

조기에는 학급 담임교사가 가장 좋은 역할을 할 수 있지만 그 외 상담교사 및 보건담당 교사 등의 조언과 협력이 필요하다.

3) 소아기 신경증의 원인

신경증은 어떠한 심리적 원인으로 유래하는 것이다. 하지만 같은 원인이 작용하여도 발병 유무에는 원래의 소질이 관여하고 있다고 할 수 있다. 이러한 준비 상태는 또한 유아기부터의 신체적 · 심리적 요인에 관련되는 것에도 영향을 받아 이른바 신경증적 성격의 형태가 된다. 또 직접 발증에 관련된 심리적 요인으로는 여러 가지의 심리적 충격, 장기간에 걸치는 욕구 불만, 스트레스 등을 들 수 있다. 특히 유아의 경우에는 가정 내에서의 대인관계가 중요한 의의를 가진다. 또한 나이가 들면 가정 외에서의 주위 사람, 친구들, 학교 교사와의 관계에서 그 원인을 찾을 수도 있다. 가정 내 대인관계로는 부모의 양육태도가 문제된다. 또한 과도한 보호나 지배가 성격, 특히 자아 사회성의 발달을 저해하고, 전술한 준비 상태를 높이거나 직접 발증의 계기가 되기도 한다. 등교 거부 등의 경우에는 부친의 심리적 부재라는 것이 제기되고 가정 내에서의 권위의 손실이 발증에 큰 영향을 주는 것으로 알려져 있다.

4) 소아기 신경증의 치료

어떠한 심리적 원인에 기인하는 신경증은 심리치료와 환경 간의 작용이 치료의 원칙이다. 성인의 경우 심리치료로는 여러 가지 기법을 들 수 있는데, 성인에 준한 심리치료는 저연령 아동에게는 실시하기 어렵다. 유아에게는 일반적으로 유희 장면에서의 심리치료(놀이치료)가 가끔 이용되고 있다. 이는 아동 자신이 충분한 발달력을 가지고 있고 충분한 긴장의 발산을 통하여 스스로 치유로 나아가는 힘을 가지고 있는 경우에는 매우 효과적이다. 스스로의 치유력이 부족한 경우에는 보다 적극적인 교육치료가 필요하며, 단순히 의료기관, 상담기관에서만이 아니라 일상생활이나 학교생활에서 부단한 교육적 작용이 이루어져야 한다. 일정한 프로그램을 세워 계획적으로 행동의 조건 만들기를 행하는 행동치료도 유용하다. 약물치료로는 정신 안정제(특히 약한 안정제)가 신경증 치료에 이용되고 불안 · 긴장의 완화에 도움이 된다. 증상에 따라서는 특이적으로 효과가 보이는 몇 가지의 향정신약도 알려져 있다. 물론 올바른 진단 아래 의사의 지시에 따라 복용해야 한다.

환경과의 작용으로는 주로 부모와의 상담이 이루어진다. 발증의 원인이 될 수 있는 부모와 자식 관계의 조정에는 아동뿐만 아니라 부모의 노력도 필요하며, 부모의 지도는 원인 치료로서의 의미를 포함한다. 그 외 어린이집, 유치원 및 학교 등의 교사에게도 치료상의 많은 활동이 요구되고, 아동을 둘러싸고 있는 사람들이 협력하고자 하는 것이 신경증의 치료에 매우 중요하다.

5) 소아기 신경증의 지도

나타나는 증상에 대해 어떠한 지도가 적절한가는 연령, 발달 정도에 따라 차이가 있다. 증상 그 자체만을 대상으로 하지 않고, 증상을 나타내는 아동 자신뿐만 아니라 주변 환경을 올바르게 이해하고 치료자와 충분한 연락을 취하면서 지도하는 것이 바람직하다. 물론 증상의 소실이 기대되지만, 오히려 발증하기 쉬운 준비 상태의 개선을 이루지 못하면 참다운 지도가 이루어지기 어렵다. 따라서 단순히 신경증 아동의 지도에 머무르지 않고, 일반아동의 정신건강을 어떻게 높이고 유지시킬 것인가, 또한 심리적 스트레스에도 이겨 낼 수 있는 강한 성격을 어떻게 만들어 갈 것인가 하는 정신위생을 향상하는 것도 중요하다.

11. 신체허약

건강장애 질환 중 신체허약에 대해 살펴보면 다음과 같다.

1) 신체허약의 개요

신체허약아는 '선천성 또는 후천성 원인에 의해 신체 제 기능의 이상을 나타내고, 질병에 대한 저항력이 저하되거나 또는 그와 같은 현상이 일어나기 쉬워, 그 때문에 학교나 유치원에 출석하는 것을 중단할 필요는 없지만 건강한 아동과 같은 교육을 실시하는 것이 건강을 저해할 우려가 있는 아동'을 말한다.

2) 신체허약의 증상

허약 상태에는 각각 그것을 나타내는 기초 질환, 즉 원인이 있다고 생각되지만 크게 의학적으로 불명확한 경우도 많다. 허약 상태의 증상을 살펴보면 다음과 같다.

(1) 쉽게 질병에 걸림

면역학적으로 특별한 경향은 나타나지 않지만, 병에 걸리면 병상의 진행이 빠르고 상태가 심각하게 되기 쉽다. 또한 치료도 어렵고 회복도 늦으며, 실제로 평상시 감기나 설사에 걸린다. 이것은 자율신경 기능이 불안정한 소아 혹은 알레르기 체질의 소아에게 많이 나타난다.

(2) 쉽게 피로함

피로하기 쉽고 지구력이 없으며 회복도 늦다. 이른바 체력이 약하다고도 할 수 있다. 이 역시 자율신경 기능의 불안정에 원인이 있는 경우가 많다. 혹은 부모의 양육방법에서의 문제와 야외놀이 또는 운동의 부족에 따른 경우도 많다. 다만 의학적 검사에 의해서 기인 질환의 유무를 확인할 필요가 있다.

(3) 신체발육이 불량함

신체허약은 신장, 체중, 가슴둘레 등이 표준치에 이르지 못한 경우다. 선천적인 인자, 후천적인 환경, 만성질환에 관련되거나 천식 등의 질병이 반복되는 것으로 인해 신체발육이 저해되는 경우다. 빈약한 식욕, 편식, 영양 섭취 방법 등과도 관련이 깊다.

내분비계의 이상도 발육에 영향을 주기 때문에 정도에 따라서는 전문적인 정밀검사가 필요하다. 그러나 단지 키가 자라지 않거나 몸무게가 적고 살이 찌지 않는다는 것만으로 신체허약이라 할 수는 없다.

(4) 안색이 나쁨

신체허약은 안색이 나쁘고 활기가 부족하며 얼굴에 생기가 없다. 그러나 이러한 경우에 항상 빈혈이 있다고는 할 수 없다. 혈액검사에 의해 다소 빈혈이 나타났더라도 섭식에 의한 것, 예를 들면 편식 등에 따른 것도 많다. 그러나 드물게는 혈액, 심장, 신장 및 간장 질환, 대사장애, 내분비 질환 등에 기인하는 것도 있기 때문에 일단 의학적 검사를 받는 것이 좋다.

(5) 알레르기 체질임

알레르기 질환의 기관지천식, 습진, 아토피성 피부염, 두드러기 등을 반복해 일으키는 경우가 많으며, 천식, 습진, 그 밖에 알레르기성의 결막염, 비염, 설사, 편두통 등도 일으키기 쉽다. 생활환경의 도시화와 대기오염, 식생활의 질적 변화와 함께, 알레르기가 되기 쉬운 것도 급격하게 증가하여 알레르기 질환도 증가하고 있다.

(6) 증상은 없으나 고통을 호소함

몸에 이렇다 할 탈이 없는데도 막연히 몸의 어느 한 부분의 고통이나 장애를 호소한다. 식욕부진, 복통, 구토, 설사, 변비, 빈뇨, 두통, 현기증, 미열 등의 여러 증상을 호소한다. 과보호, 간섭 혹은 거부, 방임 등 부모의 편협한 양육태도로 인해 정서적으로 불안정이 되어 여러 가지 신체 증상이 나타나기 쉬워진다. 위와 같은 이유로 허약 상태가 된 경우에는 아동 자신의 선천적인 면과 더불어 생후의 육아방법이나 허약 상태가 표면화된 경우도 많으므로 부적절하고 편협한 양육에 의해 만들어진 허약 상태라고 할 수 있다.

3) 신체허약아의 지도

우선 허약 상태를 일으키고 있는 원인이 무엇인가에 대하여 의학적으로 다원적 요인을 살펴보아야 한다. 신체허약 중에는 의학적 정밀검사나 심리학적 검사를 통해 생각지 못한 잠재적 원인이나 질병 자체가 발견되는 경우도 있다. 또 생육력, 가족력, 생활환경이나 요인, 증상 경과 등에 대해서도 자세하게 조사해야 한다.

원인이 규명되면 그에 대한 의학적 치료 및 생활상의 지도를 실시할 수 있지만, 일상의 증상 파악 및 증상과 그 경과의 관찰 또는 기록은 매우 중요하다. 이상이나 질병의 조기발견에 도움이 되고 증상의 변화에 대응해 항상 적절한 개별지도를 할 수 있다.

행동 특징으로는 동작이 완만해 활동성이 부족하고 소극적이어서 활기가 없다. 성격 특징으로는 의존성이 강하고 자립성이 부족하다. 호소가 많고 불안을 가지기 쉽고 끈기가 없으며 변덕스럽다. 또한 집중력도 부족하다. 인간관계에서는 집단활동에 참여하는 것을 좋아하지 않고 친구도 적으며 혼자 고립되어 있는 경우도 있다.

따라서 소아 심신의 성장·발달을 방해하는 것을 없애고 보다 좋은 영향을 주는 생활환경을 만들어 내도록 배려한다. 연령, 능력 및 증상 정도에 맞는 생활을 할 수 있도록 아동에게 어울리는 편안하고 즐겁게 생활할 수 있는 건강한 거주지를 만들고 학교에서는 녹색 공간과 놀이 장소를 만들도록 한다.

또한 바람직한 인간관계를 만들기 위해 먼저 정신적인 안정을 꾀하며 주위의 것을 신뢰하도록 한다. 그러기 위해서는 아동을 지금 그대로 받아들여 그 가치를 인정해 주는 심리 치료적인 배려가 필요하다.

허약아는 소극적이어서 가족이 과보호에 빠지기 쉽고, 자립성이 부족한 치료자 의존적인 아동이 되기 쉽다. 일찍 자고 일찍 일어나기 외에 규칙적인 일과를 만들어 반드시 실행하게 하며, 정신 · 신체 면의 생활지도를 하는 것이 중요하다. 세면, 화장실, 신변의 정리정돈, 가사, 심부름 등 손쉽게 할 수 있는 것부터 스스로 하도록 하여 자립심을 키우게 하고 자기의 신체는 자기 힘으로 건강하게 하려는 의욕을 길러 준다.

학교에서는 증상이 없을 때는 가능한 한 건강아와 같이 취급한다. 의학적 관리 아래 단계적으로 운동량을 늘려 야외 자유놀이, 레크리에이션, 체육 등에 참여시키고, 체력과 지구력을 길러 주며, 신체에 대한 자신감을 키워 열등감을 갖지 않도록 배려한다. 다만, 학교와 가정은 항상 밀접하게 연락하고, 알림장을 만들어 서로 현상과 경과에 대해 충분히 파악해 둔다. 현장학습, 운동회, 수영 등의 학교 행사에도 가능한 한 참여시키고 즐거운 학교생활을 체험시켜 자신의 신체에 대한 자신감을 갖게 한다. 동아리 활동에의 적극적 참여도 큰 의미를 갖는다.

자율신경의 조절력을 높여 생체의 방어력을 강화하기 위하여 일광욕, 대기욕, 냉수마찰 등의 피부와 점막의 단련도 필요하다. 이것을 대일 계속하는 것은 허약 극복의 강한 의지를 기르는 데 도움이 된다.

가족의 지도 또한 매우 중요하며 계획적 그리고 계통적으로 실시할 필요가 있다. 첫째, 가족 사이에 신뢰관계를 확립한다. 둘째, 양육에 관한 가족 내 의견의 불일치를 해소한다. 셋째, 과보호 또는 거부가 아닌 자신감을 갖는 적극적 태도를 취한다. 넷째, 아동의 정신 · 신체 면의 성장 · 발달 과정과 그 지도법을 이해해서 실행한다. 다섯째, 허약 상태의 심신 면에 대해서 의학적인 올바른 지식을 갖고 이해한다.

이렇게 많은 경우 허약아는 영유아기 동안의 오랜 병약 혹은 허약 때문에 평소 과보호적으로 취급되어 교육과 양육이 결함되기가 쉬웠다. 이것이 지능이나 정서의 발달, 더욱이 성격 형성에 큰 영향을 끼쳐 일상생활에서 다양한 부적응을 일으키고 건전한 심신의 성장을 저해하고 여러 가지 문제를 갖는 아동으로 형성하기 쉬웠다. 허약아라고 해도 아동이며, 날마다 심신이 성장 · 발달하여 가는 것이다. 그 아동의 상태나 증상, 성별이나 연령에 적절한 교육, 생활 지도와 훈련을 적극적으로 실시하고, 동시에 아동에게 알맞은 생활환경을 부여함으로써 심신의 허약 상태를 개선하여 가는 경우가 많다.

요컨대, 허약아는 그 원인을 규명하고 근본적인 치료를 행함과 동시에 아동의 심신에 알맞은 환경을 부여하고 의학적 관리와 함께 학교교육과 생활지도를 통해 건강을 회복시킨다. 즉, 전인적이고 종합적인 대처가 필요하다.

12. 비만증

건강장애 질환 중 비만증(obesity)에 대해 살펴보면 다음과 같다.

1) 비만의 개요

비만이란 신체의 지방조직이 현저하게 증가한 상태이며, 체지방 비율이 높은, 더 정확하게는 살찐 상태를 나타낸다. 그러나 체지방 비율의 측정은 일반적으로는 곤란하다. 비만 정도를 알기 위해서는 피하지방후(皮

下脂肪厚)가 이전부터 측정되어 왔지만, 검사의 측정 오차가 꽤 있다. 거기에 비만의 정도를 간단하게 객관적으로 판정하기 위해서 여러 가지 지수가 이용된다. 즉, 카우프(Kaup) 지수(25 이상이 비만), 로러(Rohrer) 지수(160 이상이 비만), 비만도(+20% 이상이 비만) 등이 있다.

현재 질병관리본부에서 제시하는 비만도 계산은 세계보건기구(WHO)에서 사용되는 체지방량을 중심으로 판정하는 신체질량지수(body mass index: BMI)다. 공식은 신체질량지수=체중(kg)/{신장(m)×신장(m)}이다. 체지방이 많을 경우 체중도 많이 나가는 경향이 있지만, 체지방량과 체중이 반드시 비례하는 것은 아니다. 체중은 많이 나가지만 근육량이 많을 경우 체지방량은 정상 수준이어서 실제로는 비만이 아닐 수 있으며, 반대로 근육량이 적을 경우 체중은 정상 범위라 할지라도 체지방이 많은 경우가 있는데 이를 '마른 비만'이라고 한다.

소아 · 청소년의 비만은 '소아청소년 표준 성장도표'(2007)에 근거하여 판정한다. 성장도표의 성별, 연령에 해당하는 체질량지수가 95백분위수 이상(100명 중 체질량지수가 작은 순서로 배열 시 95번째부터 100번째까지)이거나 25kg/m^2 이상인 경우는 비만으로 정의한다. 질병관리본부 홈페이지(www.cdc.go.kr)에는 직접 계산해 볼 수 있도록 마련되어 있다.

2) 소아비만 증상

일반적으로 비만아는 비비만아에 비해 특히 지능이 낮은 것도 아니고 낙천적이다. 그래서 저학년에서는 학급에서 인기인이 되거나 하지만, 고학년이 됨에 따라 타인에게서 놀림을 받거나 체육활동이 서툴거나 외관상의 문제에서 열등감을 느끼거나 학교 거부와 고립 경향 등의 정신적인 문제를 갖는 경우가 있다.

또한 피하지방뿐만 아니라 심장이나 간장 등에도 지방이 침착해 심장이나 간장에 부담을 줄 수 있다. 하지만 다행히도 성인의 비만과 같이 비만아에게 특정 질환이 많은 것은 아니다. 그러나 이미 혈액 중 지방질 등에는 이상이 있거나 당대사의 이상도 나타난다. 더욱이 소아기 비만은 성인 비만으로 이행하기 쉽고, 소아기에 발증한 성인 비만은 치료도 곤란하고 성인병의 기초를 만들어 예후도 나쁘게 된다. 이처럼 소아기 비만은 장래의 건강생활에 불리한 점이 많다.

3) 소아비만의 원인

내분비장애나 대사장애 등이 원인일 수도 있지만, 소아비만에서는 이와 같은 병적인 것은 매우 적고, 대부분이 섭취 열량이 소비 열량을 넘기 때문에 발생하는 단순성 비만이다. 비만의 원인은 매우 복잡하지만, 비만의 발현에는 요인과 환경 인자의 두 가지가 작용한다.

최근 비만아는 증가하고 있지만 그 원인의 하나는 생활환경의 현저한 변화, 특히 식생활의 서구화에 따른 식사의 양적 및 질적인 변화일 것이다. 더욱이 인구의 도시 집중화에 따른 운동 장소의 부족, 학원에의 통학 때문에 놀이시간이 부족한 것 등과 함께 과밀화, 수험전쟁 등이 운동량의 감소를 가져오고 있다. 이러한 사회적 요인뿐만 아니라 비만의 원인으로 유전적 인자의 관여도 중요하다. 즉, 부모가 모두 비만일 때는 80%, 한쪽 부모가 비만일 때에는 40%, 정상의 부모에게서는 10%의 비만아가 출현한다. 비만을 가족성으로 볼 때에는 요인뿐만 아니라 그 가족의 식습관 등도 어느 정도 영향을 미칠 가능성이 있다.

여러 가지 환경 이상이 소아에게 감정적 장애를 가져오고 과식습관을 가져오는 경우도 있지만, 비만아의 가정환경을 보면 쌍둥이, 독자나 조부모, 특히 조모가 동거해서 아동의 양육에 대해서 간섭하고 있는 가정이 많기 때문에 심리적인 요인의 관여도 나타난다.

비만아는 일반적으로 비비만아에 비하여 운동량이 적으며 운동을 싫어하고 운동능력도 저하되어 있다. 이것이 비만의 원인인지 또는 결과인지는 확실하지 않지만, 결과적으로 운동을 할 수 없고 운동을 하지 않기 때문에 비만이 되는 악순환이 지속된다. 더욱이 비만의 발생 시기가 대개 겨울이고, 만성질병과 안정 및 운동의 제한이 더해지는 것 등은 비만의 원인으로 과식과 함께 운동량의 부족도 중요하다는 것을 의미한다.

4) 소아비만의 지도

비만아의 지도에서는 개개의 증상에 대해 비만의 요인을 분석하고 그 원인을 최대한 없애도록 노력한다. 먼저 보호자와 상담한 다음 고학년의 경우에는 당사자를 포함하여 비만의 불리한 점에 대해 설명하고, 비만의 원인 또는 요인이 되는 인자에 대해 이해하도록 한 후에 협력을 얻어 낸다.

비만아의 치료에는 식사요법이 기본이다. 그런데 성장 · 발육기의 소아의 경우 현 상태의 체중에서도 신장이 자라면 비만도는 감소되기 대문에 열량 제한을 엄격하게 하고 빨리 살을 빼도록 하는 것은 바람직하지 않다. 대신 장기간에 걸쳐 서서히 제한이 이루어지도록 한다. 더불어 가정에서 식단표를 만들고 비만아의 식사 경향, 좋아하는 식품과 싫어하는 식품, 간식의 유무 및 그 종류를 파악하고 개별적인 식품 구성상의 문제점과 간식의 선택 등을 영양교사와의 협력 아래 지도한다. 운동량은 운동의 강도와 그 실시 시간에 비례해 나타나고, 활동 시간에서 이루어지는 가벼운 운동과 그때의 활동 속도는 에너지 소비에 영향을 미친다.

학교에서의 운동은 고도 비만아를 제외하고는 비비만아와 동일하게 실시하고 동아리 활동에도 적극적으로 참여시킨다. 가정에서는 아동에게 물건을 가져오게 하는 등으로 움직이게 하며 가능한 한 민첩하게 움직이는 습관을 들이도록 한다. 또한 매일 거르지 않고 할 수 있는 가벼운 운동, 예를 들면 하루에 시간을 정해 줄넘기나 일정한 거리를 산책하는 것 등을 일시적이 아니라 지속적으로 하게 한다. 이와 같이 함으로써 규칙적이고 활동적인 시간을 보내도록 하여 지금까지의 나쁜 습관을 조금이라도 변화시켜 나가도록 한다.

비만의 치료는 장기간에 걸치므로 비만이 의학상 불이익하다는 것을 부모 및 비만아에게 이해시켜야 한다. 이를 할 수 없으면 치료를 진행하는 데 있어 장애가 많다. 식이치료 시작 시에는 공복감을 호소하지만 대부분은 1개월 이내에 익숙하게 된다. 그러나 저학년 아동 중에는 왜 자기만 음식을 제한하는가라고 항의하거나 숨어서 남몰래 먹는 경우도 있다. 따라서 식이치료 중에는 비만아의 정신 · 심리적인 면에서의 반응에 주의해야 한다. 심리적 요인이 강한 경우에는 식사 제한이나 운동량의 증가만으로는 충분한 치료 효과를 얻지 못하고, 심리치료가 필요한 경우도 있다. 운동량의 증가에 있어서는 혼자서 할 경우 의욕을 가지기 어려우므로 집단으로 하는 것이 효과적이다. 따라서 가족이나 친구와 함께 하도록 배려한다.

여름방학과 겨울방학 등 장기 휴가 중에도 세심한 주의가 필요하다. 학교가 쉬기 때문에 학교에서의 운동이 어렵고 식사 시간과 양도 불규칙적이 되기 쉬워 관리가 어려워지고 휴가 후에 체중이 증가하는 경우가 많다. 비만아는 간접법으로 혈압을 측정하면 높게 나오고 간에도 지방이 침착하기 때문에 검사상 간기능이 나쁜 경우가 있어 고혈압 또는 간장애로 판정되는 경우가 있는데, 이때 운동 제한을 받아 비만이 더욱 심화될 수 있으니 검사 판정에 신중을 기해야 한다.

마지막으로 신체질량지수가 25kg/m^2 이상이 되면 식사 조절과 운동량의 증가를 도모하도록 지시하고, 비만아를 일률적으로 취급하지 않고 개개인에 따라 매우 세심한 계획을 세워 지도하는 것이 바람직하다.

제5장

건강장애학생의 지원과 사례

1. 건강장애아동 교육의 내용과 방법

2. 건강장애아동의 토탈 케어와 교육지원

3. 건강장애아동의 교육지원 시스템

4. 건강장애아동의 사례

1. 건강장애아동 교육의 내용과 방법

건강장애는 만성질환으로 인하여 3개월 이상의 장기입원 또는 통원치료 등 계속적인 의료적 지원이 필요하여 학교생활 및 학업수행에 어려움이 있는 사람(장애인 등에 대한 특수교육법 시행령, 2008)으로 특수교육 대상에 포함된다. 특수교육통계자료(교육과학기술부, 2011)에 따르면 건강장애 특수교육 대상학생 수는 전체 2229명이며, 배치별로는 특수학교 35명, 특수학급 472명, 일반학급 1722명으로 98.4%인 2194명이 일반학교에 재학중인 것으로 조사되었다.

건강장애학생의 교육적 요구 및 지원에 대한 요구로 실시된 2005년의 정책연구 결과에서 건강장애학생의 58%는 일상적으로 학교를 결석하고, 약 10%는 수업의 1/4 이상을 빠지는 것으로 보고되었다. 이러한 점은 천식과 같은 만성질병으로 인한 단기간의 잦은 결석뿐만 아니라 당뇨나 신장 투석으로 인한 장기간의 결석 등으로 건강장애학생이 학업수행에 많은 영향을 받고 있음을 보여 준다. 이와 더불어 정신건강상의 문제도 발생할 수 있다. 예를 들면, 당뇨나 소아암 같은 만성질병을 가진 학생의 경우에는 질병뿐만 아니라 약물치료 과정에서 생기는 부차적인 결과로 인해 학습에 어려움을 겪게 될 수 있다. 그리고 건강장애는 여러 가지 이유로 체육시간, 야외활동, 학교 행사 등 다양한 학교활동의 참여에 어려움을 준다. 따라서 건강장애학생이 일반학교에서의 적절한 학습 프로그램이나 학교활동에 최대한 참여할 수 있도록 활동의 수정과 지원이 필요하다. 또한 건강장애학생의 질병 치료를 위한 장기입원이나 통원치료 등은 또래와의 사회적 상호작용의 어려움을 경험하게 한다. 그러므로 교사는 이러한 점을 감안하여 건강장애학생의 학교와 친구 관계에서 겪는 고립감을 최소화하는 노력을 해야 할 것이다.

우리나라에서는 건강장애학생의 잦은 결석과 장기결석으로 인한 학업

수행과 교육적 지원을 위해 병원학교가 설치되었다. 특수교육통계자료(교육과학기술부, 2011)에 따르면 2011년 기준 32개의 병원학교가 운영되고 있고, 월평균 1190명의 학생이 이용하고 있으며, 그중 건강장애학생 수는 912명이다. 또한 그들의 학습지원을 위해 화상강의 시스템이 서울의 꿀맛무지개학교, 부산의 꿈사랑사이버학교, 인천의 길병원학교사이버학급, 충남의 꿈빛나래학교의 네 곳에서 운영되고 있다. 참여학생 수는 총 1698명이고, 그중 건강장애학생 수는 1501명이다. 그렇지만 건강장애학생을 위한 특별 교육과정이 운영되는 학교나 시설과 더불어 일반학교에서 교육받고 있는 많은 건강장애학생에 대한 교육적 지원도 매우 중요하다.

1) 질환 요양생활의 질

건강장애아동은 심신에 건강상의 문제를 가지고 학습, 신체활동, 경험 등의 여러 가지 제한 속에서 질병에 대한 불안을 가지면서도 자기의 인생과 대면하면서 자기실현(自己實現)을 이루고자 한다. 하지만 건강장애아동은 성장 및 발달을 위하여 필요한 시간과 공간, 친구들과의 관계 형성에 있어 제약을 받고 있다. 이와 같은 상황에서 질병의 치유 단계에 있는 아동에 대한 교육은 매우 큰 의의를 지닌다. 또한 질병의 치유는 휴학을 하거나 요양에 전념하려는 생각이 일반적으로 강하게 나타나는 치료 우선의 생각을 지니게 된다. 그러나 현재는 질병 종류의 변화, 의료의 진보와 치료법의 변화 등에 따라 치료와 함께 요양생활의 질(quality of life: QOL) 향상이 요구되고 있다. 건강장애아동을 위한 더 나은 QOL을 위하여 교육이 기여하는 바가 크다고 할 수 있다.

2) 자립생활

건강장애학생은 심신의 건강상의 문제가 일정 기간 지속되는 경우 보다 충실한 생활이 유지되어 자기실현이 이루어질 수 있도록 교육하는 것이 필요하다. 건강장애학생은 건강상의 문제를 가지고 있기 때문에, 의료를 기반으로 건강의 유지와 심리적 안정을 위하여 교육과 생활지도를 의료와 연계하면서 진행시켜 나간다.

건강장애학생의 자립활동의 목표는 학생 개개인이 자립을 목표로 하여 장애에 따른 여러 가지 곤란을 주체적으로 개선 · 극복하는 데 필요한 지식, 기능, 태도 및 습관을 길러 심신의 조화적 발달의 기반을 마련하도록 하는 것이다. 그리고 건강장애학생 교육에 있어서 자립활동의 내용은 건강의 유지와 심리적인 안정이 그 중심 과제가 된다. 건강의 유지에서는 생활습관을 확립하고, 질병을 이해하고, 생활에서 자기관리의 힘을 키우며, 건강 상태의 유지와 개선에 관한 지식 · 기능 · 태도를 습득하는 것이다. 심리적 안정에서는 정서의 안정을 도모하고, 대인관계 유지의 방안을 배우며, 경험을 넓히고 사회성을 배양하여 상황의 변화에 대응할 수 있도록 장애에 따른 여러 가지 곤란을 개선 · 극복하는 의욕을 향상하는 것이다. 장애 상태에 따라 필요시 의사와 학교 상담 등의 전문가의 지도 · 조언을 구하며, 적절한 지도를 따르도록 한다.

3) 학습지도

건강장애아동은 그 특성에 따라 교과지도가 필요하다. 학습지도를 개시하는 데 있어 먼저 장애의 특성에 따른 건강장애학생의 학습 공백, 학습 지체, 신체활동 제한, 경험 부족, 왜곡 등의 실태를 파악한다. 신체활동에 제한이 있는 경우에는 의사에게 확인하여 개개의 학습활동에 대하여 참여가 가능한가 그렇지 않은가를 결정하도록 한다. 병상의 악화와 검사 및 치료 등을 위해 수업시간이 제약되기 때문에 지도내용으로는 기초적 · 기본적인 내용을 정선하고 지도내용의 배열에 있어서는 내용의 계통성, 타 교과 등과의 관련성을 도모한다.

지도계획의 작성에 있어서는 병상의 추이를 예측하면서 시간 수의 증감에 대응할 수 있는 탄력성을 갖도록 한다. 신체활동의 제한이 있는 경우에는 교재 · 교구의 연구 및 컴퓨터 등 정보기기의 유효한 활용을 도모하는 등 지도의 효과를 높이도록 지도계획을 세운다. 지도에 있어서는 병상을 잘 이해하고 학습활동에 대한 부담이 과중되지 않도록 유의한다.

4) 의료적 케어

일상적으로 의료적 케어(care)가 필요한 건강장애학생이 증가 추세에 있으며, 학교교육에서 의료적 케어의 방법과 교육의 보장이 과제가 되고 있다.

5) 건강장애아동 교육의 과제

건강장애아동 교육전문기관의 정비로서, 첫째, 건강장애아동 교육의 보장, 둘째, 병원 내 교육의 확충, 셋째, 학기 중에 변동되는 재적자에게 유연하게 대응할 수 있는 지도체제 등이 과제가 되고 있다. 건강장애 전문기관에의 전출입 절차의 간소화 등, 학적을 옮기지 않아도 필요한 교육을 받을 수 있는 제도의 개선이 이루어져야 한다. 아울러 학교와 의료기관의 연락 및 연계와 함께 입원, 전출 때부터 담임 간의 연계 및 해당 학생과 보호자의 연락 등에 관한 체제 정비가 필요하다. 건강장애아동의 치료 중 교육의 의의, 병원 내 교육, 방문교육에 관한 정보가 학교 관계자 전체에게 충분하게 인식되는 문제도 중요하며, 원활한 교육상담을 진행하기 위하여서도 병원교육에 관한 이해와 계몽이 중요하다.

일반 초 · 중 · 고등학교 교육에서는 학생의 건강 문제와 질병에 관한 아동의 올바른 이해 등에 관한 연수가 필요하며, 다양한 교육 곤란 및 요구가 생기고 있는 학교 현장에서는 건강장애아동에 대한 깊은 이해를 갖고자 하는 교육 관련자의 인식이 높아져야 한다. 또한 건강장애아동은 특별한 요구를 가지고 있다는 사실을 공통으로 이해하고, 학교에서도 건강 · 보건을 담당하는 보건교사와 긴밀한 관계를 유지하여 담임 및 모든 교사가 전교적(全校的)인 지원체제의 구축과 지역에서 교육 · 의료 · 복지 네트워크의 구축을 해야 한다. 또한 의료 · 보건 면뿐만 아니라 질병을 지닌 아동의 자기실현 토대인 아동 가족의 희망과 요망을 존중하며, 배움과 안심 및 신뢰에 싸인 학급과 학교를 만들어 나가는 것이 교사의 기본적인 전문성으로 요청되고 있다.

2. 건강장애아동의 토탈 케어와 교육지원

건강장애아동의 토탈 케어(total care)는 다음의 네 가지 특징을 갖는 전문적인 부분이다.

첫째, 케어의 대상은 건강장애아동과 그 가족이다. 케어의 대상이 건강장애아동 본인임은 당연하지만, 이러한 아동의 지원에 있어서 가족은 아동을 뒷받침하는 자원으로서 중요하다. 가족의 지원은 아동에게 무엇보다도 필요하며, 이와 같은 가족은 또한 지원을 받아야 하는 존재이기도 하다. 아동이 장기간에 걸쳐 치료를 받아야 하는 데 따른 경제적인 부담, 아동을 돌보면서 장기간 쌓인 신체적 · 정신적 부담 등이 가족에게 크게 영향을 미치고 있다.

이와 같은 상황에서 건강장애아동을 위하여 교육적 지원을 담당하는 교사는 가족의 부담을 훨씬 가볍게 하여 주는 역할도 하게 된다. 더욱이 가족 가운데 형제자매도 가족의 일원인 건강장애아동으로 인하여 불안과 고독 속에서 일상생활을 보낼 수 있다는 점을 유의해야 한다. 오늘날 건강장애아동에 대한 토탈 케어에서는 가족과 형제자매의 상황에 대하여서도 많은 관심을 기울이고 있다.

둘째, 질병에 대한 이해 및 치유만이 아니라 건강장애아동 및 가족의 QOL 향상을 위한 케어 촉진, 교육과 의료에 있어 QOL을 고려할 때의 '좋은 상태', '충실한 삶'을 구별하고 있다. 즉, 좋은 상태로서의 QOL은 건강장애아동의 신체환경(신체의 활동 가능성, 신체의 쾌 · 불쾌, 우울 경향 등), 의식환경(불안, 초조, 자기가 놓인 상황의 파악 등), 의료환경(병원의 설비, 기다리는 시간, 의료자와의 관계 등)에서 자유스러운 면과 선택의 원활함 등이 지표가 된다.

셋째, 건강장애아동의 치유와 생활에 있어 주체적으로 활동하는 것을 목표로 하는 케어 촉진, QOL을 부여하는 환경을 기반으로 하는 생활에 대한 만족도, 즉 충실한 생활을 하는 방법은 [그림 5-1]과 같이 나타낼 수 있다.

이 경우에 건강장애아동이 어떻게 환경을 이용하는가는 아동의 선택과

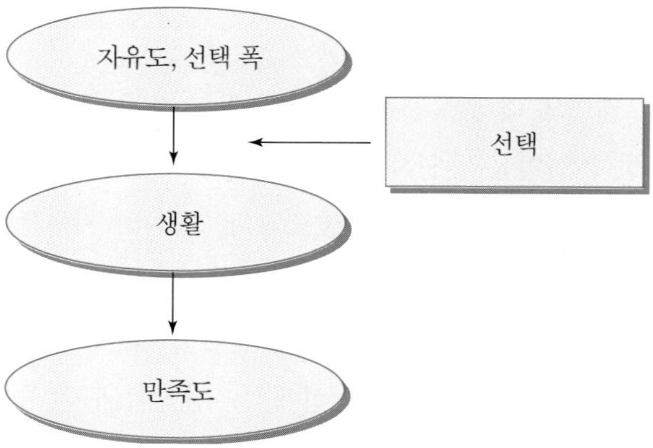

[그림 5-1] QOL의 전체 구조와 선택의 위치

정에 주목하여 살펴보면 된다. 충분히 납득하여 선택하였는가 그렇지 못하였는가, 또는 그렇게밖에 할 수 없었는가 등 본인 선택의 동기가 중요하다. 의료에서는 건강장애아동이 주체적으로 활동하기 위하여 선택하는 자체가 스트레스를 가져오는 경우가 있다. 따라서 건강장애아동이 활동을 선택하는 것에 대한 지원도 토탈 케어의 중요한 과제가 된다. 교육지원은 의료에 관한 선택에 대하여 중립적이지만 보호자와 아동 자신의 불안을 받아들이는 등의 역할을 감당할 수 있다. 또한 자기 케어(self-care)의 능력을 키우기 위하여 자신의 일은 스스로 결정하고 실행하는 판단력과 실행력의 형성을 촉진하는 과제에 대하여서는 보다 적극적인 지원이 필요하다.

넷째, 토탈 케어는 건강장애아동을 다면적으로 관련지어 가는 것으로서 다양한 전문직의 협력이 필요하다. 서로 다른 입장에 있는 전문가가 상호 존중하여 가면서 상황에 따라 중시하여야 할 사항을 조정하고, 조화로운 지원을 진행하도록 하는 것이 팀 의료지원이 된다. 학교와 의료기관은 원칙적으로 독립된 기관이지만, 법적인 규정이 없는 한 당사자의 수락 없이는 상호 정보 교환이 이루어지기 어렵다. 그 때문에 아동의 보호자와의 신뢰관계 형성이 중요시되며, 학교와 의료기관의 협력을 추진하려는 노력이 필요하다.

3. 건강장애아동의 교육지원 시스템

1) 교육지원의 실시 주체

건강장애아동의 입원 중에는 병원학급이 주체가 된 교육지원이 전개된다. 현재의 제도상 병원학급을 이용하려면 원적학교에서 전교해야 한다. 건강장애아동의 입원 중 교육지원을 실시하는 주체는 병원학급과 원적학급 양측 모두라고 생각할 수 있다. 원적학급에 학적을 둔 건강장애아동의 교육지원의 실시 주체는 일반적으로는 원적학급에서 가지고 있으며, 병원학급에서는 그 전문성을 살려 원적학급에 특별한 조언을 행하여 교육지원이 향상되도록 한다. 이와 같이 건강장애아동의 교육지원 향상을 위해서는 병원학급이 큰 역할을 해야 하나 현재 병원학급이 교육적 기능의 준비를 충분히 갖추고 있지는 못하다. 또한 병원학급이 없는 병원에 입원하는 건강장애아동의 경우 자택요양이 길어지게 되면 충분하게 교육적 지원이 이루어지지 못할 수 있다.

2) 지역 교육지원 체제

건강장애아동은 지역교육청 단위의 체계적인 교육체제에서의 지원이 필요하다. 건강장애아동을 위한 지역 교육지원 체제를 정리하면 다음과 같다.

(1) 1차 교육지원

건강장애아동에 대하여 제공된 원적학교와 병원학교의 교육지원계획으로서 크게 두 가지로 구분할 수 있다.

- 입원이 필요한 건강장애아동에 대한 원적학교와 병원학교의 행동에 따른 교육지원
- 입원이 필요하지 않은 건강장애아동에 대한 교육지원

원적학교의 일반학급에 있어 교육지원을 기본으로 하며 원적학교의 통합학급, 병원학급에의 방문교육, 병원학급에의 통학 등 아동의 상황에 따른 여러 가지 서비스를 제공한다.

(2) 2차 교육지원

병원학급이 원적학급에 대한 교육적 상담과 당사자 및 가족에 대한 교육상담도 실시한다. 또한 간접적인 지원으로서 병원학교, 원적학급, 의료기관, 보건기관, 복지기관, 행정, 부모회 자원봉사자 등을 네트워크화하여, 교재 · 교구를 공유하고 노하우와 인재를 제공한다.

(3) 3차 교육지원

지방교육청 단계에서의 1차 교육지원, 2차 교육지원을 바탕으로 하여 교육센터 및 대학 등의 연구기관과 대응하여 전문성의 유지 및 향상을 도모한다. 건강장애아동와 관련된 제 기관 및 단체 등과의 네트워크를 활용하여 교육에 관한 실정을 파악하고 조정하며, 또한 정책화하여 교육지침서를 개발 · 작성하고 건강장애아동 교육에 대한 이해와 계몽 활동을 행하도록 한다.

3) 개별화 교육지원계획의 수립

건강장애학생의 교육지원계획은 건강장애학생 본인과 보호자 및 의료관련자, 그리고 학교 관련자와의 협의를 통해 수립 · 실시된다. 다음은 입원이 필요한 소아암아동의 교육계획 수립의 유의점을 정리하여 제시한 것이다.

(1) 교육지원 인력 네트워크 형성

교육지원의 실시에 있어서 건강장애아동 본인과 가족을 돕는 인간관계 네트워크(human network)의 형성을 촉진하고, 지원이 원만히 이루어지도록 조정을 도모한다. 특히 학교에서는 본인과 가족을 둘러싸고 있는 여러 가지 인간관계가 형성되고 있어, 건강장애학생 본인에게 고통이 되는 관계가 발생할 수 있다.

교사는 건강장애아동 및 가족과 주위의 관련을 주시하면서 필요하다면 상담에 성실하게 응하고 관계 조정을 도모하는 것이 바람직하다. 특히 건강장애아동이 입원 중에는 보호자가 학교에 여러 가지 상담을 할 수 있는 시간적, 심리적 여유를 갖지 못하여 적절한 도움을 포기하여 버리는 경우가 있다. 또한 교사가 판단하여 좋을 것이라고 하는 행동이 오히려 건강장애아동에게는 역효과를 가져오는 경우도 있다. 그리고 일반적으로 학급과의 관련이 중요하여 병원에 학급통신 등을 통하여 연락을 취하는 것은 바람직하다고 할 수 있으나, 보호자가 아동의 치료에 전념하고자 하는 경우도 있으므로 참고하여야 한다. 또한 건강장애아동 본인과 보호자의 요구가 다양할 뿐만 아니라, 질병의 진행 상태에 따라 아동의 상황이 변화되어야 하는 경우가 빈번하므로, 학교의 교사와 건강장애학생과 보호자 간의 상호 이해를 위한 관계 형성이 적절히 이루어져야 한다. 더욱이 원적학급의 학급 동료의 도움과 이해 속에 교우관계가 이루어지도록 하는 노력이 필요하다.

(2) 입 · 퇴원에 따른 학습과 지원의 계획과 실행

건강장애아동의 입 · 퇴원에 따른 학습과 지원 계획을 세우는 데 필요한 정보 공유나 협의 내용을 정리하면 〈표 5-1〉, 〈표 5-2〉와 같다.

표 5-1 일어나기 쉬운 부작용 · 신체장애

(◎ 반드시 있음, ○ 많은 경우 있음, △ 드물게 있음, — 통상은 없음)

	입원치료 중	입원치료 종료 시기	외래치료 중	치료 종료 후
구토	○	—	○	—
출혈되기 쉽다	○	—	—	—
감염되기 쉽다	○	△	△	—
권태감	◎	△	△	—
체력 저하	○	○	—	— (○ 이식 경우)

탈모	○	○	△	–
합병증	○	○	△	△ (만성장애로서)

출처: 谷川弘治 他編(2002).

표 5-2 교육지원계획 입안을 위한 정보 공유 및 협의사항

입원 중의 교육지원	퇴원 시의 교육지원	말기의 교육지원
• 본인과 가족의 요청 확인 • 치료 예정과 병원의 요청 • 본인의 병에 대한 이해 • 타 원교의 상황과 배려 - 교우관계의 상황/학급 · 친구의 배려 - 학습 상황/학습에 대한 배려 - 진학 · 진급 관련 - 행사 예정 - 형제자매의 상황/형제자매의 배려 - 교직원(관리직, 요양교원 포함)의 공통 이해 • 병원 내 학급의 상황과 배려 - 교우관계의 상황/교실 · 친구의 배려 - 학습 상황/학습에 대한 배려 - 진학 · 진급 관련 - 행사 예정 • 각 기관 담당자와의 연락방법 • 학급통신 등의 주고받는 방법 • 기타	• 본인과 가족의 요청 확인 • 학교 복귀에 대한 병원의 요청 • 본인의 병에 대한 이해 • 병원 내 학급의 상황과 배려 - 교우관계 상황 - 학습 상황 - 체력 상황(생활체력 점검) - 퇴원 후의 추후 점검 계획 • 타 원교의 배려 - 학교 복귀 시기의 설정(자택 요양 기간, 준비 기간의 설정) - 몸 상태, 체력 면의 배려 - 교우관계의 상황/학급 · 친구의 배려 - 학습 상황/학습에 대한 배려 - 행사 예정 - 형제자매의 상황/형제자매의 배려 - 교직원(관리직, 요양교원 포함)의 공통 이해 • 각 기관 담당자와의 연락방법 • 기타	• 본인과 가족의 요청 확인 • 병원의 요청 • 본인의 증상 이해 • 타 원교가 가능한 배려 - 교우관계의 상황/학급 · 친구의 배려 - 학습 상황/학습에 대한 배려 - 행사 예정 - 형제자매의 상황/형제자매의 배려 - 교직원(관리직, 요양교원 포함)의 공통 이해 • 병원 내 학급이 가능한 배려 - 교우관계의 상황/학급 · 친구의 배려 - 학습 상황/학습에 대한 배려 - 행사 예정 • 각 기관 담당자와의 연락방법 • 학급통신 등 주고받는 방법 • 기타

출처: 谷川弘治 他編(2004).

4. 건강장애아동의 사례

1) 선천성 심장판막증 학생 사례

(1) 사례의 개요

J학생은 수원시 ○○초등학교 일반학급에 다니는 12세의 남학생으로 선천성 심장판막증을 가지고 있다. J학생은 부모님과 건강한 두 동생이 있다. 선천성 심장병으로 인해 태어나자마자 바로 인큐베이터에 들어가 치료를 받았으며, 생후 6개월에 첫 심장수술(판막 성형)을 받았다. 그 이후 2세, 5세, 9세(초등학교 2학년)까지 4차 판막 성형수술을 받았으나 완치가 어려워 11세(4학년)에 5차 수술로 인공판막 이식을 하였다. 수술 후 퇴원하여 2주 정도 정상적인 생활을 하였으나 갑작스러운 뇌출혈로 혼수상태에 빠졌다. 인공판막 이식 후 끊임없이 복용해야 했던 항응고제 때문에 뇌출혈이 멈추지 않아 상태가 심각해졌다고 한다. 현재 서울 ○○병원 중환자실에서 투병 중에 있다.

선천성 심장병으로 인한 여러 차례의 수술과 입원 등으로 가정 형편이 많이 어려워졌으며 아버지가 모든 생계를 전적으로 책임지고 있다. 어려운 가정 형편을 생각하여 J학생이 다니는 학교에서 모금운동을 벌여 얼마간의 경제적 도움을 주기도 하였다.

(2) 지도

J학생이 다니는 학급은 일반학급으로 일반학생과의 관계를 고려하여야 했다. J학생이 최근 뇌출혈로 인해 투병하기 전까지 학습적인 부분은 중간 정도에 속해서 특별한 보충학습을 실시하지 않았다. 그러나 체육활동에는 특별한 배려가 필요하였다. 그래서 본격적인 신체활동에 앞서 실시하는 '운동장 한 바퀴 돌기'의 경우 J학생에게는 운동장 반 바퀴 걷기로,

'1인 1운동 줄넘기' 의 경우는 줄넘기 횟수와 시간을 J학생의 체력에 맞추어 조절하였다. 게임 활동 및 다른 신체활동에서는 필요할 때마다 휴식을 취하게 하는 등 J학생의 체력을 고려해 운동량을 조절하였다. J학생을 도와주는 도우미 친구를 두어 신체적 혹은 체력적으로 힘든 부분을 지원하게 하였다. 도우미 친구는 매달 지원자를 뽑아서 운영하였으며, J학생이 수술 전 병원 진료를 위해 결석하는 동안 교과학습 진도에 맞춘 필기 공책 빌려 주기, 숙제장 정리, 학습지 정리 등의 활동을 지원하도록 하였다.

J학생은 심장장애를 가지고 있음에도 컵스카우트에 가입하여 활동하였다. 담임교사인 내가 컵스카우트 지도자를 겸임하고 있었기 때문에 활동마다 함께 동행하여 부족하거나 벅찬 활동을 지원할 수 있었다. 심장장애를 가진 학생이라도 그 학생의 병의 상태와 체력을 고려한 교육활동을 마련하고 건강한 또래와 함께 생활할 수 있도록 배려한다면 일반학급에서 충분히 적응하고 학습할 수 있다고 생각한다.

2) 관상동맥관계 질환 학생 사례

(1) 사례의 개요

4월에 교정에서 놀고 있던 A학생을 용무가 있어 불렀다. 그녀는 숨을 헐떡거리면서 달려왔다. 그때 "선생님, 가슴이 아파요."라고 호소하였다. 나는 별로 신경 쓰이지는 않았으나 일단 "어디, 어디가?"라고 말하며, A학생이 아파하는 곳과 어떻게 아픈지를 들었다. 이야기를 듣는 도중에 통증이 가라앉은 것 같아 '급식 후여서 그런가 보다'고 가볍게 생각했다. 그래서 A학생에게 용건을 듣고 용무를 마쳤다. A학생도 통증을 잊은 것 같았으며 다시 나갔다.

5월에 같은 일이 또 일어났다. 이번에는 이전과는 달리 교과지도인 체육시간에 일어났다. 이번에는 어쩐지 불안한 마음이 들었다. 그래서 A학생에게 '언제', '어디가', '어떻게 아픈지', '언제부터 아팠는지'를 물었다. 그랬더니 달리거나 빠른 걸음으로 오래 걸을 때 아프고, 아픈 곳은 언제나 같으며, 아프기 시작한 것은 작년부터라고 한다. A학생의 이야기를 듣는 중 걱정이 되어 선생님이 호출하거나 친구들과 놀 때도 뛰지 않도록 주의를 주고, 앞으로도 아프면 선생님에게 연락하도록 이야기했다.

이 일에 대해 우선적으로 보건교사에게 연락하고 상담했다. 상담 결과 다음과 같은 사항을 바로 실시하기로 했다.

- 며칠 후 건강검진이 있으므로 학교 담당의사에게 연락한다.
- 작년까지의 건강진단 기록을 조사한다.
- 가정에 연락하고 건강 관찰을 한다.

이 세 가지 사항에 대해서는 보건교사가 하기로 하였으며, 나는 계속해서 상태를 관찰하기로 했다. 방과 후에 건강 기록을 조사해 봤으나 '이상 없음' 으로 되어 있어, 기록상으로는 건강한 아동이었으며, 나의 걱정도 쓸데없는 것이었다는 생각이 들었다.

건강검진 날 진찰을 마치고 'A학생의 심장에서 잡음이 들린다' 는 보건교사의 보고를 받았으며, 다시 학교 담당의사에게 재검진을 받는다는 이야기를 들었다. 재검진 결과 동맥관이 생후에도 폐쇄되지 않고 열린 상태로 있는 선천성 심장질환인 '동맥관 개존증(動脈管 開存症)' 이 의심된다고 하였다. 전문병원에서 정밀검사를 받을 필요가 있다는 보고를 다시 받았다. 그러나 학교 담당의사가 소개해 준 병원도 병원 사정 때문에 바로 입원하지 못하고 9월 초에 입원하여 검사를 받았다. 검사 결과 '동맥관 개존증' 이라는 진단을 받아 병원에서 수술을 받기로 하였다.

A학생은 10월에 무사히 수술을 받았으며, 11월에 건강한 모습으로 학교에 나왔다. 지금은 이전보다 안색도 좋아졌으며, 급우들을 돌보거나 급식, 청소의 도우미도 자발적으로 할 수 있을 정도로 체력이 회복되었다.

(2) 지도

최근에는 의학의 현격한 진보로 심장질환의 발견, 치료, 예방 등이 발전하여 생명을 유지하거나 연장할 수 있게 되었다. 그러나 질환을 가진 학생에게는 학교생활에서의 건강생활 문제, 다시 말해 운동 제한의 문제가 있다.

학교 행사의 참여 혹은 불참, 교과내용에 따른 참여 혹은 불참, 병의 상태에 따른 학습 공백 등 교육상의 여러 문제점이 겹치게 된다. 이로 인해 정서적, 심리적 불안이 겹쳐 원만한 인격 형성에도 큰 영향을 주게 된다.

A학생의 경우 다소 지적 수준이 떨어지는 경계 선상에 있는 학생으로, 신경질적인 면도 있어서 학교 담당의사에게 '심장질환' 진단을 받고 정밀검사와 수술이 예상되었을 때 그것을 받아들이도록 하는 데 어려움이 있었다. 진단을 받은 후의 학교생활, 가정생활, 운동 제한의 문제도 있었다. 진단을 받았을 무렵에는 수영지도의 계획을 생각하고 있었다. A학생이 수영을 특히 잘하는 것은 아니었지만 어떻게 참여시킬 것인가를 생각했다. 학교계획으로는 6월 하순부터 여름방학까지, 2학기 때는 9월의 2주가 체육시간에 수영으로 예정되어 있었다. 이 경우 매일 참관시켜야 하는지 고민하지 않을 수 없었다.

또한 검사와 수술에 대한 체력과 정신적 문제도 있었다. 심장 검사와 수술을 위해 필요한 체력, 수술에 대한 과도한 공포와 불안, 병명에서 오는 과보호적 취급에 따른 심적 영향 등을 생각했을 때의 문제도 있었다.

더구나 A학생은 가정 사정으로 인해 시내의 아동 시설에서 통학하고 있으며, 어머니는 현재 병 때문에 입원 중인 어려운 가정환경에서 자라고 있는 학생이다. 이 때문에 수술을 받을 경우 적절한 고려와 처치가 필요했다. 또한 담임으로서 병에 대한 지식의 습득을 위해 의사와 심장장애학생의 담임을 맡고 있는 친구를 방문하는 등 지도방법을 생각했다.

우선 지도에 있어서 생각한 것은 건강관리였다. 이것은 전 직원의 공통의 이해와 협력이 필요하나 특히 보건교사의 협력이 절대적으로 필요했다. 그래서 보건지도와 건강관리는 보건교사를 중심으로 진행하기로 하고, 학교 담당의사와 가정으로의 연락, 아침의 건강 관찰 등은 함께 하기로 했다.

다음으로 운동 제한의 문제에 있어서 생활규제에 대한 이해가 없어 검사, 수술을 받을 수 없을 정도의 체력 감퇴, 무기력화를 막기 위해 학교 담당의사의 의견을 참고하여 수영지도, 체육, 학교 행사의 지도를 실시할 수 있다. 얼마간 시간이 흐른 후에는 운동 제한이 강제로 이루어지거나 역으로 과도해질 우려도 있으므로 정신적인 면의 영향도 충분히 고려하여 지도했다.

"나, 내일 입원해! 선생님 말씀 들을 거야!" 라고 말하는 목소리에 급우들은 고개를 끄덕여 주었다. 이런 모습을 보면서 나도 모르게 뜨거운 것이 끓어오르는 느낌이 들었다. 이것으로 A학생은 안심하고 검사를 받을 수 있다고 생각했다.

3) 심장장애학생 사례

(1) 사례의 개요

Y학생이 선천성 심장병이라는 진단을 받은 것은 초등학교 3학년 때였다. 놀던 중 갑자기 청색증을 일으켜 구급차로 병원으로 호송되었으며, 이를 계기로 정밀검사를 받은 결과 선천성 심장병으로 진단된 것이다.

그 후 Y학생은 중학교 1학년에 재학 중인 지금도 어머니가 운전하는 자전거를 타고 통학하고 있다.

"지금까지 몇 번 구급차 신세를 졌는지 모릅니다." 라고 말하시면서 손가락으로 횟수를 세는 어머니는 곧 울음을 터뜨렸다. 올해도 7월과 8월에 구급차로 병원으로 호송되는 사태가 일어났다. 그리고 두 차례나 입원을 경험하고 있다. Y학생의 동작은 자연스럽게 자기 자신을 보호하기 위해 느려져서, 일반학생을 토끼로 봤을 때 거북이와 같은 존재였다. 어머니는 전문의에게 지시받은 주의사항을 자녀에게 주지시켰으며, Y학생은 이를 충실하게 실행하고 있다. 또한 교과에 따라 교실을 이동하는 경우 계단을 오르내릴 때는 특정 친구가 업어 주었다. 그렇지 않으면 심장 발작을 일으킨다고 한다. 감정이 격해지면 발작을 일으키며 입원으로 이어진다는 것이다. 매월 정기검진을 받아 상태에 맞게 투약된 약은 정확하게 복용하고 있으나, '선천성 심장병'을 지나치게 의식해서 가정과 학교에서 여유 없는 상태를 유발하여 입원과 퇴원을 반복하고 있다.

최근 2학기 중간시험 첫날, Y학생은 평소 때처럼 등교하여 신발을 바꿔 신으려고 할 때 갑자기 기분이 나빠졌다. 심하게 심장이 두근거렸기 때문에 그 자리에서 안정을 취하게 한 후, 담임교사는 가정에 급하게 전화 통보를 하였다. 학교 근처에 자택이 있는 어머니는 숨을 헐떡이면서 뛰어왔다. '시험은 싫다'고 생각했을 뿐인데 기분이 나빠져 숨쉬기가 힘들어진다고 며칠 뒤 Y학생은 말했다. 그날은 담임, 가정, 보건교사의 연계 속에서 충분히 연락을 취하면서 조퇴시킬 필요가 없다고 판단되어, 보건실에서 각 교과의 시험을 보게 했다. 이러한 배려가 앞으로의 Y학생의 삶에 어떤 도움이 될 것이며, 앞으로의 삶에서 이러한 배려가 없어졌을 때 Y학생은 어떻게 될 것인가? 지금은 작은 체구로 동안인 Y학생도 어렵고 중요한 사춘기를 맞이하고 있다.

(2) 지도

무엇보다 심장병이라는 진단을 받으면 자신의 자녀든, 다른 사람의 자녀든 각각의 입장에서 충격을 받는데, 그것은 심장 그 자체가 갖는 기능이 생명과 직결되기 때문이라고 생각된다. 그만큼 이 병명이 갖는 중압감은 병 자체의 경중을 알려고 하기 전에 두려움을 유발한다.

당연히 사물을 이성적으로 판단하여 결론을 내릴 수 있는 사람도 전문의사 이외에는 이 병에 대해 냉정하게 대응할 수 없는 부분으로 불안감을 느낀다. 부모 입장에서는 특히 심각한 양상을 갖게 된다. 부모는 선천성 심장병을 가진 자녀를 낳은 책임이 자신에게 있다고 자책한다. 이와 같은 상황이 Y학생을 둘러싸고 있었다. Y학생은 심장병이 무엇인지를 피부로 느끼고, 느낀 무엇을 현실로 나타내는 행동을 하고 있다고 생각된다. 나는 그 문제점에 관해 생각하고 지도하지 않으면 본격적인 치료를 하기 전에 어떻게 할 수 없는 상태가 되는 것은 아닌지 염려된다.

나는 Y학생의 미래를 냉정하게 생각하고 지도하고 싶다. Y학생이 앓고 있는 심장병은 부모가 운다고 해서 사라지는 병이 아니다. 부모를 비롯하여 친척, 담임교사도 전문의에게 받은 진단이나 전문적 정밀검사 결과에 기초한 지시는 따라야 한다.

의학적인 치료를 받아 현재보다 병의 상태가 악화하는 일 없이 Y학생이 기본적인 건강을 유지하여 스스로 건강을 향상하는 것이 중요하다. 그러나 이러한 시점에 다다른 Y학생은 감정을 가라앉히고 자기 자신이 갖는 선천성 심장병을 냉정하게 받아들이고 '어떻게 살아갈 것인가' 를 생각하지 않으면 안 된다. 그리고 주변 사람에게 의존하는 생활로는 자기 자신이 정신적으로 자립할 수 없다는 것을 몸소 알아야 한다.

그렇기에 Y학생에게는 그것을 생각하고 알 수 있는 기회를 다양한 생활 장면을 통해 제공해 줄 필요가 있을 것이다. 그러나 Y학생의 현실에서는 안타깝게도 그것이 없는 것 같다.

우선 Y학생의 선천성 심장병은 어떤 병인가? 개개인의 얼굴이 다르듯이, 같은 심장병이라도 저마다 차이가 있다. 전문의의 진단에 맡기는 것이 당연하지만, Y학생과 같은 아동과 함께 생활하고 교육을 시키는 교사로서는 부모, 가족과 함께 어느 정도 상식적인 사항은 주치의를 통해 지도받을 필요가 있다.

보건교사의 입장에서는 특히 이 일을 고려하여 대응해야 한다. 그리고 일상적인 학교생활에서 담임교사를 시작으로 전 교직원이 Y학생에 대해 언제든지 행동을 취할 수 있도록 평상시에 돌발적으로 일어날 수 있는 발작의 예방과 처치에 대해 지도를 받아야 한다.

교사는 학생의 생활을 넓은 시야로 냉정하게 볼 수 있는 여유를 가져야 한다. 부모와 함께 학생의 상태에 끌려가는 것이 아니라, 교사가 계통적인 관리와 지도를 해야 한다고 생각한다. 이로부터 Y학생이 스스로 나아갈 방향을 발견할 수 있지 않을까?

몸이 갖는 한계를 인지하고 부모와 교사, 그리고 주변 사람도 든든한 지지자가 되어 조용히 지켜보는 가운데 Y학생이 병을 극복하는 마음을 키우도록 해야 한다. 사회에 나가 곤란함을 접하기 시작한 뒤에 Y학생에게 대처할 수 있는 힘을 키워 주기에는 너무 늦다.

4) 심장 발작학생 사례

(1) 사례의 개요

K학생은 정신적으로 불안한 상태가 이어지면 발작을 일으키는 2학년 남학생이다. 가정은 병약한 아버지와 어머니, 그리고 여동생의 네 식구다. 어머니 혼자 일하면서 보조를 받아 생활하지만 형편이 어렵다. 텔레비전의 영향과 어머니가 일하는 곳의 인부들이 나누는 성에 관한 이야기 등으로 인해 성적인 면의 발달은 성인수준이었다. 휴식 중에는 비품실에 있는 매트를 말아 그 속에서 놀거나 교실에서 상당히 개방적으로 성에 관해 이야기하곤 했다. 처음에는 성에 관한 고민이나 의문은 신체발달이나 변화에 동반되는 것으로 급우들이 진지하게 들었으나, 몇 번씩이나 이어지다 보니 호응을 얻지 못했다. 그러면 기분이 나쁘다며 보건실에서 휴식을 취한다.

행동 면에서는 1학년 때 청소 중에 장난을 치다 복도에서 넘어져 콘크리트 바닥에 오른쪽 어깨를 강하게 부딪혀 골절하여 입원한 적이 있다. 2학년 당시 5월에 집안일로 자전거를 타고 가다 넘어져 다시 오른쪽 어깨를 골절하여 입원했다. 이와 같이 자주 다쳐 가정에서도 평소 행동에 대해 시끄러울 정도로 주의를 받고 있었다. 정신적, 신체적인 피로가 겹쳐서인지 6월 수업 중 갑자기 고통을 호소하여 모두가 놀랐다. 의식은 분명했으며, 의사에게 주사를 맞고 진정되어 보건실에서 안정을 취하게 했다. 어머니는 연락을 받고 학교를 방문하였지만 그다지 놀란 모습은 아니었다. 어머니는 극히 가벼운 발작으로 걱정할 필요는 없다며 심각하지 않은 표정으로 이야기를 했다. 건강진단 사전 검사는 2회나 실시했으나 부모의 무관심에 놀라울 뿐이었다. 큰일로 번지지 않은 것은 교과담임이 처치를 하고 나도 이러한 발작을 전에 경험한 바가 있어서 비교적 냉정하게 판단하여 처치했기 때문일 것이다.

어머니의 말로는 가벼운 발작은 기상 시, 취침 시, 밤중, 무더울 때 등에 일어나지만 약을 먹으면 금방 가라앉는다고 하였다. 2, 3일이 지나 어머니가 데리고 가 의사에게 진찰받도록 한 결과 '이상 없음'의 진단을 받았다. 의사에게 정신적인 면에 문제가 있는 것 같다는 진단을 받고, 담임교사와 보건실에서 이야기를 나눌 기회를 가졌다.

원인으로 생각되는 것으로는 다음과 같은 것이 있다.

- 아버지가 장기간의 투병생활(신장병으로 혈액 투석을 1주일에 1회 실시)을 하고 있으며, 아버지 병에 대해 걱정하고 자기도 선천적인 체질이라고 생각하고 있다.
- 어머니가 삶에 지쳐 매일같이 불평을 늘어놓는다.
- 장남이라는 책임감, 불안이 정신적인 스트레스가 된다. 동시에 학습이나 작업을 하는 장소의 온도와 습도, 조명, 소음 등이 영향을 주어 신체적으로 피로하다.

(2) 지도

가정에서 충분히 이야기를 나눔으로써 서로 협력하여 하루라도 빨리 병을 이기겠다는 마음을 갖도록 하기 위하여, 일상생활에서 가족이 자주 모여 이야기를 나눌 수 있는 분위기를 조성하도록 요청했다.

학교에서는 발작 이후 체육은 참관만 시키고 수영은 금지시켰기 때문에 어느새 비만 경향을 띠게 되었다. 비만은 심장의 부담을 늘리며, 더구나 과보호적인 관리는 본인의 마음을 위축시켜 심리적으로도 나쁠 것으로 생각되었다. 학교 담당의사의 지시에 따라 일반 체육과 구기 종목을 시켜 보았다. 매월 1회 정밀검사를 실시한 경과를 관찰하고 있다.

학급에서는 담임과 상담하여 매일 건강 관찰을 정확하게 실시하여 건강 상태를 면밀하게 관찰했다. 알게 된 소견과 본인의 자각 증상을 중요하게 여기고 이상한 점은 조기에 발견하려고 노력했다. 세심한 주의를 기울여도 예측하지 못한 사고가 발생할 수 있으므로 늘 비상 사태에 대응할 수 있도록 외상이 생길 경우 긴급 연락망에 의한 역할이나 담당을 분명하게 정했다(교직원 조직, 학생회 보건부의 조직 등의 연락 순서를 명확하게 했다). 학급에서는 학생들만 있는 경우 당황할 수 있으므로 이런 경우 빨리 교사나 보건실로 연락할 수 있도록 배려했다. 보호자에게 보내는 연락으로 인해 불안해하지 않도록 하는 것도 유의하고 있다.

건강관리에 아무리 주의를 기울여도 학생 스스로 건강 상태를 바르게 이해하고 있지 않으면 효과가 없으므로 실태를 파악하고 학급지도 등에 필요한 자료 및 교재 등의 정보를 제공하여 지도에 협력하고 있다. 또한 상태가 좋지 않을 때 등 학생들이 자기 자신의 건강 상태를 인식하고 무리하지 않도록 하는 보건실에서의 개별지도나 건강상담은 상당히 효과가 있었다. 몸의 이상이나 고민에 관해서는 전문가가 이야기를 들어준다는 신뢰감을 가지고, 안심하고 자신의 마음속 이야기를 한다. 그러나 상담하는 것은 상당히 머리가 아픈 일이다. 이러한 고민상담에는 나 자신도 결정을 내리기 어려운 문제가 많으며, 해결 또한 매우 힘들어 새삼스럽게 이 일의 중대성에 대해 놀라게 된다. 그러나 경우에 따라서는 담임은 물론 관계자가 공동으로 이해할 필요가 있는 것도 있어 그때마다 밀접한 연락을 취하면서 처리하고 있다. 또한 학생을 더 깊이 알기 위해서는 가정에서의 생활까지도 파악해 두어야 한다. 귀가 후 밖에 나가지 않고 텔레비전만 보는 학생, 집안일을 도와야 하는 학생, 공부하는 학생 등 생활 장면이 각각 다른 학생이 학급이라는 집단 속에서 생활하고 있기 때문에, 교사와 부모는 인간관계의 확립을 중시하고 노력하여야 한다. 무엇이든지 대화하여 자녀의 마음을 이해할 수 있는 부모, 부모의 마음을 이해할 수 있는 자녀라는 기본적인 것에서부터 문제가 해결되는 경우가 많다고 생각된다.

심장질환 등 신체적으로 이상이 있는 학생에 대해서는 특히 통학 시 안전이 확보될 수 있도록 가정, 지역과의 연락을 긴밀하게 해 두어야 한다. 이를 위해 학부모회의 교외보조원, 교통지도원의 협력을 얻고 있다.

정기적인 건강진단뿐 아니라 일상생활에서의 건강 관찰 등 건강장애학생의 일상의 건강 체크는 큰일을 막을 수 있는 기본적인 배려이며 중요한 사항이다. 따라서 학교에서는 학생의 건강을 관리하기 위해 전 교직원의 공동 이해를 바탕으로 한 협력과 실천이 무엇보다도 중요하다고 본다.

5) 수술을 거부하는 중증 심장장애학생 사례

(1) 사례의 개요

남학생 H는 초등학교 3학년 2월에 담임선생님의 소개로 본교로 교육상담을 받기 위해 내교했다. 학생이 말하는 주요 증상은 '심장질환' 으로 일반학교 생활, 특히 계단의 오르내림이 큰 부담이 되어 학교생활을 견딜 수 없다는 것이었다. 입학 시 본교 담당의사의 심전도와 기타 진단으로 '팔로 4징후(tetralogy of Fallot: TOF)' [2]가 의심되었고, 즉시 입학이 허가되었다.

H학생은 회사를 경영하는 아버지의 장남으로 출생했으며, 출생 당시에는 특별히 이상한 점을 느낄 수 없었으나 생후 3개월경부터 여러 번 발

2) 팔로 4징후: 프랑스의 의사 E. L. A. 팔로가 체계화하여 하나의 질병으로 확립된 선천성 심질환으로, 폐동맥협착 · 심실중격(心室中隔)결손 · 대동맥우방편위(大動脈騎乘) · 우심실비대 등의 선천성 심장병이다.

작을 일으켰다. 특히 1~3세경에는 그 빈도가 매우 잦아져 전신에 치아노제[3] 증상이 나타났으며, 때로는 호흡정지 발작까지 이르렀다. 그러나 의사의 처치로 인해 그때그때 위기를 넘겨 왔다. 초등학교 입학 시부터 증상은 약간 가벼워졌으나, 의사가 권하는 입원에 대해서는 부모가 전혀 응하지 않았다.

본교 입학 시의 검사에서 IQ는 143였고, 부모와 자녀의 관계검사에서는 안전한 익애(溺愛)형을 나타낸 반면, 거부 경향은 극히 전형적인 모순형을 나타내었다.

A학생: 너 같은 것은 죽어 버리는 편이 나아.
H학생: 고마워.
A학생: 고맙다고? 이런 말 듣고 화가 안 나니?
H학생: 응, 농담이잖아.
A학생: 농담이라도 죽으란 말 들으면 보통은 화가 날 텐데?
H학생: 어쨌든 난 죽기 위해 살아 있거든. 21세기가 되면 도움이 안 되는 쓸모없는 인간은 컴퓨터가 진단해서 강제로 죽여.

이것은 H학생이 초등학교 5학년 때 학교에서 동급생인 A학생과 나눈 대화의 일부분이다. H학생은 이 시점에 팔로 4징후가 어떤 질병이며, 전년도에 수술 후 사망한 같은 병의 선배의 사례를 통해 수술의 곤란성 등을 파악하고 있었던 것으로 생각된다. 이후 5년간 본인과 부모 모두 수술은 정밀검진조차 강하게 거부하여 현재 중학교 3학년에 이르고 있다.

우리는 의사가 아니다. 따라서 '수술하라' 고 말할 수 없다. "정밀검사를 받아 그 결과에 따라 장래의 일을 부모님과 함께 상담하자."라고 상식

3) 치아노제: 선천성 심장질환에서 진단상 중요한 실마리가 되는 중요한 소견으로, 피부나 점막 등에서 보통 불그스름하게 보이는 부분, 특히 입술, 조상(爪床: 손톱으로 덮인 부분), 귀, 뺨 등이 남자색(藍紫色)으로 변하여 보이는 상태다.

적으로는 말할 수 있지만, "그렇다면 어떻게 하면 좋은가?" 라고 되묻는다면 아무런 지도도 할 수 없는 공허감을 느끼게 된다.

(2) 지도

H학생의 경우 독자로서 부모의 과보호 밑에서 현재까지 자랐으며, 또한 본교에서 과거 심장질환에 의한 수술을 받은 이들 중에 팔로 4징후의 경우 전원 사망했다는 상황 등을 보면, 수술을 받아들일 수 없는 심정을 충분히 이해할 수 있다.[4] 그러나 그 전의 문제로서 통상 하루라도 생명을 연장하기 위해서는 '수술 가능' 이라면 사랑하는 자녀를 위해 모든 희생을 치르고라도 실행할 것이며, '수술이 어렵다' 면 앞으로의 생활을 고려하여 결정해야 한다. 그것을 판단하기 위한 '검사' 인데도 강력하게 거부한다는 점이 문제다. 다행히도 아버지가 회사를 경영하고, 상당히 자산을 갖고 있기 때문에 생활 그 자체는 지장이 없었다. 그러나 본교에 고등부가 설치되어 있지 않은 관계로 일반고등학교로 진학할 경우 통학 불능이 되는 것은 자명할 것이며, 앞으로 H학생의 장래는 전혀 예상할 수 없는 상황이다.

그렇다면 왜 모든 것을 거부하고 있는가? 그 이유로 '수술이 곤란한 질병이지만 수술 이외에는 완치할 수 있는 방법이 없다' 는 진단을 받을 것에 대한 공포도 있겠으나, 그 이외에 여러 차례의 부모면접을 통해 얻은 것이 있다.

- 기복 종교의 신앙: H학생의 아버지는 현재 회사를 경영하고 있는데 이 회사도 그 종교를 믿은 후 급속하게 성장하여 지금은 거의 절대적인 것으로 믿고 있다. 그리고 H의 질병도 '치유해 줄 것' 이라는 하늘

4) 당시에는 수술의 예후가 좋지 않았으나, 최근에는 근치수술의 술식(術式) 자체의 진보와 인공심폐 등에 의한 체외순환 방식, 수술 전후 처치의 개량 및 수술 적응 증례의 선택 등이 개선되어 수술 성과가 매우 향상되었다.

의 말을 믿고 있다.

- 강한 금전욕: 취학 장려비 신청 시에 수급대상이 되지 않음에도 매년 서류를 제출하고, 또한 장애인 보조비 등도 지급받고 있다. 따라서 H학생도 금전 면에서는 이상할 정도로 관심을 나타내고 있다. '들어오는 것을 거절하지 말고, 나가는 것을 거절하라' 는 것이 많은 돈이 드는 입원, 수술을 거부하는 한 요인이라고 볼 수 있다.

특수학교 입학 후 처음으로 소풍에도 참여하고 수학여행에도 참여할 수 있었다. 특히 중학교 3학년 때의 수학여행에서는 급우들이 H학생에게 맞춤 코스를 제안하는 등 교사와 학생들의 따뜻한 배려하에 표면적으로는 밝은 학교생활을 보내고 있다. 그러나 졸업을 앞둔 현재는 진로상담에서 당연히 '질병'이 문제가 되지만, 그 문제가 완전히 함묵 상태가 되어 담임과 학교 담당의사 등 전 직원이 전혀 손을 대지 못하고 있다. 본 질병 사례의 경우 H학생의 지도도 필요하지만 그 이상으로 종교적 문제, 경제적 문제 등 H학생이 절대적으로 믿고 있는 부모의 지도가 큰 문제다. 여기까지는 교직원의 손이 닿지 못하는 것이 당연하다. 학교에서는 특히 H학생의 사례를 마음에 두고, 학부모 연수나 '건강장애 자녀를 가진 부모의 심리' 를 주제로 강사를 초빙하여 과거 팔로 4징후의 수술에 성공한 부모의 체험담을 듣는 모임을 개최하는 등의 노력을 해 왔다. H학생의 어머니는 끊임없이 적극적으로 질문을 하는 등 당시에는 납득하고 돌아가지만 일대일의 대화에서는 강한 저항을 보인다.

이상과 같은 상황이므로 교사로서 매우 무책임한 지도라고 말하지 않을 수 없겠으나, 장래의 일은 생각하지 않고 오늘 하루가 H학생에게는 보람 있고 즐거운 하루하루가 될 수 있도록 배려하고 있다. 다행히 그가 가지고 있는 지도성을 학급활동이나 치료 및 훈련 시간에 충분히 발휘하고 있어, 적어도 특수학교에서의 6년이 그에게는 가장 충실한 나날이 될 수 있게 시행착오를 겪으면서 지도하고 있다.

6) 선천성 심장장애(폐동맥협착) 학생 사례

(1) 사례의 개요

T병원에는 심장질환학생 4명이 입원해 있다. 그 가운데 3명은 선천성 질환으로 이미 의사에게 치료의 한계를 들은 초등학생이다. 다른 한 명은 류머티즘열에 따른 심장질환으로 체내에 심장박동기(pace maker)를 삽입한 고등학생이다.

심장질환학생은 특히 요양생활에서 다양한 문제를 가지며, 병원에서는 주의를 게을리할 수 없을뿐더러 특별한 배려가 필요하다.

여기에 사례로 들고 있는 K학생도 선천성 심장질환으로 폐동맥이 좁아 작년에 이미 의사에게 치료의 한계를 전해 들었다. 병의 상태는 눈에 띄게 나빠졌으며, 특히 신체를 움직이는 것을 싫어해서 정해져 있는 기상시간에 일어나는 것, 옷을 갈아입거나 세면을 하는 것을 싫어하기 시작했다. 그러나 자기가 하고 싶은 것은 적극적으로 행동하는 등 약간 이기적인 행동이 눈에 띄었다. K학생과 같은 병동에서 요양생활을 하는 다른 질환 학생에게도 K학생의 이기적인 행동은 눈에 띄어 여러 차례 다툼의 원인이 되었다.

그래서 K학생의 요양생활에 관해 문제의식을 가지고, 특수학교의 원내 학급담당 교원과 간호 담당자가 지도 방침을 통일하기 위해 이야기를 나누었다. 대화의 중심이 된 사항은 역시 K학생의 하소연을 주변 사람이 어떻게 받아들이면 좋을 것인가라는 점이다. 하소연이 이기심 때문인지 신체적 고통에서 비롯된 것인지를 확실하게 구분하여 올바른 요양생활을 하는 데 주안점을 두고 지도 방침을 세우기로 했다.

K학생은 특수학교 초등부 4학년에 재적 중인 남학생이다. 출생 직후부터 모유를 먹지 않아 진단을 받은 결과 선천성 심장질환으로 판명받았다. 그 후 집 근처 의사에게 진찰을 받으면서 거의 가정에서 양육되었다. 6세 때 T병원에 입원하여 4월에 특수학교 1학년생으로 입학했다. 부모, 형제,

조부모 모두 건강하며 가정환경상 문제는 없었다.

병의 상태로는 발작이 1년에 2회 정도 있었으나 산소 텐트에 들어가는 횟수는 연 4~5회, 5분 정도다. 적혈구는 900만 이상이었으며, 체온도 변동이 많아 37.5° 정도의 열을 자주 내고 있다. 맥박은 고르지 못한 경우가 많고, 120이었다가 80 정도일 때도 있고, 끊기는 경우도 자주 있다. 호흡수는 40이었다가 20이었다가 하는 식으로 고르지 못한 경우가 많다. 안면(전신) 치아노제 상태가 있다. 보행 상태는 20m 정도의 거리를 10분 정도 걸려서 보행하고, 그중 4~5회 주저앉아 휴식을 취하고 있다. 혈액 순환이 나빠 한여름에도 온수를 원하고, 9월 하순경부터 추위를 호소하기 때문에 외투를 착용하거나 침대에서는 전기 난방 기구를 사용하고 있다.

9세 되던 해의 7월경부터 눈에 띄게 증상이 악화되어 신체가 마음먹은 대로 움직일 수 없게 되었다. 특히 여름이 지나고 조금씩 시원한 바람이 불기 시작하면서 기상이 어려워지고 세면을 못하게 되었다. 또한 옷을 갈아입는 동작이 힘들고, 언제까지나 침대 속에 있으려고 하는 상태다. 간호사가 도와 옷을 갈아입고, 세면도 침대 위에서 시키니까 겨우 일어나게 되었다. 식사를 마치고 원내에 있는 학급으로 등교시키려고 해도 "추워서 싫어, 못 걸어."와 같이 호소하면서 등교를 거부하게 되었다. 10월에 접어들어서 매일 아침 간호사가 업어서 원내 학급으로 등교시키거나 원내 학급 담당직원이 와서 업고 등교시켰다.

언제나 K학생이 호소하면 주변 사람이 원하는 대로 해 주므로, 최근에는 친구들과 놀 때도 자기주장이 강해져 마음대로 안 되면 말다툼을 하게 되었다. 간호 면에서도 종전에는 스스로 할 수 있었던 것도 간호사에게 요구하거나 언제나 다른 사람보다 먼저 해 주지 않으면 불쾌해하는 등의 행동을 나타내게 되었다. K학생의 호소는 이기적인 태도에서 나오는 것인지, 병의 상태 차원에서 어쩔 수 없는 것인지를 구분할 수 없다.

(2) 지도

9세가 되던 해 11월에 들어서면서부터 매일 아침 세면과 옷 갈아입는 것은 전반적으로 도와주었다. 배설도 낮에만 스스로 화장실에 가게 하고, 그 외에는 전적으로 돕기로 하고, 원내 교실로의 등교는 업어서 하기로 했다. 원내 교실의 K학생의 장소에는 전기 난로를 설치하여 따뜻하게 해 줌으로써 등교가 즐거워지도록 배려했다.

원내 교실에서 병실로 돌아갈 때는 기온도 높아지고 신체의 움직임도 아침보다 고통이 없어서 스스로 걸어서 돌아가도록 지도한다. 병실의 동료로는 병동에서 인기가 있는 초등부 6학년 ○○학생으로 하였다. ○○학생은 성격이 온화하고 지식이 풍부하여 놀이를 구상할 줄 아는 학생이기 때문에 다른 친구들이 병실에 놀러 온다. ○○학생을 통해서 K학생이 즐거운 놀이방법을 익힐 수 있도록 배려했다.

또한 초등학생인 K에게 '삶의 보람'을 추구하도록 하는 것은 역시 학습과 연결시키는 것을 생각하지 않을 수 없다. 다행히 K학생의 학습능력은 보통이며 호기심도 강하므로 기초 학력을 쌓는 것을 제일 중요하게 생각하였다. 그리하여 K학생 자신이 자기의 진도 상황을 알 수 있도록 척도표를 작성하여 기입하고 있다. 또한 사회 경험이 빈약하므로 텔레비전 학습을 도입하여 시야가 좁은 것을 보완하도록 하였다. 생활 그 자체에 즐거움과 기대를 갖도록 행사를 계획하고 발표의 장을 가능한 한 많이 주어 목표를 향해 노력하도록 배려하고 있다. 가능한 한 가족과의 생활을 폭넓게 권하고 싶다.

앞으로 병의 상태가 어떻게 변화해 갈지 알 수 없으나 상태가 허락하는 한 학습을 시켜 삶의 보람을 추구하도록 하고 싶다.

제6장

건강장애아동을 위한 병원학교의 운영 실제

1. 병원학교의 설립목적
2. 병원학교 현황
3. 병원학교의 교육과정 편성과 운영
4. 병원학교의 시설기준과 출결 관리 및 운영위원회 등
5. 화상강의 등 통신매체를 통한 교육지원
6. 국내 건강장애학생 교육지원 사례
7. 꿀맛무지개학교
8. 화상강의 기관과 병원학교 비교
9. 국외 건강장애학생 교육지원 사례
10. 건강장애학생을 위한 원적학교-병원-병원학교의 역할과 전망

1. 병원학교의 설립목적

병원학교란 장기입원이나 장기치료로 인해 학교교육을 받을 수 없는 학생들을 위해 병원 내에 설치된 학교를 말한다. 병원학교는 장기간 입원치료가 요구되는 건강장애학생의 학교 결석으로 인한 유급을 막을 수 있을 뿐만 아니라, 개별화된 교육지원 서비스를 통해 학교의 역할을 대신한다. 병원학교에서는 학교 복귀를 위한 다양한 프로그램이 운영된다. 따라서 최소한의 교육환경을 구축하고, 병원의 치료를 받으면서 파견된 교사가 체계적인 지도를 함으로써 지속적인 학교생활이 가능하도록 도와주는 역할을 한다.

이러한 역할을 수행하는 병원학교는 장기치료를 받고 있는 학생들에게 학업의 연속성 및 또래관계를 유지해 주어 학업에 대한 부담감을 최소화하며, 심리적 및 정서적 안정을 통해 치료와 교육의 시너지 효과를 높이는 데 주목적이 있다. 즉, 학생에게는 교육기회의 확보, 학습 결손의 부담감 최소화, 또래와의 관계 유지 등의 혜택을 줄 수 있으며, 학부모에게는 출석 일수의 확보 등을 통하여 자녀의 진급기회의 공과 함께 무상교육의 혜택을 줄 수 있다. 교사에게도 건강장애학생 지도의 연속성을 확보하는 동시에, 치료 중에 학교 출석으로 인한 응급처치 부재의 미비함을 다소나마 보완해 주는 장점이 있다.

중도 · 중복장애 학생은 학교에 다니는 동안 건강관리 서비스를 제공받아야 한다. 이러한 서비스는 전문적인 의료 지식을 지닌 의사나 간호사만이 할 수 있는 것이 아니며, 일정한 훈련을 거친 후 교사도 충분히 할 수 있는 것이 있다. 따라서 교사—일반학급 교사와 특수교육 교사 모두—에게 체계적인 훈련이 필요하며, 이는 현직 교사 연수의 형태와 예비교사 양성과정에서 충분히 다루어져야 한다(한경근, 2004). 박은혜, 김미선 등(2005)이 소아암, 신장/심장 장애 및 당뇨 등을 지닌 학생의 부모 199명을

[그림 6-1] 건강장애학생을 위한 교육지원 모형

출처: 교육인적자원부(2004).

대상으로 건강장애학생의 교육 현황과 요구에 대한 인식을 조사한 결과, 학교교육은 학생의 개인적인 요구를 충분히 채워 주지 못하고 있는 것으로 나타났으며, 입원 중 병원에서의 교육뿐만 아니라 학교로 돌아가는 학생을 위한 학교 복귀 지원에 대한 요구도 높은 것으로 나타났다. 또한 건강장애학생을 위한 교육에서는 일반학교 교사뿐 아니라 병원학교 교사, 병원, 사회복지사, 의사나 간호사 등의 의료진의 역할도 중요하다고 했다.

최근에 교육인적자원부(2004)에서는 건강장애학생을 위한 교육지원 모형을 제시하고 있다([그림 6-1] 참조).

2. 병원학교 현황

병원학교는 교육청에서 정규교사를 파견하여 운영하는 방식과 병원 자체에서 운영하는 방식이 있으며, 2011년 기준 우리나라 병원학교 현황은 〈표 6-1〉과 같다.

표 6-1 병원학교 현황

순	지역	병원학교명	주소	전화
1	서울	경희대학교의료원 병원학교	서울 동대문구 회기동 1	02-9588-114
2	서울	국립서울병원학교	서울 중구 을지로6가 18-79	02-2204-0322
3	서울	꿀맛무지개학교	서울 동대문구 신설동 109-5 교수학습지원센터 내	02-2230-8511
4	서울	삼성서울병원학교	서울 강남구 일원동 50	02-3410-0847
5	서울	서울대학교병원학교	서울 종로구 연건동 28	02-2072-3543
6	서울	서울시립어린이병원학교	서울 서초구 헌릉로 260(내곡6-7)	02-570-8380
7	서울	서울아산병원학교	서울 송파구 풍납 2동 388-1	02-3010-6068
8	서울	세브란스병원학교	서울 서대문구 성산로 250	02-2228-5964
9	서울	한국원자력병원학교	서울 노원구 공릉동 215-4	02-9702-0114

10	서울	한양대학교병원학교 누리봄교실	서울 성동구 행당동 17	02-2290-8737
11	서울	서울고대구로병원학교	서울 구로구 구로동 148	02-2626-1114
12	부산	동아대학교 병원학교	부산 서구 동대신동3가 1	051-240-5616
13	부산	부산대학교병원학교	부산 서구 아미동1가 10	051-254-0710
14	부산	인제대학교 부산백병원학교	부산 부산진구 개금동 633-165	051-890-6676
15	인천	가천의대길병원학교	인천 남동구 구월동 1198	032-461-0942
16	인천	인하대학교 병원학교	인천 중구 신흥동3가 7-206	032-890-2708
17	대구	대동병원	대구 동구 효목 2동 640-1	053-663-1000
18	대구	영남대학교의료원 병원학교	대구 남구 대명동 317-1	053-623-8001
19	대전	건양대학교 병원학교	대전 서구 가수원동 685	042-600-6748
20	대전	충남대학교병원학교	대전 중구 대사동 640	042-280-7114
21	울산	울산대학교 병원 다솜병원학교	울산 동구 전하동 290-3	052-250-7000
22	경기	국립암센터병원학교 밝은교실	경기 고양시 풍동 79-1	031-920-0114
23	강원	강릉아산병원학교 희망교실	강원 강릉시 석천면 방동리 415	033-610-3930
24	강원	강원대학교병원학교	강원 춘천시 강원대학로 26	033-258-2135
25	충남	단국대학교병원학교	충남 천안시 안서동 16-5	041-550-6893
26	충북	충북대학교 병원학교	충북 청주시 흥덕구 성봉로 410	043-269-6114
27	전남	화순전남대학교병원 여미사랑병원학교	전남 화순군 화순읍 일심리 160	061-379-7935
28	전남	전남국립나주병원 느티나무학교	전남 나주시 산포면 산제리 500	061-330-4114
29	전북	전북대학교병원학교 한누리학교	전북 전주시 덕진구 원잠5길 42	063-250-1166
30	경남	경상대학교 병원학교 희망교실	경남 진주시 칠암동 90	055-750-9101
31	경남	국립부곡병원학교 도담교실	경남 창녕군 부곡면 부곡리 70	055-520-2652
32	경남	꿈사랑사이버학교	경남 창원시 반송로 104 스포츠파크 내 106호	055-266-4416

표에서 제시한 병원학교의 분포를 지역별로 살펴보면 2011년 기준 서울 11개교, 부산 3개교, 인천 2개교, 대구 2개교, 대전 2개교, 울산 1개교, 경기 1개교, 강원 2개교, 충남 1개교, 충북 1개교, 전남 2개교, 전북 1개교, 경남 3개교 등 대부분의 지역이 1개 이상의 병원학교를 운영하고 있다. 그러나 광주, 경북, 제주와 같이 아직 병원학교가 운영되지 않는 곳도 있다.

3. 병원학교의 교육과정 편성과 운영

1) 병원학교의 교육과정 편성

병원학교의 학생들은 장기간의 치료를 받으면서 학업을 병행하는 형태이기 때문에 유급 없이 진급할 수 있는 것이 학령기 아동에게 가장 중요한 일이다. 따라서 대상학생의 수업 준비도나 좁은 공간에서의 제한된 교육환경을 고려한다면 건강장애학생의 교육과정이 일반교육과정의 운영과는 차이가 있을 수밖에 없는 실정이다.

건강장애학생의 질환 정도에 따라 적용할 수 있는 교육과정은 다르고, 학년이 다른 학생을 함께 지도해야 하기 때문에 복식학급 운영에 맞는 개별화된 교육과정이 운영되고 있다. 따라서 저학년은 미술이나 공작, 조작활동 중심의 학습활동이 주로 이루어지고 있고, 고학년은 수학과 영어, 사회 등 교과 중심의 학습활동을 통해 학교 복귀를 고려한 수업이 이루어지고 있다.

박은혜, 김미선 등(2005)은 병원학교 교육과정은 건강장애학생의 심리적 안정을 유도하고 스트레스를 완화해 줄 수 있는 심리 · 정서적인 부분이 강조되어야 하고, 입원 시기, 질병 정도 등에 따라 심리 · 정서적인 필요성이 달라지므로 개별적으로 학습과 심리 · 정서적인 교육과정의 균형을 가지도록 해야 한다. 그러므로 건강장애학생도 개별화된 교육계획을 수립하고 퇴원 후에 순회교사나 일반학교 교사와의 연계성을 유지할 수 있도록 해야 하며, 개별화된 교육과정이 원활하게 운영될 수 있도록 다양한 교육 자료가 제공되어야 한다.

(1) 교육과정 편성의 기본 방침

- 교육과학기술부와 해당 시·도교육청 간 협력체제를 구축하고, 해당 시·도교육청의 교육연구정보원 및 교수학습센터 등에서 프로그램을 운영한다.
- 교육과정은 초등학교 1학년부터 고등학교 3학년까지 교육과정 자문위원회를 조직하여 수준별 및 맞춤형 교육과정을 구성·운영하는 것으로 하되, 필수 요소만을 추출하고 교육과정을 압축한 후 재구성하여 편성한다.
- 기초과정을 중심으로 국어, 수학, 영어, 사회, 과학 등의 과목 중심으로 편성하고, 고등학교의 경우 국사 과목을 추가할 수 있다.

(2) 교육과정 운영 원칙

- 주별로 교육과정안을 준비하여 사전에 교육과정 자문위원회의 확인을 받고 수업을 진행하는 것을 원칙으로 한다.
- 의사소통 및 정보 공유를 위한 소속학교 담임과의 협의회를 개최하고, 정서적 공감대 형성을 위하여 학부모와의 간담회, 전문가 초청 강연회 등을 개최한다.
- 초등은 학급담당, 중등은 교과담당이 화상강의를 통해서 교과지도를 하되, 학생 수준에 따라 반을 달리 구성하고 수준별 맞춤학습을 할 수 있도록 한다.
- 초등학교 과정은 1일 수업시간이 1시간 이상, 중·고등학교 과정은 1일 수업시간이 2시간 이상이어야 출석으로 인정한다.

• 각급학교의 학사 일정과는 별도로 병원학교 자체의 학사 일정을 교육계획 기간으로 잡아 운영하되, 각급학교와 같은 출석 일수를 유지하도록 한다.
• 매달 주 5일제로 수업이 진행되므로 출석 일수 유지를 위해 여름 특강과 겨울 특강을 교육계획 기간 안에 포함하여 운영한다.

2) 병원학교의 교육과정 운영[5)]

(1) 학급 편성

• 학급은 화상학급(수업학급)과 담임학급으로 구성한다.
• 화상학급당 인원수는 실시간 참여 기준으로 5명 내외로 구성한다.
• 2008년 기준 시스템상 최대 화상강의 참여 인원은 10명이나, 교사를 제외하면 9명의 학생이 수업에 참여할 수 있다.
• 진급한 초등학생의 경우 친밀도가 높은 학생을 같은 반에 배정한다.
• 중등학생의 경우 각 학생의 수준을 감안하여 반을 편성하고 배정한다.
• 담임학급의 경우 여러 개의 화상학급의 인원을 함께 배정한다.
• 담임학급의 경우 학년 인원수가 10~19명일 때 담임교사 1명, 20~29명일 때 2명, 30명 이상일 때 3명을 두도록 한다.
• 학생 수가 증가하여 화상학급의 적정 인원이 초과할 경우 분반한다.

5) 이 자료는 전국병원학교 홈페이지(http://hoschool.ice.go.kr)에 탑재되어 있는 모 병원학교의 교육과정 운영 자료를 수정 및 보완한 것이다.

(2) 학급 편성의 실제 예(2008학년도 2학기, 9월 기준)

학교급	학년	학급 수	학생 수	교사 수
초등학교	1	3	25	12
	2	4	32	
	3	3	28	
	4	4	30	
	5	4	31	
	6	4	28	
중학교	1	5	40	20
	2	4	36	
	3	7	51	
고등학교	1	3	18	
	2	1	7	
	3	2	12	
전체	12학년	44	338	32

(3) 교과목 배당 및 시간 수

- 화상강의 교과목은 주요 교과(국어, 영어, 수학, 사회, 과학)를 위주로 한다.
- 과목당 시간 수는 국어, 영어, 수학을 집중적으로 하여 운영하되 자문위원회 결과를 최대한 반영한다.
- 교육과정에 나타난 시수를 참조하여 시간 수를 정한다.

구분	초등학교	중학교	고등학교
수업 시간 (주당)	• 화상수업 7~9시간 • 개별수업 3시간(시간당 30분 기준)	• 화상수업 12시간 • 개별수업 3~5시간 (시간당 30분 기준)	• 화상수업 14시간 • 개별수업 4~6시간(시간당 30분 기준)
수업 과목	• 1~2학년: 국어, 수학, 슬기로운 생활 • 3~6학년: 국어, 수학, 영어, 사회, 과학	• 국어, 수학, 영어, 사회, 과학	• 1학년: 국어, 수학, 영어, 사회, 과학, 국사 • 2~3학년: 국어, 수학, 영어, 사회, 과학

(4) 교육과정 편성의 예시(2007년도 기준)

학기	학교급	학년	과목						계
			국어	수학	영어	사회	과학	기타	
1학기	초등	1~2	3	2				1	6
		3~4	2	2	1	1	1		7
		5~6	2	2	2	1	1		8
	중등	1~3	3	3	2				8
	고등	1~3	3	3	3				9
여름 특강	초등	1~2	2	2				1	5
		3~4	2	2				1	5
		5~6	2	2				1	5
	중등	1~3	2	2	2				6
	고등	1~3	3	3	3				9
2학기	초등	1~2	3	2				1	6
		3~4	2	2	1	1	1		7
		5~6	2	2	2	1	1		8
	중등	1~3	3	3	3	2	2	1	14
	고등	1~3	4	4	4	2	2		16
겨울 특강	초등	1~2	2	2				3	7
		3~4	2	2	1	1	1	1	8
		5~6	2	2	1	1	1	2	9
	중등	1~3	3	4	3	2	2		14
	고등	1~3	4	4	4	2	2	2	18

- 기타 과목: 슬기로운 생활, 특활, 국사, 과목별 추가시간 등으로 학년과 시기에 따라 변경되어 배정한다.
- 2학기 사회, 과학 과목의 경우 실시간 수업을 실시하되, 녹화수업 제공을 목적으로 1~2반만 운영한다.
- 예산에 따라 교육과정을 탄력적으로 운영하되, 반드시 자문위원회를 거쳐 운영 방법과 내용을 확정한다.

(5) 학급 수 및 학급시간 수에 따른 시간 배정(2008년 9월, 44학급 기준)

학교/학년		학급 수	반/교과당 수업시간 수	주당 수업시간 수	계	비고
초등	1	3	7	21	177	
	2	4	7	28		
	3	3	8	24		
	4	4	8	32		
	5	4	9	36		
	6	4	9	36		
중학	1	5	12	60	192	
	2	4	12	48		
	3	7	12	84		
고등	1	3	14	42	84	
	2	1	14	14		
	3	2	14	28		
계		44	126	453	453	

(6) 학사 일정(2008년 2학기 기준)

월	기간	출석 일수	특징	비고
3	3. 10.~3. 31.	16	주 5일 수업과 3월 초 수업 준비기간으로 출석 일수 줄어듦	출석인정 일수의 2/3인 138일을 출석인정 받으면 진급 가능
4	4. 1.~4. 30.	21	주 5일 수업	
5	5. 1.~5. 31.	20	주 5일 수업	
6	6. 1.~6. 30.	20	주 5일 수업	
7	7. 1.~7. 25.	19	주 5일 수업	
8 (여름특강)	8. 4.~8. 22.	10	원적학교와의 학사 일정 차이로 추가 수업 실시	
9	9. 1.~9. 30.	20	주 5일 수업	
10	10. 1.~10. 31.	22	주 5일 수업	

11	11. 1.~11. 30.	20	주 5일 수업
12	12. 1.~12. 19.	15	주 5일 수업
1 (겨울특강)	09. 1. 5.~ 09. 2. 18.	23	원적학교와의 학사 일정 차이로 추가 수업 실시
계	총 수업 일수 218일	출석인정 일수 206일	

(7) 방학 중 특강 운영

- 특강 개설의 목적: 원적학교의 방학과는 관계없이 계속 병원에서 생활해야 하는 학생에게 다양한 교육적인 경험을 제공하여 자기실현에 도움을 주고 원적학교의 전체 출석 일수를 맞추기 위하여 방학 중에도 학교를 개방하여 특강을 운영한다.
- 기간: 원적학교의 여름 및 겨울 방학 중
- 방침: 참여대상은 병원학교 재학생으로 입원 혹은 통원 치료 중인 학생으로 한정하고, 강사 및 자원봉사자를 활용하여 요일별 다양한 프로그램을 운영한다. 예산은 병원학교 운영비에서 책정하여 집행하며, 교육활동의 효율성을 기하기 위하여 특수교육보조원을 채용하여 학교관리를 한다. 또한 학교는 월요일에서 금요일까지 주 5일을 오전 9시부터 오후 5시까지 개방한다.
- 방학 중 특강의 일과 운영계획

요일 시간	월	화	수	목	금
09:00~10:00	교실 청소 및 자유선택 활동				
10:00~12:00	재미있는 미술시간	특강 -영어-	재미있는 미술시간	특강 -영어-	비즈공예
12:00~13:30	점심시간				
13:30~15:00	신나는 음악시간	자원봉사자 -도리도리-	신나는 음악시간	자원봉사자 -도리도리-	신나는 음악시간
15:00~17:00	책 대여 및 CD 대여				

4. 병원학교의 시설기준과 출결 관리 및 운영위원회 등

1) 병원학교의 시설기준

교육과학기술부(2008)는 병원학교의 설치 및 시설 등에 대하여 다음과 같은 사항을 유의해서 설치하도록 권고하고 있다.

- 출입문은 휠체어 등의 보조기구를 이용하여 출입하는 데 불편이 없도록 한다.
  - 문의 크기가 90cm 이상(휠체어 폭 80cm 기준)이 되도록 한다.
  - 외부에서 내부의 상황을 확인할 수 있도록 가능하면 투명 창을 설치한다.
  - 문은 미닫이문보다는 밖으로 열리는 여닫이문이 좋으며, 미닫이문으로 설치할 경우는 버튼식의 자동개폐 장치를 설치하고 휠체어의 통행에 지장이 없도록 문턱이 없게 한다(비상시 자동열림 장치).
- 소아병동과 같은 층에 위치하는 것이 좋으며, 층이 다를 경우 엘리베이터 등을 이용하여 접근이 가능해야 한다.
- 휠체어를 이용하는 학생도 접근할 수 있도록 실내에 세면대 등을 설치하고, 휠체어로 방향을 전환할 수 있도록 방의 너비를 170cm 이상(보조자동반 최소 회전반경) 확보하도록 한다.
- 교실 내에 자동소화 설비(스프링클러)를 설치한다.
- 교실의 밝기기준은 책상 면을 기준으로 하여 300lx 이상, 소음 수준은 55dB 이하를 유지하도록 한다.
- 냉난방 시설을 갖추어야 하며 충분한 환기를 할 수 있도록 창의 면적은 바닥 면적의 1/10 이상이 되도록 한다.
- 병원학교 시설로부터 25m 이내에 설치되도록 하며 이동 거리 내에

계단이나 경사로가 없도록 한다.

2) 병원학교의 출결관리 및 운영위원회 구성

병원학교의 출결관리의 경우 병원학교에서 수업확인증명서를 학생의 소속학교로 송부하여 출석인정을 하는 것으로 되어 있으며, 병원학교 이용학생의 1일 적정 교육 시수는 의료진과 협의하여 조정하되 초등학생 1시간 이상, 중 · 고등학생은 2시간 이상을 1일 최소 수업 시수로 하고 있다. 성적관리의 경우 병원학교 학생의 학업성취도 평가는 가능하면 평가 당일 학교 출석을 권장하고 있다. 그러나 건강상의 이유로 곤란한 경우에는 가정이나 병원을 방문하여 평가하거나, 직접평가가 불가능한 경우 학교 단위의 평가 관련 위원회나 학업성적 관리규정 등을 통해 학내에서 결정하여 처리하도록 하고 있다.

일반학교와 마찬가지로 병원학교도 병원학교 운영위원회를 구성하여 운영한다. 이러한 병원학교 운영위원회를 통하여 교육청 담당자, 병원학교장, 병원학교 담당자, 학부모 등 관계자가 참여하는 협력체계를 구축하는 것이다. 그리고 병원학교와 학생의 원적학교 간 연계를 강화하여 출결 및 성적 관리를 포함한 효율적인 학습 및 적응 지원을 위하여 병원학교 담당교사, 학부모, 학생의 원적학교 담임교사 간 연계 강화를 위한 조치를 강구하도록 한다. 또한 자원봉사제 및 봉사활동제도 활용하여 병원학교 학생의 학습 및 심리적 지원을 위한 자원봉사교사제 및 일반학생 봉사활동인정제를 적극 활용할 필요가 있다.

한편 병원학교 예산관리에서는 병원학교 담당 전문직의 책임하에 병원학교 소속기관장, 병원학교 명예교장, 특수교사, 일반교사, 사회사업가 등 관계자의 협의를 거쳐 병원학교 설치, 교재 · 교구 구입, 교육활동비 등에 대한 계획을 수립하여 집행토록 하고, 병원학교별로 활용 · 관리토록 조치하게 하고 있다. 그리고 매년 전국 병원학교 워크숍을 개최하여 전국 병원학교의 다양한 정보를 공유하도록 유도하고 있다. 특히 전국의 병원학교의 홈페이지를 운영하여 병원학교를 홍보하도록 하고 있으며 병원학교 연구학교 운영, 협력학교 선정과 협력 등을 도모하고 있다.

5. 화상강의 등 통신매체를 통한 교육지원

병원학교는 장기입원 혹은 장기치료로 인해 학습이 지체되거나 유급위기에 있는 건강장애학생이 가정이나 병원에서 인터넷을 이용한 화상강의를 받음으로써 학업을 지속하고 학습 결손을 해소할 수 있도록 그들을 대상으로 한 화상강의 시스템을 운영하기도 한다. 즉, 건강장애학생의 특성을 고려해 방학을 포함하여 연중 프로그램으로 신축성 있게 운영방안을 수립하고 있으며, 교육계획 기간 내 화상강의 참여는 출석으로 인정하고 각 시 · 도교육청의 초등교육과 및 중등교육과에서는 현직교사를 화상강사로 활용할 수 있도록 학교장의 지원 독려 등 적극적으로 협조하고 있다. 주로 학년별 국어, 영어, 수학 교사가 1주 동안 2~3회 실시하고 있다.

현재 각 시 · 도교육청별로 화상강의 담당기관 및 담당강사, 건강장애학생의 학부모, 원적학교의 담임교사, 병원관계자, 자원봉사자 간 상호연계를 강화할 수 있도록 조치를 취하고 있다. 그리고 화상강의 기관의 운영위원회 운영을 활성화하고 가정이나 병원에서 화상강의를 수강하는 건강장애학생의 학습 및 심리적 지원을 위하여 담임교사 및 급우의 방문, 캠프 활동 동참을 독려하고 있다.

한편 화상강의를 이용하는 건강장애학생의 현황을 살펴보면 〈표 6-2〉와 같다.

표 6-2 화상강의 이용학생 현황(2007. 12. 기준)

구분(운영기관명)	2006	2007	담당지역
서울시교육청 (꿀맛무지개닷컴)	120	245	서울, 경기, 충북, 충남, 대전, 강원
인천시교육청 (교수학습지원센터)	30	41	인천
경남교육청 (꿈사랑사이버학교)	200	326	경남, 경북, 울산, 광주, 전북, 전남, 부산, 대구, 제주
계	350	612	

구분 (운영기관명)	연간 이용 학생 수	일일 평균 학생 수	학급 수					학교과정별 학생 수				
			유	초	중	고	계	유	초	중	고	계
서울시교육청 (꿀맛무지개닷컴)	245	213	0	13	9	3	25	0	108	78	24	210
인천시교육청 (교수학습지원센터)	41	25	0	3	3	2	8	0	10	15	2	27
경남교육청 (꿈사랑사이버학교)	326	280	0	12	9	2	23	0	137	122	26	285
계	612	518	0	28	21	7	56	0	255	215	52	522

6. 국내 건강장애학생 교육지원 사례

병원학교는 시·도교육청이 장기입원 때문에 학교에 갈 수 없는 초·중·고 학생을 위해 병원 측의 동의를 얻어 마련한 병원 내 특수학교 또는 사이버학급을 말한다. 학생의 수준에 맞춰 철저한 개인교습 방식으로 수업이 진행되며, 학교에 출석한 것으로 인정되어 퇴원 후에는 정규학년으로 복귀할 수 있다. 그들은 수시로 장기입원 치료를 하기 때문에 초·중등학교 정규과정의 정상 이수가 불가능하여 이를 해결하기 위해 2006년에

도입된 것이 병원학교제도다. 병원학교를 통해 해당 학생은 학습뿐만 아니라 심리적인 안정과 희망을 얻을 수 있다.

1) 한양대학교 병원학교

한양대학교 병원학교는 2005년 11월 서울특별시 성동교육청 지정으로 어린이 병원학교를 개교하게 되었다. 이 병원학교는 한양대학교 병원 7층 소아암병동에 위치하고 있는 어린이 학교로, 소아암병동 장기입원 아동의 기초 교과목의 지식 배양과 건강한 정서 함양을 목적으로 하고 있다. 한양대학교 병원학교에는 2007년 기준 소아암, 혈액종양, 백혈병을 앓고 있는 유치원, 초등학생, 중·고등학생 등 전 학년에 걸쳐 약 30여 명의 아동이 있으며, 서울광장초등학교와 연계해 화상강의 시스템을 운영하고 있다.

2) 국립서울병원학교(참다울학교)

국립서울병원학교(참다울학교)는 중곡동에 위치해 있는 국립서울병원 소아청소년 진료소 내에 위치해 있다. 전체 수용인원은 30명이며, 2007년 기준 전교생 20여 명으로 운영되고 있다. 대상학생의 생활수준은 보통 또는 그 이하로 비교적 어려운 편이다. 그러나 경제적인 어려움이 많으므로 학부모의 치료 교육열은 대단히 높아서 개교 이전부터 정서 및 정신 장애 문제를 가진 아동 및 청소년을 둔 학부모의 많은 문의가 있었으며, 2006년 10월 24일 개교 이래로 현재까지도 학생들이 꾸준히 입학하고 있다. 또한 참다울학교는 치료교육 극대화를 위해 정서 및 정신 장애 문제를 가지고 있는 아동과 청소년에게도 적합한 도움을 줄 수 있는 시설 인프라를 갖추고 있으며, 그동안 사회적 편견으로 소외되었던 정신장애 및 정서장애 아동에게 교육적 지원을 해 줄 수 있는 병원학교 설립을 위해 병원장, 학교장 및 치료교사의 기민한 협력적 노력이 필요하였다. 특히 담당 교직원은 심리학적 전문성을 갖추고 있으며, 발달장애와 학습장애로 어려움을 겪고 있는 치유적 대안교육을 제공하기 위해 노력하고 있다(서울광장초등학교, 2007).

3) 인천 길병원학교

2006년 인천 지역에는 43명의 학생이 건강장애 등의 사유로 진급 또는 진학이 어려운 실정에 놓여 있었는데, 이 학생들을 대상으로 2006년 10월 27일 인천 길병원학교가 개교하여 운영되고 있다. 길병원학교의 학생은 총 6명으로 초등학교 1학년 1명, 2학년 2명, 5학년 2명, 6학년 1명이다. 이들은 백혈병, 림프암, 알레르기 자반증 아동과 교통사고로 뇌손상을 입은 아동이다. 이와 별도로 길병원에 장기입원 중인 중 · 고등학생도 10명인 것으로 조사되었다. 중등부의 경우 하루에 2차시 이상 또는 한 달에 48차시 이상 사이버학급에 참여하면 출석을 인정하고 있으며, 고과목은 사이버 가정학습을 통하여 국어, 영어, 수학 과목을 이수한다. 또한 인성지도를 위해서 또래 학생 또는 방문교사가 상담을 하고 있다.

현재 운영상 어려운 점으로는 평가와 출석 인정 부분에 있는 것으로 조사됐다. 평가에 관해서는 원 소속교의 성적관리 규정에 의해 학교 재량으로 처리되고 있으나, 병원에 상주하고 있는 학생의 경우 정기고사를 치르기가 어려워 진급에서 일반학생과 함께 내신성적을 산출해야 하는 문제로 불이익을 받고 있다. 이에 대해서는 앞으로 더 심층적 연구가 필요하다. 출석인정을 위해서는 하루에 2차시 이상 또는 한 달에 48차시 이상 이수해야 한다. 하지만 실제로 학생들의 건강 상태가 다양하기 때문에 질병의 증상과 치료 과정 중인 경우 지속적으로 수강하기가 어렵고 한 달에 48차시의 시간이 벅찬 경우도 있는 것으로 나타났다. 따라서 출석인정 방식의 탄력적 운영에 대한 연구가 필요하며, 병원학교 전체 학생에게 적용할 평균 이수시간과 교과목별 기본 학습목표 도달을 위한 최소 시간을 함께 고려하여 연구해야 할 것이다. 교과 운영은 국어, 영어, 수학의 3개 교과로 한정되어 있어 학생의 학습 의욕을 충족하는 데는 부족하다고 판단된다.

4) 인제대학교 부산백병원학교

2005년 3월 10일에 개교하였으며, 병원학교, 지원학교, 부산시교육청, 병원지원 팀, 교사, 외부 지원기관(한국백혈병소아암협회 부산지부)의 협력체제가 체계적으로 구성되어 있는 것이 특징이다. 중등부는 2명으로 소수에 불과하다 보니 주로 유치부나 초등부에 초점을 맞추어 교육과정이 운영되고 있다. 중학교는 수학, 영어의 2개 교과를 중심으로 파견된 교사에 의해 개별 지도되고 있다.

이러한 사례를 통하여 아직 국내 병원학교는 중학생을 위한 교육과정의 틀을 제대로 갖추고 있지 않음을 알 수 있으며, 앞으로 체계적이고 발전적인 모델이 필요한 것으로 보인다.

표 6-3 국내 병원학교 사례분석

병원학교	운영내용
인천 길병원학교	1. 하루에 2차시 또는 한 달 48차시 수업 2. 국어, 영어, 수학 과목 학습 3. 또래 학생과 방문교사를 통한 상담활동 실시
인제대학교 부산백병원학교	1. 중등부 2명은 프로그램이 미비하여 초등부 과정에 함께 참여 2. 영어, 수학 과목 학습

5) 인하대학교 병원학교

2007년 9월 1일 개교하여 개별화교육계획을 수립하고 효율적인 학사

관리를 시행하고 있다. 2007년 10월 2일 정식으로 개교식을 거행한 인하대병원학교는 인하대병원 8층 소아과 병동에 위치하고 있으며, 2007년 현재 한 명의 학생이 입급하여 운영되고 있다.

6) 누리봄 교실

서울특별시 성동교육청지정 한양대학교병원 병원학교 누리봄 교실은 건강장애로 장기치료를 받고 있는 학생들에게 학업의 연속성 및 또래관계를 제공함으로써 학습결손 및 출석 부담을 최소화하고 사회성 발달을 도모하여 치료의 효과와 함께 아동의 발달을 돕는 것을 목적으로 한다. 건강장애학생으로 심장장애, 신장장애, 간장애 등 만성질환으로 인하여 3개월 이상의 장기입원 또는 통원치료 등 계속적인 의료적 지원이 필요하여 학교생활, 학업수행 등에 있어서 교육적 지원을 지속적으로 받아야 하는 자다.

교육프로그램은 현직교사와 학생교사로 이루어진 학업 지원 프로그램(일대일 교과수업)과 과학교실, 미술교실, 미술치료, 예술치료, 웃음치료, 음악치료, 동화구연, 논술교실, 푸른싹 행복교실, 무용동작치료, 케이크・쿠기 만들기, 한양어린이학교, 생일파티(매월 2회) 등으로 이루어지는 심리・정서적 지원 프로그램(단체수업)이 있다. 학습관리 시스템(LMS)

표 6-4 누리봄 교실의 운영 내용

순	내용	활용	비고
1	온라인 개별학습	에듀넷, EBS 학습용 콘텐츠 추출, 수준별 재구조화된 학습 자료 탑재, 시공간의 제약 없이 활용, 학습 진행 상황 점검 및 지도	SMS 기능을 이용한 지도
2	온라인 평가	온라인 평가를 객관식, 주관식 등 다양한 형태로 제공, LMS를 통한 자동산출	
3	온라인 과제 부여	학습자 피드백을 위한 과제 부여	

에 있는 실시간 첨삭지도 화상강의를 제공하며 녹화된 실시간 화상강의를 탑재하여 복습기회를 제공하고 있다. 그 구체적인 내용을 제시하면 〈표 6-4〉와 같다.

7. 꿀맛무지개학교

1) 꿀맛무지개학교 소개

꿀맛무지개학교는 서울시교육청 사이버가정학습 꿀맛닷컴에 구축되어 있는 다양한 콘텐츠를 활용한 실시간/비실시간 교육이 가능한 온라인 시스템으로 운영되는 학교로, 출석이 인정되는 화상강의(녹화수업 포함)로 학생들의 진급을 돕고 있다. 꿀맛무지개학교에 입학하려면 학적을 유지하고 있으면서 교육청의 특수교육운영위원회에서 건강장애로 인한 특수교육 대상자로 선정되어, 특수교육 대상자 선정 및 배치 확인서(교육청 발급)와 함께 학생과 부모가 동의하고 소속학교 담임교사가 확인하여 입교신청서를 제출하여야 가능하다.

2) 꿀맛무지개학교의 운영

사이버 화상강의 기관 중 꿀맛무지개학교의 운영계획을 살펴보면 다음과 같다(서울특별시교육정보연구원, 2011b).

(1) 목적

- 장기입원 또는 장기치료로 인해 학습이 지체되거나 유급 위기에 있는 건강장애학생의 학습권을 보장한다.
- 실시간 양방향 화상강의를 통해 수준에 맞는 수업을 제공하여 건강

장애학생의 학교 복귀를 지원한다.

• 동료 학생 및 교사와의 교류를 통해 정서적 안정에 기여한다.

(2) 근거

• 장애인 등에 대한 특수교육법 제5조(국가 및 지방자치단체의 임무)
 - 특수교육기관의 설치 · 운영 및 시설 · 설비의 확충 · 정비
• 장애인 등에 대한 특수교육법 제3조(의무교육 등), 제15조(특수교육대상자의 선정), 제25조(순회교육 등), 장애인 등에 대한 특수교육법 시행령 제10조(특수교육대상자의 선정)
• 교육과학기술부 특수교육지원과-5603(2010. 11. 30.) 2011년도 특수교육운영계획(건강장애학생 교육지원 및 병원학교 설치 · 운영 강화)
• 서울특별시교육청 2011년도 주요업무계획(2011. 1.)

(3) 운영 방침

• 운영: '교육과학기술부 - 서울특별시교육청 - 해당 시 · 도교육청(서울, 대전, 강원, 경기, 충북)' 간 협력체제를 구축하고, 서울특별시교육연구정보원에서 주관하여 운영한다.
• 운영기간: 2011. 1. 03.(월)~12. 31.(토), 수업기간: 2011. 3. 11.(금)~12. 29.(목)
• 교육내용
 - 교육과학기술부-서울특별시교육청 및 해당 시 · 도교육청 간 지도방법에 관한 협력체제를 구축하고, 서울특별시교육연구정보원에서 프로그램을 운영한다.
 - 교육내용은 초 · 중 · 고 교육과정을 운영하는 것으로 하되, 필수요소를 추출하여 교육과정을 압축하고 재구성하여 편성한다.
 - 교과활동 영역은 국어, 수학, 영어, 과학, 사회 과목군으로 하고, 창의적 재량활동(초3~6), 창의적 체험활동(초1 · 2, 중1, 고1), 교과

재량활동(중2 · 3, 고2 · 3) 및 특별활동(계발활동) 교육과정을 구성 · 운영한다.

- 재량활동 및 특별활동 시간을 주중 또는 방학기간에 배치하여 운영한다. 단, 방학기간에 실시하는 재량 · 특별활동은 출석으로 인정하지 아니한다.

- 담당교사: 해당 과목 2급 정교사 이상 자격증 소지자를 대상으로 공개 선발한다.
- 강의 운영
  - 기본 과목 강의는 홈페이지 접속 후 온라인 실시간 양방향 화상강의로 진행하고, 실시간 화상강의 후 녹화강의 콘텐츠를 홈페이지에 탑재 · 제공하며, 화상강의 교과 외에 꿀맛닷컴 자료를 이용한 개별학습을 실시한다.
- 대상학생: 꿀맛무지개학교 2011년 입교생
- 운영지원
  - 화상카메라, 헤드셋, 양방향 의사소통 시스템(종이판서 시스템) 등은 서울시교육청에서 운영기간 동안 해당 학생에게 무상 임대 형태로 지원한다.
  - 홈페이지 화상강의 메뉴의 강의 일정에 따라 화상강의실에 접속하여 화상강의를 실시간으로 진행하도록 한다.
  - 실시간으로 이수할 수 없는 경우에는 녹화강의를 활용하여 수업한다. 단, 출석인정 녹화강의 수강기간은 해당 수업일의 익월 1일 24시까지로 한다.
  - 수업에 필요한 도서 및 용품(비품), 수업 자료 및 녹화강의용 자료 제작에 필요한 장비와 소프트웨어는 예산의 범위에서 구입 · 운영한다.
- 자문위원회
  - 기술자문 부문: 건강장애학생을 위한 전문 인력 및 IT 관련 전문 인

력으로 구성하여 홈페이지 및 화상 솔루션 전반에 관한 자문을 구한다.

- 운영자문 부문: 학교급별, 교과별 전문가로 구성하여 교육과정의 압축과 재구성, 꿀맛무지개학교 운영 전반에 관한 자문을 통해 학교 운영에 반영한다.

• 학급 구성(2011학년도 예상 학생 수)

학교 \ 지역 / 학년		학생 수						학급 수 (2010)	학급당 인원수
		서울	대전	경기	강원	충북	계		
초 (191)	1	미정	미정	미정	미정	미정	미정	3(2)	미정
	2	9(1)	2	18	3	0	32	3(4)	10.6
	3	11(1)	4	23	1(1)	0	39	4(4)	9.8
	4	15(2)	3	15(1)	3	2	38	4(6)	9.5
	5	17(2)	2	16	1	4	40	4(5)	10
	6	19(3)	5	14	1	3	42	4(5)	10.5
중 (189)	1	20(2)	5	17	4	3	49	5(6)	9.8
	2	23(4)	8	22	3	3	59	6(6)	9.8
	3	27(3)	7	39(1)	3	5(1)	81	6(6)	13.5
고 (171)	1	32(3)	4	39(2)	5	4	84	5(4)	16.8
	2	16	2	17	2	2	39	4(4)	9.8
	3	18(1)	5	18	4	3(1)	48	3(2)	16
계		207	47	238	30	29	551	51(54)	10.6

(4) 교육과정 운영

① 초등학교

영역	교과					교과계 (주당 시수)	창의적 체험활동(1, 2)/ 창의적 재량 및 특별 활동(3, 4, 5, 6)	합계	이수 과목 수
교과(군)	국어	수학	영어	사회	과학				
1학년	2 국어	3 수학	-	1 슬기로운 생활		6	1	7	3
2학년	2 국어	3 수학	-	1 슬기로운 생활		6	1	7	3
3학년	2 국어	2 수학	1 영어	1 사회	1 과학	7	1	8	5
4학년	2 국어	2 수학	1 영어	1 사회	1 과학	7	1	8	5
5학년	2 국어	2 수학	2 영어	1 사회	1 과학	8	1	9	5
6학년	2 국어	2 수학	2 영어	1 사회	1 과학	8	1	9	5
계	12	14	6	4	4	42	6	48	26

② 중학교

영역	기초			탐구		교과계	창의적 체험활동(1)/ 재량 및 특별 활동(2, 3)	합계	이수 과목 수
교과(군)	국어	수학	영어	사회	과학				
1-1학기	3 국어	3 수학	3 영어	1 사회	1 과학	11	1	12	5
1-2학기	3 국어	3 수학	3 영어	1 사회	1 과학	11	1	12	5
2-1학기	3 국어	3 수학	3 영어	1 사회	1 과학	11	1	12	5

2-2학기	3 국어	3 수학	3 영어	1 사회	1 과학	11	1	12	5
3-1학기	3 국어	3 수학	3 영어	1 사회	1 과학	11	1	12	5
3-2학기	3 국어	3 수학	3 영어	1 사회	1 과학	11	1	12	5
계	18	18	18	6	6	66	6	72	30

③ 고등학교

영역	기초			탐구		교과계	창의적 체험활동(1)/ 재량 및 특별 활동(2, 3)	합계	이수 과목 수
교과(군)	국어	수학	영어	사회	과학				
1-1학기	3 국어	3 수학	3 영어	2 한국사	2 과학	13	1	14	5
1-2학기	3 국어	3 수학	3 영어	2 한국사	2 과학	13	1	14	5
2-1학기	3 문학	3 수학1	3 영어1	2 한국 지리	2 생물1	13	1	14	5
2-2학기	3 문법	3 수학1	3 영어1	2 한국 지리	2 생물1	13	1	14	5
3-1학기	4 독서	4 미적분 과 통 계기본	4 영어2	1 사회 문화	1 화학1	13	1	14	5
3-2학기	4 독서	4 미적분 과 통 계기본	4 영어2	1 사회 문화	1 화학1	13	1	14	5
계	20	20	20	42		78	6	84	30

(5) 수업의 실제

1 실시간 화상강의 시스템 운영

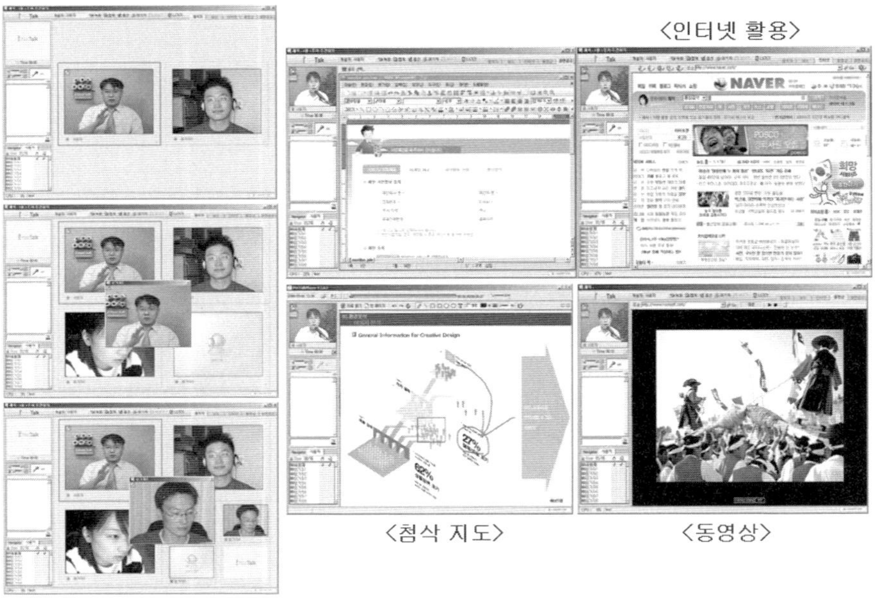

[그림 6-2] 화상강의 시스템 운영방법의 실제

- 화상카메라, 헤드셋, 양방향 의사소통 시스템(종이판서 시스템) 등은 서울시교육청에서 운영기간 동안 해당 시 · 도교육청에 임대 형태로 무상 지원한다.
- 실시간 양방향 의사소통이 가능한 시스템을 구성하여 운영하고, 기 설치된 화상강의 프로그램을 이용하여 교사와 면대면 수업이 가능하다.
- 기본 과정을 학교급별, 단계별 프로그램으로 구성하여 실시간으로 과정을 이수하도록 한다.
- 실시간으로 이수할 수 없는 경우에는 녹화하여 활용하도록 프로그램을 구성한다.

② 비실시간 학습관리와 상담

건강장애학생의 학습 결손을 보완하고 개인별 학습 지도 및 관리를 위해 양방향 교육 시스템으로서 화상강의 홈페이지인 '꿀맛닷컴(http://www.kkulmat.com)'의 다양한 e-러닝 콘텐츠로 학생의 학습관리와 상담실을 통한 개별상담 활동을 한다.

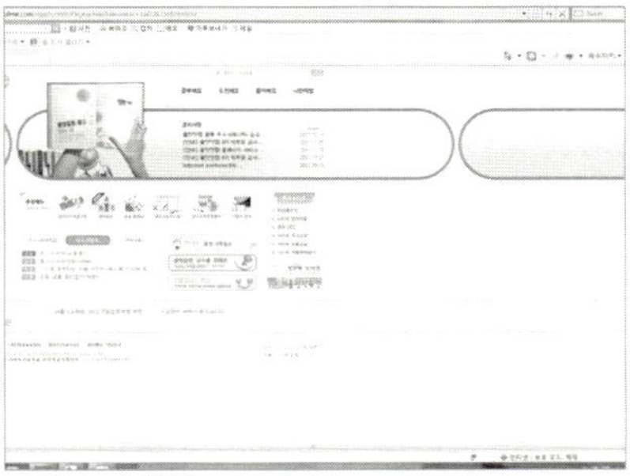

〈홈페이지 첫 화면〉

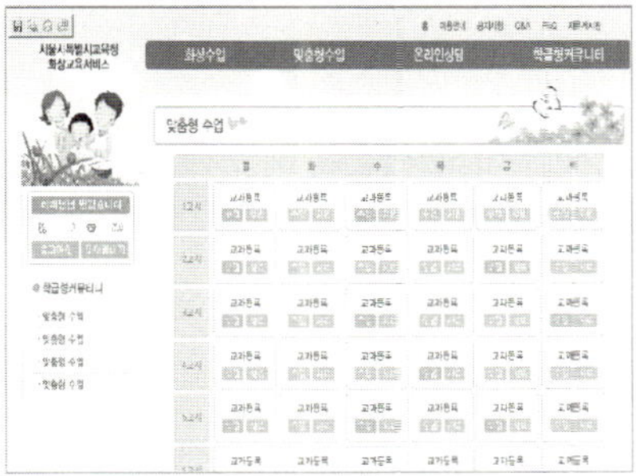

〈맞춤형 수업 화면〉

[그림 6-3] e-러닝 콘텐츠의 예

- 담임교사가 개별관리 프로그램에 접속하여 출석 확인 및 수업 진행 상황을 체크하고, 교사가 제공하는 과제 및 자료 수행을 확인한다.
- 서울시교육청 사이버가정학습 사이트인 '꿀맛닷컴'에 건강장애학생 홈페이지를 구성하고, 다양한 콘텐츠를 활용할 수 있도록 메뉴로 구성한다.
- 소속학교 홈페이지와 연계한 프로그램 운영으로 소속감을 부여한다.
- 실시간 수업 교과 외에도 자신이 부족하다고 여기는 분야에 대하여 자율적으로 학습할 수 있는 기회를 제공한다.
- 학급별 커뮤니티를 운영하여 언제 어디서든 대화할 수 있고 정보를 공유할 수 있는 여건을 조성한다.
- 꿀맛에서 제공하는 각종 에듀테인먼트 활용 권한이 부여된다.

③ 화상강의 시스템 시범운영상 교사(학급담임 및 교과담임 교사)의 역할

① 실시간

- 강의를 맡은 교사는 양방향 화상강의를 진행한다.
- 초등은 학급(교과)담임, 중등은 교과담임이 화상강의를 통해서 국 · 영 · 수에 한해 개인 맞춤형 교과를 지도한다.
- 실시간으로 진행된 강의는 VOD 형태로 저장하여 다시 볼 수 있다.

② 비실시간

- '화상강의 홈페이지' 안에 있는 '학급 커뮤니티'와 '온라인 상담'을 활용하여 학생들의 출석관리, 진도관리, 학습관리, 상담활동 등을 지원한다.
- 맞춤형 수업 프로그램을 작성하고 수업 자료를 선정하여 탑재한다.
- 교사가 학생의 수준에 맞는 자료를 안내하여 학생의 자율적인 학습을 유도한다.
- 서울교육포털(SSEM) 맞춤수업활용 수업안을 활용한 수업과정으로 구성한다.
- 비실시간 수업 프로그램을 작성하고, 수업 자료를 선정 및 탑재한다.

8. 화상강의 기관과 병원학교 비교

〈표 6-5〉와 같이 화상강의 기관인 꿀맛무지개학교와 병원학교를 비교해 보면 예산지원, 기관 수, 수업 일수, 교육과정 운영, 지도교과, 건강장애학생 수, 교사 수, 교사의 전문성, 수업 공간, 교육대상 등에서 차이를 보인다.

표 6-5 화상강의 기관(무지개학교)과 병원학교 비교(2006년)

내용	화상강의 기관	병원학교
예산지원	교과부, 시교육청(2012년도-교과부)	교과부, 시교육청, 원 소속학교 특별예산, 후원금(지역단체, 기업, 학부모 등)
기관 수	[4개] • 꿀맛무지개학교: 서울, 경기, 강원, 대전, 충북 • 꿈사랑사이버학교: 경남, 경북, 부산, 대구, 울산, 전남, 전북, 광주, 제주 • 길병원학교: 인천 • 꿈빛나래학교: 충남	[32개] • 서울: 11개(서울대병원 의) • 지방: 21개(부산대병원 의)
수업 일수	일반학교 수업 일수인 205일 기준으로, 녹화강의도 출석으로 인정	병원 입원 상태에서 수강한 것만 수업 일수 인정
교육과정 운영	교과수업, 재량활동, 특별활동, 상담활동 등	교과수업이 편성되어 있으나 실제로는 체험활동 중심
지도교과	국어, 사회, 수학, 과학, 영어, 창의적 체험활동, 재량활동, 특별활동 등	국어, 사회, 수학, 과학, 영어, 특기적성활동 등
건강장애 학생 수	660명	900명
교사 수	교사자격증 소지자 35명	1~2명의 교사자격 소지 교사, 대학생 등 자원봉사자
교사 확보	초 · 중 · 고 모든 교사 확보	
전문성	교사자격증 소지자가 교과, 담임 업무를 맡아 전문성, 책임감 있는 지도 가능	자원봉사자도 수업 참여: 전문성, 연속성, 책임감 등의 문제
수업 공간	온라인 강의: 공간과 규모에 제한 없음	병원 내 일부 공간(5~20평)의 소규모
교육대상	병원에 입원하여 치료 중인 학생 및 통원치료 학생 모두 가능	병원에 입원하여 치료 중인 학생
조직(운영)	• 교과부연구사-서울시교육청 담당 장학사-교육연구정보원 담당 교육연구사-학교급 · 교과별 교사자격 소지 교사 • 학교 형태	• 교장(의대 교수)-교감-교사(사회복지사, 병원 직원, 자원봉사자 등) • 학급 형태

9. 국외 건강장애학생 교육지원 사례

1) 클래스 액트 프로그램

사우스앨라배마 대학에 있는 아동부녀자 병원(Children and Women's Hospital)의 클래스 액트(Class Act) 프로그램은 학업 지체 예방에 주력하고 있다. 병원학교 교사와 원적학교 교사는 정기적인 팩스 및 이메일 등을 통해 학생의 현재 상태 및 과제물 등에 대한 연락을 하고, 학생은 주어진 과제를 완성하고 관련된 교육적 활동을 한다. 그리고 각 학교에서는 클래스 액트 프로그램에 참여하는 것으로 출석 일수를 인정해 준다. 병원에 소속된 아동생활 전문가(child life specialist)가 학생들의 자신에 대한 이해와 정서적 안정을 돕는다(Turnbull et al., 2003).

2) 캔자스 키즈

캔자스 키즈(Kansas KIDS)는 병원학교와 학생의 소속학교를 웹사이트로 연결하여 병원에 입원 중인 학생들도 자신의 친구들과 함께 공부할 수 있도록 하는 프로그램이다. 직접 학교에 출석하지 못하더라도 웹사이트를 통하여 참여할 수 있으며, 또래나 교사와 상호작용할 수 있다. 특히 교사는 구체적인 계획에 따라 병원의 의료진이나 교사를 통하여 학생에 대해 정확한 정보를 알 수 있고, 학교로 복귀할 때 체계적인 절차와 지원을 할 수 있게 된다.

3) 남서온타리오 소아암학교 지원 프로그램

캐나다 남서온타리오 지역의 소아암학교 지원 프로그램(Pediatric

Cancer School Support Program of Southwestern Ontario)은 소아암을 앓고 있는 아동을 위하여 교사 매뉴얼, 질병에 관한 정보지, 아동에 대한 치료, 부작용, 특별한 요구 등에 대한 의학적 설명서 등의 정보 패키지를 개발하여 활용하고 있다. 또한 학교가 아동의 학문적 · 사회적 욕구에 잘 부응할 수 있도록 프로그램 요원, 학교 교사 및 또래 아동과 긴밀한 관계를 맺을 수 있는 기회를 제공하고 있다. 갱신된 정보를 주기적으로 또는 필요할 때 교사에게 제공하며, 연례 워크숍 개최 등으로 병원과 학교가 계속적인 밀접한 연결을 유지하고 있다.

4) 메사추세츠 병원학교

메사추세츠 병원학교(Massachusetts Hospital School)는 아동 개개인 모두에게 골고루 자신감을 개발시킬 수 있는 교육의 기회를 제공하기 위해서 컴퓨터이용학습(computer-based learning: CBL)을 통한 교육 프로그램을 운영하고 있다. 이 프로그램은 만성 환자나 건강회복 환자에게 절차적으로 자신감을 회복할 수 있게 하고, 또래 관계를 통한 우정의 경험으로 아동의 성장에 자극을 줄 수 있도록 운영되고 있다.

5) 일라와라 병원학교

호주의 일라와라 병원학교(Illawarra Hospital School)는 치료학습과 학습치료(Learning with Care, Caring to Learn, Learning to Care)라는 주제로 학부모, 교사, 병원학교 관계자 간의 긴밀한 협력체계를 유지하고 있다. 오랜 병원생활로 건강장애아동이 느낄 수 있는 고립, 근심, 좌절을 줄이고 정서적 안정감을 갖게 하는 것이 그 목적이다.

이러한 외국 사례를 보면 건강장애학생의 의료적 특성과 예후, 주의사항 등에 대한 교사의 이해 증진 및 그에 따른 학교생활 지도가 필요하며, 이를 위해 병원(학교)과의 협력이 중요함을 알 수 있다.

해외 병원학교 운영 실태를 살펴본 결과, 학습지도보다는 지역사회의 인력 풀을 동원하고, 학교 정규교육과정 이외에 다양한 예체능 프로그램을 제공하여 대상학생의 인성 면을 개발하고, 병원생활에서 오는 무력감과 외로움을 치료하는 데 많은 노력을 하고 있음을 알 수 있다. 병원학교 내에 의사, 교사와 함께 상담심리학자, 정신과 의사 등을 대거 포함하여 교직원을 구성함으로써 학생들의 심리·정서적 지원에 역점을 두고 있다. 학생이 병원학교 내 교실로의 이동이 힘들 경우에는 병실 내에서도 수업이 가능하도록 배려하고 있다. 학생들이 만든 예술작품 등을 병원학교 홈페이지에 탑재함으로써 학부모나 학생들에게 자아존중감과 존재감을 심어 주도록 노력하고 있다. 이러한 사례를 통하여 광범위한 통합교육과정과 정서적·사회적 안정감 조성이 필요한 것으로 판단된다(안남중학교, 2008).

10. 건강장애학생을 위한 원적학교-병원-병원학교의 역할과 전망

건강장애아동을 위한 원적학교-병원-병원학교의 역할을 비교하면 다음과 같다. 먼저 원적학교는 다음과 같은 역할을 해야 한다.

- 담임교사를 중심으로 병원학교와 협력의 연계를 도모한다.
- 병원학교의 출석인정서를 적시에 처리하고 해당 아동의 성적관리를 맡는다.
- 원적학교 학생을 대상으로 병원학교 학생에 관한 올바른 이해를 지원하고 건강장애아동의 학교 복귀를 적극적으로 지원한다.

- 병원학교 학생의 학습 상황을 지속적으로 확인하여 그들의 학습 진전도를 확인한다.
- 병원학교 학생과 원적학급 학생 간의 정서적인 연계를 지원한다.

병원은 다음과 같은 역할을 해야 한다.

- 병원학교 교실 등 시설 및 기자재 등을 협조한다.
- 내원객에 대하여 병원학교와 관련된 홍보 및 상담을 실시한다.
- 병원학교의 효과적인 교육과정 운영을 지원하고 협력한다.
- 건강장애아동을 위한 다양한 교육계획 수립 시 질환관리에 관한 부분을 협조한다.
- 지역사회의 유관기관 및 업체 후원 등 협력체제를 구축한다.

병원학교는 다음과 같은 역할을 해야 한다.

- 병원학교에 대한 홍보 및 안내를 지속적으로 실시한다.
- 건강장애아동에 대한 다양한 교육적 지원을 확대한다.
- 원적학교와의 교육적 지원의 연계망을 구축한다.
- 건강장애아동의 출석관리 및 출석인정 처리 등의 학사 업무를 주관한다.
- 병원학교의 자원봉사자 교육 및 효과적인 운영을 도모한다.
- 궁극적으로는 건강장애아동의 학교 복귀를 지원한다.

부록

[부록 1] 출석확인서 양식

[부록 2] 건강장애아동을 위한 개별화교육계획안

[부록 3] 건강장애학생 병원학교 및 사이버학급 입급신청서

[부록 4] 건강장애학생 부모의 상담 사례

[부록 1] 출석확인서 양식

출석확인서 양식

제200-　　호

출 석 확 인 서

소속교:　　　학교　　　학년　　　반
성　명:
출석(입원)기간: 20____. ____. ____. ~ ____. ____.(결석　　일)

상기 학생은 ○○교육청 출석인정 ○○의과대학교 ○○병원학교 병원학급(사이버학급)에서 상기 기간 중 위탁교육을 성실히 이수하였음을 확인함.

20　년　월　일

○○교육청 ○○의과대학교
○○병원학교 교사:　　　　(인)

○○교육청 ○○의과대학교 ○○병원학교장(직인)

[부록 2] 건강장애아동을 위한 개별화교육계획안

개별화교육계획안

▶ 학생 인적사항

<table>
<tr><td>이름</td><td colspan="2"></td><td>성별</td><td></td><td>생년월일</td><td></td></tr>
<tr><td>교육 담당자</td><td colspan="6"></td></tr>
<tr><td rowspan="3">보호자</td><td>성명</td><td colspan="5"></td></tr>
<tr><td>주소</td><td colspan="5"></td></tr>
<tr><td>비상
연락처</td><td colspan="5"></td></tr>
<tr><td rowspan="3">의료 담당자</td><td>주치의</td><td colspan="2"></td><td>연락처</td><td colspan="2"></td></tr>
<tr><td>담당
간호사</td><td colspan="2"></td><td>연락처</td><td colspan="2"></td></tr>
<tr><td>기타</td><td colspan="2"></td><td>연락처</td><td colspan="2"></td></tr>
</table>

▶ 교육계획

<table>
<tr><td>개별화교육계획
필요 교과 영역</td><td>예) 수학, 국어 등</td></tr>
<tr><td>기간</td><td></td></tr>
<tr><td>참여시간</td><td></td></tr>
<tr><td>장소</td><td></td></tr>
<tr><td>지도교사</td><td></td></tr>
</table>

▶ 교육계획 실행 목표와 평가

교과 영역	현재 수준	교육목표	평가

▶ 건강 관련 사항

건강 상태	
현재 복용하는 약물	
특별한 주의사항 및 알레르기	
참여 가능한 병원 외 활동	
섭식상의 주의사항	
기타	

▶ 특별한 건강관리가 필요한 부분: ______________________

____

____

____

____

____

▶ 필요한 건강관리 절차 I(필요한 만큼 II, III 추가)

시간		장소	
목표			
방법			
필요한 보조인력			
보조장비			
주의사항			

▶ 응급처치(연락처:)

상황	처치 내용
예) 저혈당 증세, 천식 증세	

〈응급 상황 시 행동요령〉

1. 아동의 옆을 지키며 관찰할 것
2. 담당자에게 전화할 것
3. 담당자와 연락이 되지 않을 경우 다른 관련자에게 연락할 것

연락처 1: ________ 연락처 2: ________ 연락처 3: ________

학부모 서명: ________

담당자 서명: ________

[부록 3] 건강장애학생 병원학교 및 사이버학급 입급신청서

<table>
<tr><th colspan="9">특수교육 대상자 선정 · 배치 신청서</th></tr>
<tr><td colspan="2">접수번호</td><td colspan="7"></td></tr>
<tr><td rowspan="9">신청인</td><td rowspan="4">대상자</td><td>장애종별</td><td colspan="5"></td><td rowspan="3">사진
3×4
cm</td></tr>
<tr><td>성명
(한자)</td><td></td><td>성별</td><td>남 · 여</td><td>주민등록
번호</td><td></td></tr>
<tr><td>주소</td><td colspan="5">시 구 동</td></tr>
<tr><td>출신학교</td><td colspan="6">학교 제 학년 반 재학 졸업 수료</td></tr>
<tr><td rowspan="5">보호자</td><td>성명</td><td colspan="3"></td><td rowspan="3">대상자
와의
관계</td><td colspan="2" rowspan="3">대상자의
( )</td></tr>
<tr><td>학교(급)</td><td colspan="3">일반학급( ) 병원학교( ) 사이버학급( )</td></tr>
<tr><td>지망학교</td><td colspan="3">제1지망: 학교
제2지망: 학교
제3지망: 학교</td></tr>
<tr><td>주소</td><td colspan="3"></td><td>전화번호</td><td colspan="2"></td></tr>
</table>

특수교육진흥법 제10조 · 동법 시행령 제9조 제1항 및 동법 시행규칙 제3조 제2항의 규정에 의하여 위와 같이 신청합니다.

년 월 일

학 생 성명 (인)

보호자 성명 (인)

붙 임 1. 의사진단서 1부

○○시 교육감 귀하

○○○○교육청 교육장 귀하

(절취선)

특수교육 대상자 선정 · 배치 신청서 접수

접수번호:

장애종별	학생명	성별	주민등록번호	비고
		남 · 여		

위와 같이 접수하였음을 증명함

접수자	년 월 일 성명 (인)

년 월 일

○○시 교육감 (인)

○○시 ○○교육청 교육장 (인)

위탁교육신청서

<table>
<tr><td>접수번호</td><td colspan="2">200 - -</td></tr>
</table>

<table>
<tr><td rowspan="7">신청인</td><td rowspan="4">대상자</td><td>성명</td><td colspan="2"></td><td>생년월일</td><td colspan="2"></td></tr>
<tr><td>소속</td><td colspan="2">학교</td><td rowspan="2">연령</td><td colspan="2" rowspan="2">만 세</td></tr>
<tr><td>학년반</td><td colspan="2">학년 반</td></tr>
<tr><td>주소</td><td colspan="5"></td></tr>
<tr><td rowspan="3">보호자</td><td>성명</td><td colspan="2"></td><td>대상자의 관계</td><td colspan="2">대상자의 ( )</td></tr>
<tr><td rowspan="2">연락처</td><td>자택</td><td colspan="4"></td></tr>
<tr><td>휴대폰</td><td colspan="4"></td></tr>
</table>

위 학생을 ○○시교육청 ( )병원학교(사이버학급)에 위탁교육하고자 신청서를 제출합니다.

* 학력평가는 원 소속학교에서 처리함

년 월 일

담임교사 (인)
보 호 자 (인)
학교장(직인)

○○시교육청 ( )병원학교장 귀하

사이버학급 입급학생 원 소속교 담임교사 명단

<table>
<tr><th rowspan="3">학교명</th><th colspan="2">입급학생</th><th colspan="4">원적학교 담임교사 명단</th><th rowspan="3">비고</th></tr>
<tr><th rowspan="2">학년반</th><th rowspan="2">성명</th><th rowspan="2">성명</th><th colspan="2">연락처</th><th rowspan="2">이메일</th></tr>
<tr><th>학교</th><th>휴대전화</th></tr>
<tr><td></td><td></td><td></td><td></td><td></td><td></td><td></td><td></td></tr>
</table>

사이버학급 입급학생 원 소속교 도우미 학생 명단

<table>
<tr><th rowspan="3">학교명</th><th colspan="2">입급학생</th><th colspan="4">원적학교 도우미 명단</th><th rowspan="3">비고</th></tr>
<tr><th rowspan="2">학년반</th><th rowspan="2">성명</th><th rowspan="2">성명</th><th colspan="2">연락처</th><th rowspan="2">이메일</th></tr>
<tr><th>학교</th><th>휴대전화</th></tr>
<tr><td></td><td></td><td></td><td></td><td></td><td></td><td></td><td></td></tr>
<tr><td></td><td></td><td></td><td></td><td></td><td></td><td></td><td></td></tr>
<tr><td></td><td></td><td></td><td></td><td></td><td></td><td></td><td></td></tr>
<tr><td></td><td></td><td></td><td></td><td></td><td></td><td></td><td></td></tr>
<tr><td></td><td></td><td></td><td></td><td></td><td></td><td></td><td></td></tr>
</table>

학부모동의서(입교)

학교		학년반	
이름		주민등록번호	
병명		치료 병원명	

위 학생은 장기적인 입원 또는 통원치료로 인하여 학교에 정상적으로 출석하여 학교 수업에 참가하기 어려운 여건이므로 건강장애학생을 위한 병원학교(사이버학급)에 입교하여 수업지원을 받는 것에 동의합니다.

20 년 월 일

보호자: (인)

○○광역시교육청 ( )병원학교장 귀하

학부모동의서(퇴교)

학교		학년반	
이름		주민등록번호	
병명		퇴교 사유	

장기적인 입원 또는 통원치료로 인하여 병원학교(사이버학급)의 수업지원을 받아 왔으나 개인적인 사정으로 퇴교하는 것에 동의합니다.

년 월 일

보호자: (인)

○○ 교육청 ( )병원학교장 귀하

[부록 4] 건강장애학생 부모의 상담 사례

사례(1)

1. 혹시 건강장애에 대해 알고 계신가요?

장애의 종류가 다양하다는 건 알고 있었지만 건강장애가 있는지는 잘 몰랐네요. 더군다나 우리 아이가 건강장애에 속한다는 사실이 새롭기만 해요. 이건 치료해야 할 질병이라고 생각했지 장애라고 생각하진 않았거든요. 지금 생각해 보니 어쩌면 장애이기도 하네요.

2. 아이의 병을 진단받았을 때의 심정은 어떠셨나요?

이루 말로 표현할 수 없지요. 모든 부모님은 다 똑같을 겁니다. 하늘이 무너지는 것 같다고밖에 표현할 수 없을 것 같네요. 차라리 제가 그 병을 대신 가졌으면 하는 생각밖에 없었습니다. 그래도 지금은 이렇게 얘기하지만 그때는 하루하루가 너무 고통스러웠어요. 왜 우리 아이에게 이런 병이 발생했는지 하늘을 원망할 수밖에 없었지요.

3. 아이를 키우면서 기뻤을 때는 언제입니까?

일주일에 3일은 집에 있고 4일은 병원에 있으면서도 그 3일 집에 있을 땐 늘 좋았던 것 같아요. 아이가 집에 가는 걸 참 좋아했거든요. 아이가 좋아하는 걸 지켜보는 것만으로도 큰 기쁨이었답니다. 하지만 그 어느 때보다 기뻤을 때는 아이가 포항공대에 합격했을 때였어요. 그때는 정말 자랑스러웠죠. 몸이 그렇게 아프면서도 학업에 열중하던 아들이 그저 대견하였는데 결국 자기가 원하던 포항공대에 합격하더라고요. 그저 감사할 뿐이었어요.

4. 건강장애는 다른 장애와 달라서 경제적인 어려움이 있을것 같은데, 많이 힘들진 않으셨나요?

사흘 걸러 병원에 살다시피 하는데 병원비를 무시 못 하죠. 애 아빠 혼자 벌어 오는 돈으로 사실 많이 힘들었어요. 이건 완치되는 질병이 아니라, 지금까지도 그랬지만 앞으로의 병원비도 많이 걱정이에요. 그래도 아이가 건강하게 자랄 수만 있다면 병원비는 아까운 게 아닌 것 같아요.

5. 학교 교사나 친구들에게 고마웠던 일이나 서운했던 일이 있나요?

서운한 일보다는 고마운 일이 참 많았어요. ○○이 치료비에 경제적으로 많이 힘들어할 때 학교 선생님들과 친구들이 ○○이 아빠 가게에 와서 휴대폰을 일부러 사 주기도 하고 장학금도 지원해 주시곤 했어요. 아프다고 아이가 친구들에게 소외되진 않을까 걱정도 많이 했는데 주위 친구들이 착해서 많이 챙겨 줬어요. 정말 고마운 일이죠.

6. 아이의 장애로 인해 겪게 되는 불편함이나 따가운 시선은 없었나요?

무엇보다도 ○○이가 힘들죠. 당뇨는 인슐린 주사를 맞아야 하기 때문에 병원에 가지 않을 때도 주사기를 자기가 꽂아서 맞아야 하거든요. 그래도 지금까지 싫은 소리 한 번 하지 않고 잘 싸우고 견뎌 준 ○○이에게 고마워요. 애가 피부가 까무잡잡하고 푸석한 편인데, 그것만 빼면 어디 아프다거나 장애로 보이지 않기 때문에 따가운 시선을 느낀 적은 없어요.

7. 학교나 지역사회에 바라는 점은 무엇인가요?

학교보다는 정부에 요청하고 싶은 사항인데, 선진국에 비해서 우리나라는 아직 재정적인 지원이 많이 부족해요. 그래서 아이 하나가 아프면 가정이 무너지는 경우가 많은 걸로 알고 있어요. 저희도 쉽지 않거든요. 일일이 정부에서 관여하기 쉽지 않겠지만 우리 아이처럼 장기적인 치료가 필요한 경우 좀 더 폭넓은 지원을 해 줬으면 하는 바람입니다. 또 우리 애 같은 경우에는 그나마 병원에 입원한 시간보다 학교에서 공부하는 시간이 많아서 다행이었지만 주위에 보면 병원에 있느라 공부를 하지 못하는 아이도 많은 걸로 알고 있어요. 그 아이들은 완치되더라도 학교 수업을 따라가기가 많이 힘들지 않을까요? 그런 부분에서도 신경을 써야 할 것 같다는 생각이 듭니다.

8. 아이에게 바라는 점은 무엇인가요?

지금까지 이렇게 자라 준 것만도 너무 고마워요. 아프면서도 공부에 욕심이 많아서 자기가 원하던 대학에 들어가 준 것도 고맙고요. 앞으로 아프지 말고 이렇게 원하는 일을 할 수 있길 바랄 뿐입니다.

사례(2)

1. 건강장애라는 개념에 대해서 아시는지, 또 건강장애도 특수교육에 포함되었다는 사실에 대해서 아시는지 궁금합니다.

건강장애에 대해서는 잘 모릅니다. 이번에 학생들과의 인터뷰를 통하여 그런 이야기를 처음 들어 보았습니다. 우리 아이처럼 그저 병을 앓고 있다고 생각만 했지 그것이 장애라는 분류 속에 포함된다고는 생각해 보지 않았습니다. 큰 병 자체가 장애가 된다면 모를까, 학교를 가지 못하여 교육을 받지 못한다는 것은 장애라고 생각해 본 적이 없으니까요. 솔직히 장애라는 말을 듣는 것이 썩 좋은 말도 아니고요.

2. 백혈병이나 심장병, 소아암 등의 병을 앓고 있는 학생들과 선천적으로 몸이 허약한 학생들이 건강장애에 속합니다. 부모님께서는 이에 대해 어떻게 생각하시나요?

우리 아이가 투병생활을 할 당시에는 건강장애라는 말에 대해 전혀 몰랐고, 몸이 약하거나 병을 앓는 아이들이 건강장애에 속한다는 것 자체도 요즘에서야 나오는 말이라고 하니 좀 생소하기도 합니다. 사실 아이가 아픈 것도 속상한데 장애라는 말까지 붙인다는 게 어찌 보면 굉장히 가슴 아프죠. 뭐 학생들을 말을 들어 보니, 건강장애로 판명되면 더 좋은 교육을 받을 수 있다고 하니 지금 생각해 보면 그리 나쁜 것 같지는 않네요. 궁금한 게 있다면 애가 병이 다 나으면 건강장애라는 딱지라고 해야 할까요, 그 꼬리표가 사라지나요?

3. 조심스러운 질문이지만, 부모님께서는 노○○ 양이 처음 백혈병이라는 사실을 알았을 때 심정이 어떠했는지 궁금합니다.

믿기 힘들었죠. 사실 처음에 믿기 힘들어 부산에 있는 큰 병원에 다시 가 보기도 했는데 검사를 해 보고 또 해 봐도 결과는 같더라고요. 그때 심정은 이루 말할 수가 없네요. 그 병을 진단받은 순간 하늘이 노랗고 앞이 깜깜하더라고요. 애가 앞으로 겪어야 할 그 수많은 고통을 생각하니 눈물이 멈추지를 않았어요. 그때는 애가 빨리 낫기만을 바라는 마음뿐이었어요.

4. 노○○ 양이 투병생활을 하는 동안 학업적인 면에서 어떠한 점이 힘들었나요?

아무래도 치료가 우선이었기에 학교는 거의 나갈 수 없었죠. 다행히 6학년 2학기 때 중점적인 치료를 받았던 터라 그 시기에 출석 일수는 겨우 맞출 수 있었어요. 아무래도 학교 측의 배려도 있었고요. 배려가 있어서 다른 아이들과 함께 졸업을 할 수 있었어요. 하지만 졸업 앨범도 찍지 못했고, 아이가 한 학기의 학교생활을 제대로 할 수 없었기 때문에 그 점이 안타까웠죠.

5. 노○○ 양의 투병생활과 통원치료까지의 과정 중 형제자매 관계에는 어려움이 없었나요?

여동생과 6세 차이가 나거든요. 큰아이가 투병생활을 할 때 거기에 신경 쓰느라 동생은 친척집에 맡겨 두는 일이 많았어요. 큰아이도 힘들었지만 작은아이도 많이 힘들었을 거라 생각해요. 어린 나이에 부모와 떨어져 지내고, 병원에서 생활하는 시간도 많아서 많이 미안하죠. 그래도 언니가 아프니까 작은아이가 많이 보채지도 않고 의젓한 모습을 보여 줘서 그게 참 고마웠어요.

6. 여동생이 골수이식을 해 준 걸로 알고 있는데, 골수 일치과정부터 이식과정까지 부모님의 입장에서 많이 힘드셨을 것이라 생각됩니다. 그때의 상황을 간략하게 설명해 주실 수 있나요?

그때는 정말 힘들었어요. 처음 발병하고 나서 골수 일치 때문에 가족이 다 검사를 했어요. 다행히 작은아이와 일치가 되었는데, 그때 당시 작은아이가 너무 어렸던 터라 고민도 많이 되고 참 가슴이 아프더라고요. 어렵게 골수이식을 했는데, 이식받고 나서 무균실에서 치료받는 모습을 보는데 정말 가슴이 미어질 것 같았어요. 그때의 상황은 정말이지 말로 다 하기가 힘드네요.

7. 경제적인 어려움은 없으셨는지 궁금합니다.

경제적인 어려움이야 좀 있었죠. 그리 잘 살지는 않았지만 그래도 어려운 형편은 아니었는데 아이가 투병생활을 하면서 병원 입원비부터 수술비, 약값까지 많이 들었어요. 저희가 부산에 집이 한 채 더 있었는데 수술비 마련한다고 집을 팔았어요. 뭐 다들 아시겠지만 병을 치료하려면 돈이 많이 들잖아요.

8. 노○○ 양이 투병생활 중 제대로 된 학교생활을 하기가 힘들었을 텐데요. 노○○ 양을 위한 교육방법으로 생각하거나 활용하신 것이 있으신가요?

처음에는 병이 낫기만을 바랐기 때문에 치료에만 신경을 썼죠. 교육은 뒷전이었어요. 그러다 골수이식도 받고, 입원해 있으면서는 애가 굉장히 학교에 가고 싶어 했어요. 아무래도 친구들도 보고 싶었을 테고, 졸업도 얼마 남지 않았을 시기라 더 학교에 애착이 있었던 것 같아요. 입원해 있으면서는 애가 보고 싶어 하는 책을 애 아빠가 많이 사다 줬어요. 책을 읽기도 하고 TV도 보고 했죠. 정규적인 학습은 할 수가 없었어요. 그저 해 줄 수 있는 거라고는 책이나 받아 놓은 학습지 같은 걸 가져다주는 것뿐이었죠.

9. 건강장애학생은 교육 혜택을 받는 것이 힘듭니다. 이에 대해 교육부나 정부에

바라는 점이 있나요?

저도 지금 생각해 보니 우리 아이도 병원에 있을 때 교육적으로 혜택을 많이 받았더라면 하는 아쉬움이 남네요. 우리 아이가 통원치료를 하면서도 병 때문에 공부에 많이 소홀했던 것을 많이 아쉬워하더라고요. 물론 나라에서 힘든 점이 있겠지만 여력이 닿는 대로 병을 앓고 있는 아이들에게도 교육받을 수 있는 기회를 많이 줬으면 해요. 학생들과의 인터뷰를 통해서도 들었지만, 요새는 사이버학교도 있고 병원학교가 있는 곳도 있던데 그런 환경을 많이 제공해 줬으면 하네요.

10. 노○○ 양의 장래에 대해서는 어떻게 생각하시는지 궁금합니다.

이제는 아이가 병이 완치된 지도 꽤 오래됐고, 자신의 생활을 열심히 하고 있기에 큰 걱정은 하지 않아요. 아무래도 아직까지는 건강이 많이 염려되니까 계속 조심하라고 얘기하죠. 아이의 전공은 정치외교학이고, 입학 이후에 교내 방송부 활동까지 열심히 하고 있습니다. 그 일이 워낙 바쁜지 주말에 집에도 잘 안 온답니다. 자신이 원하기만 한다면 이렇게 좋아하는 방송 쪽의 일을 하는 모습을 보고 싶네요. 자신이 애정을 가지고 열심히 하는 일을 앞으로도 계속할 수 있으면 합니다.

사례(3)

1. 건강장애라는 말을 들어 보셨나요?

아니요, 처음 들어 봤어요. 전 처음 학생한테 건강장애라는 말을 들었을 때 사실 기분이 나빴어요. 우리 아이가 조금 아플 뿐이지 장애를 가지고 있다는 생각은 단 한 번도 해 본 적이 없거든요. 장애인은 우리 ○○ 같은 아이들이 아니라 정말 정신적으로나 신체적으로 문제가 있는 아이들을 가리키는 말이 아닌가요? 지금은 완치가 되었지만, 만약 우리 ○○가 아플 때 제 아이를 장애인이라고 불렀다면 상당히 기분이 나빴을 것 같습니다.

2. ○○의 병 발생 후 가장 힘들었던 점이나 시기는 언제인가요?

다른 엄마들은 어떨지 모르겠지만, 제가 제일 힘들었던 시기는 ○○가 백혈병을 앓고 있다는 사실을 알았을 때도 아니고 치료하는 과정이 힘들었을 때도 아닙니다. 전 ○○가 골수이식을 받고 나서 5년간이 제일 힘들었어요. 재발할까 무서워서 하루하루를 어떤 심정으로 살았는지 생각하기도 싫어요. 학교생활도 생각처럼 쉽지 않았어요.

3. 학교생활도 쉽지 않다고 했는데, 그럼 어떤 점에서 힘들었나요?

전 ○○가 완치되면 모든 게 다 해결될 줄 알았죠. 하지만 수업 일수가 모자라서 어쩔 수 없이 유급할 수밖에 없었고, ○○는 동생들이랑 같이 학교를 다니게 되었죠. 솔직한 심정으로 아이들이 ○○를 가엽게 여겨서 잘 대해 줄지 알았어요. 아니, 초등학교 때까지는 여자 친구들이 많아서 많이 도와 줬죠. 근데 중학교를 남학교로 가게 되면서 상황이 바뀌었어요. 아이가 너무 왜소한 탓에 같은 반 아이들이 괴롭히기 시작했고, 맞고 들어오는 날이 많아졌어요. 고등학교 때도 마찬가지였죠. 맞고 들어오는 날이 많아졌어요. 중학교 때 친구들 대다수가 같은 고등학교로 올라갔기 때문에 상황이 많이 다르진 않았어요. 그래도 그나마 여자애들이 있어서 많이 챙겨 줬죠. 남자애들이 ○○를 괴롭히면 여자애들이 나서서 많이 말려 줬다고 하더라고요.

4. 병의 발생과 치료 과정을 거치면서 ○○의 성격이 바뀌었다거나 하는 점이 있나요?

○○는 굉장히 밝은 아이였어요. 잘 웃고 잘 떠들고, 누나 있는 막내아들이라서 그런지 애교도 많고요. 초등학교 저학년 때는 반장을 도맡아 하던 아이였죠. 근데 5학년 때 그런 진단을 받고 나서 말이 없어지기 시작했어요. 치료도 무척이나 힘들었겠죠. 이제는 말을 잘 안 해요. 신경질을 많이 부리고, 가끔은 저 애가 혼자서 무슨 생각을 저렇게 하나 싶을 정도로 가만히 있을 때가 많아요. 아, 한번은 이런 일이 있었어요. 아이가 애들이랑 술을 마시

고 새벽에 갑자기 기분이 나쁘다고 주차되어 있는 차의 백미러를 부셨다고 파출소에서 연락이 온 거예요. 그때가 새벽이었는데 자다 말고 뛰쳐나갔던 일이 생각나네요. 사실 요즘도 애가 많이 감정적으로 대응하는 거 같아서 주위 권유대로 정신과 치료를 좀 받아 보려고 해요. 요즘은 정신과가 꼭 정신병자만 가는 곳이 아니라고 하더라고요.

5. 그렇다면 이런 ○○에게 학교에서 특별히 도움을 준 것이 있나요?

아니요, 전혀 없어요. 전 ○○의 성격이 이렇게 변한 데에는 병 탓도 있겠지만 친구들의 괴롭힘으로 스트레스를 많이 받아서라고 생각해요. 이렇게 남 탓을 하면 안 된다는 걸 알지만 자꾸 그런 생각이 드네요. 전 ○○가 학년이 올라가면 꼭 담임선생님을 찾아가서 우리 ○○의 사정을 얘기하고 아이들 사이의 관계를 잘 조율해 달라고 부탁드렸어요. 근데 단 한 번도 담임선생님이 애한테 관심을 가져 주는구나 하고 느낀 적이 없어요. 한번은 아이들이 ○○의 안경을 공으로 삼아 자기들끼리 던지고 받고 놀이를 했나 보더라고요. 결국 안경이 떨어져서 깨졌죠. ○○가 중간에 서 있고 아이들이 빙 둘러서 그런 놀이를 했나 보더군요. 전 ○○가 가운데서 어떤 기분이 들었을까 생각하며 너무 속상해서 참지 못하고 담임선생님을 찾아갔는데, 담임선생님께서는 전혀 그런 일이 없었다고, ○○가 아이들이랑 무척 잘 지낸다고 생각하고 계시더군요. 더구나 학교 차원이나 지역 교육청 차원에서는 더욱 도움을 받은 것이 없어요. 아, 체육시간에 특별히 ○○를 배려해 주긴 했어요. 다 낫기는 했지만 강한 항암 치료와 약물로 인해 체력이 많이 약해지고 또래보다 키나 몸무게 면에서 많이 부족한 ○○를 위해 체육 실기시험 대신 필기시험으로 성적을 낼 수 있도록 해 줬어요. 하지만 그 외에는 특별히 도움을 받은 게 없는 것 같아요.

6. ○○의 병 발생 후 가족 내에서 달라진 점들은 무엇인가요?

애 아빠는 원래 성격이 굉장히 다정다감해요. 애가 아프다는 말을 처음 들었을 때는 우리 가족 모두 예민해져서인지 많이 다퉜지만 병을 받아들이고부터는 단 한 번도 ○○의 병 때문에 싸운 적이 없어요. 아빠가 많이 도와줬죠. 제가 일을 했는데 그걸 그만두고 ○○한테 매달렸어요. 매일 병원에서 살았죠. 그러다가 엄마가 지치면 안 된다면서 아빠가 일주일에 두 번 정도 교대해 줬는데, 주말을 빼고 다른 하루는 병원에서 자고 바로 출근했어요. 그거 생각하면 많이 고맙죠. 누나는 ○○가 아플 때 중학생이었는데, 지금 생각해 보면 사춘기를 그때 겪은 것 같아요. ○○ 때문에 자기 부모가 힘들다고 생각했는지, 아니면 자기가 사랑을 못 받는다고 생각했는지 짜증을 많이 부렸어요. 한번은 제가 울면서 절 좀 살려 달라고 ○○이한테 얘기를 했어요. 엄마가 널 너무 사랑하는데 지금은 엄마가 여유가 없다고, 동생 병 다 나으면 우리 ○○이한테 못다 준 사랑 많이 주겠다고, 지금은 엄마를 좀 이해해 달라고 부탁했죠. 그 후에 많이 변했어요. 병원에도 자주 찾아와 주고 학교에서 있었던 일도 부모한텐 일절 얘기하지 않았는데 그 후부터는 얘기를 많이 하더라고요. ○○이가 바뀐 후로는 가족관계에 있어서 힘든 점은 없었어요. 경제적인 면에 있어서도 힘들었죠. 원래 집이 부유하지는 않았지만 저랑 애 아빠가 맞벌이를 해서 살기 힘들진 않았어요. 하지만 ○○의 병이 생긴 후부터는 제가 일을 관두게 되었고 애 아빠 수입만으로 생활해야 했는데, 엄청난 약값과 병원비, 그리고 수술비까지 해서 가정생활이 많이 힘들어졌어요.

7. 건강장애라는 말을 반갑게 받아들이지 못하실 수도 있지만, 이제는 몸이 아파서 학교교육을 정상적으로 받기 힘든 학생에게 도움을 주기 위해 건강장애가 장애 영역에 포함되었어요. 이에 대한 생각과 앞으로 원하는 것이 있다면 무엇이 있을까요?

공부를 할 수 있게 도와준다는 건 참 고마운 일이죠. 우리 ○○가 아팠을 때 그런 게 있었다면 아마 유급은 안 해도 됐겠죠? 근데 사실 그 당시에는 애가 아파서 공부 따윈 생각할 겨를이 없었다는 게 맞는 말인 거 같네요. 전 솔직히 공부는 신경도 쓰이지 않았고 애가 살아야겠다는 생각만 했어요.

애가 아픈데 공부가 다 무슨 소용이냐 싶었던 거죠. 매일 애가 약과 주사와 통증에 시달리는데 공부시키고 싶은 생각이 들겠어요?

8. 그럼 마지막으로 ○○에게 바라는 점이나 앞으로 ○○가 어떻게, 무엇을 했으면 좋을지에 대해 생각해 보신 적은 있는지 궁금해요.

○○는 지금 전문대 컴퓨터학과를 졸업했어요. 아직 취업은 못 했지만 자리를 계속 알아보고 있는 것 같더라고요. 아직도 그때의 악몽이 자꾸만 되살아나서 스트레스를 주지 않으려고 노력해요. 그래서 취업에 대해서는 우리가 일절 언급하지 않아요. 하지만 좋은 자리가 잡히면 일을 열심히 했으면 좋겠어요. 결혼도 꼭 시킬 겁니다. 요즘 여자들은 너무 작고 마른 남자를 안 좋아한다고 하더라고요. 그래서인지 여자친구가 한 번도 없었어요. 그렇지만 결혼을 하지 못할 거라고는 생각하지 않아요. 정말 따뜻한 마음을 가진 여자가 꼭 생길 것이라고 믿어요. 그래서 따뜻하고 행복한 가정을 꾸려 나갔으면 하는 작은 바람이 있습니다.

사례(4)

1. 학교 선택은 어떻게 하셨나요?

학교는 처음엔 병 자체를 몰랐기 때문에 집 근처 여고를 다녔어요. 평소에 공부도 곧잘 했고 학교 진도도 잘 따라가는 편이라 학업에 대해서는 걱정하지 않았어요. 그러다 고2 여름쯤 되어서 병을 알게 되었고, 학교를 가지 못하는 경우가 늘어나게 되었죠.

2. 병 진단 후 도움을 받은 곳은 있나요?

글쎄요…. 특별히 도움을 받은 국가기관이라든지 사회복지시설은 없네요. 저 스스로 병에 대해 알아보고 병원에 의지할 뿐이지, 지인이나 친척이 아니라면 특별히 도움을 받은 적은 없는 것 같아요.

3. 부모로서 힘든 점은 무엇이었나요?

지금은 완치된 상태이지만 그 당시에는 어린 나이의 딸이 암이라는 병을 가진 것 자체를 받아들일 수 없었고 모든 게 제 탓만 같았어요. 또 그 당시에는 치료기간이 길고 그 결과가 불확실해서 아이가 감정적으로 불안해하고 굉장히 우울해했는데 그런 모습을 지켜보기가 매우 힘들었어요. 원래 참 예쁜 아이인데, 청소년기라 외모에 한창 관심을 가졌던 아이가 항암제로 인해 머리가 다 빠져서 외모 때문에 위축되고 자신감을 많이 잃은 모습을 보니까 힘들었어요.

4. 학교 내 교우관계는 어땠나요?

그래도 발병하기 전인 중학교 때부터 사귀었던 친한 친구들이 있어서 아이가 마음이 많이 안정되었던 것 같아요. 친한 친구들이 자주 보러 와 주고 편지도 써 주고 했어요. 참 고마운 아이들이죠. 하지만 고등학교 때부터는 학교에 잘 나가지 못하여서 친구들과 깊은 관계를 맺지는 못하였던 것 같아요.

5. 사회 장애 프로그램 지원 활용 여부는 어떤가요?

솔직히 경제적인 면에서도 너무 힘들어서 아픈 아이들을 위해 더 나은 사회보장제도가 있었으면 좋겠어요. 솔직히 암환자에 대한 의료보험 해택이 너무 적거든요. 의료보험 적용 확대를 통해서 조금이나마 부담을 덜 수 있을 것 같아요. 암이란 병이 금방 나을 수 있는 병도 아닌데다 오랫동안 치료비를 부담하기가 쉽지 않더라고요. 또 암에 대한 정확한 이해나 치료과정 재활에 관한 교육을 한다면 병에 대한 최신 정보도 얻고 병이 치유된 후에도 재발을 막는 데 많은 도움이 될 것 같아요. 또 다른 아픈 아이들이나 아픈 아이의 부모님끼리 모임을 갖는 것도 심리적으로나 정보 교환으로나 많은 도움이 될 것 같아, 그런 프로그램을 갖는 것도 여러모로 좋을 것 같습니다.

6. 퇴원 후 필요한 도움 욕구는 무엇인가요?

재발에 대한 두려움을 언제나 갖고 있기에 집에서 스스로 질병을 관리하는 방법을 알려 주고, 상담을 통해서 진로나 학업에의 복귀에 대해 심리 · 정서적으로 도움을 주고, 가발이나 목발과 같은 보장구에 대한 설명도 해 주는 의료사회복지사와 같은 시스템이 필요할 것 같아요.

7. 학교 교육과정 만족도는 어떤가요?

저희 아이같이 아픈 아이에게는 아무래도 학교 교육과정을 따라가는 게 너무 어려운 것 같아요. 그때는 오로지 출석 일수를 채우는 것 자체만으로 만족해야 했고 사이버강의 같은 것은 전혀 생각해 보지 못했어요. 지금은 인터넷 강의도 많이 한다고 하니까, 만약 학교나 병원에서 그렇게 해 준다면 정말 도움이 많이 될 것 같네요.

8. 가족 문제의 발생 여부는 어땠나요?

경제적으로는 많이 어려웠으나 가족 문제가 발생하거나 하진 않았어요. 오히려 사이가 더 좋아진 것 같네요. 아이가 언니와도 굉장히 많이 싸웠는데 서로 챙겨 주는 돈독한 사이가 되었고, 아빠도 마찬가지로 아이에게 더욱 자상한 아빠가 된 것 같아요.

9. 진로/결혼에 대한 부모님의 생각은 어떤가요?

물론 지금은 다행히 완치된 상태라 열심히 공부해서 뒤늦게나마 대학도 입학했어요. 전 아이가 바라는 대로 좋은 방향으로 갔으면 해요. 물론 결혼도 당연히 시킬 생각이에요. 단지 몸이 아프다고 해서 결혼을 못 한다고 생각하지 않네요.

사례(5)

1. ○○이의 성격은 어떤가요? 그리고 장래희망은 무엇인가요?

밝고 씩씩한 편이라 사람들 앞에 나서는 것을 좋아합니다. 개그맨 흉내를 잘 내서 가끔 엄마, 아빠를 웃겨 주는 귀여운 아들이랍니다. 요즘에는 엄마가 말 안 해도 스스로 약도 잘 챙겨 먹고 다 큰 것 같아요. 하지만 엉뚱한 소리도 잘 하고 가끔 짜증을 내거나 너무 산만한 행동을 보일 때는 내 아들이 ADHD 때문에 그런 거 같아 속상하기도 합니다.

○○이가 동물을 너무 좋아해요. 한번은 제가 한눈파는 사이에 강아지를 쫓아가서 잃어버릴 뻔한 적도 있어요. TV에서 〈동물농장〉 같은 동물들 나오는 프로그램을 너무 좋아하고, 동물책 보는 것도 좋아합니다. 장래희망 역시 동물사육사 또는 동물화가가 되고 싶다고 해요. ○○이가 자신이 꿈꾸는 일을 이루기 위해 최선을 다했으면 하네요.

2. ○○이의 병을 알았을 때의 심정은 어떠하셨습니까? 그리고 지금의 심정은 어떠신가요?

왜 나한테만 이런 일이 생기나 하는 마음이었어요. 태어난 지 얼마 되지도 않은 어린 아기를 수술실로 보내는 엄마의 마음을 생각해 보셨나요? 실제로 당해 보지 않고는 상상할 수 없어요. ○○이를 낳은 지 얼마 되지도 않아 몸조리를 제대로 하지도 못한 상태에서 눈물로 나날을 보냈어요. 1차 수술이 끝이 아니고 수술을 서너 번 더 해야 한다는 말을 듣고 과연 우리 ○○이가 살 수 있을까 하는 의심마저 들었어요. 잘 때마다 내일 아침이면 기적처럼 ○○이의 병이 깨끗이 나아 있기를 기도했지요.

처음에는 마음이 어떻게 표현할 수 없을 정도로 복잡했어요. 그래도 지금은 치료하면 충분히 다른 아이들처럼 건강하게 지낼 수 있다는 것에 감사하고 있어요. 치료방법도 없는 아이들도 있고, 나중에 발견해서 어쩔 수 없는 상황에 닥치는 아이들도 많으니까요.

3. ○○이의 병을 치료하면서 힘드신 점으로는 어떠한 것들이 있었나요? 그리고 극복하기 위한 노력은 무엇이었나요?

가장 힘들었던 것은 우선 경제적인 부분이었어요. 수술을 무려 네 번이나 받았는데 한 번에 500만 원 정도씩 하는 수술비도 문제였고, 수술비뿐 아니라 수술 후 입원비, 약값 때문에 정말 힘들었어요. 남들보다 못살지는 않았지만 많은 수술을 하고 입원하면서 경제적으로 힘들었어요. 통원치료 한 번 갈 때마다 30~40만 원씩 들어가고 약값도 만만치 않았거든요. 하지만 다행히도 아는 분을 통해서 재단을 소개받았고, 재단에서 조금이나마 경제적인 도움을 받고 있습니다. 정말 고마운 일이죠.

4. ○○이의 병 때문에 가족 구성원이 겪는 문제가 있으십니까?

아니요, 지금은 특별한 문제는 없어요. 처음에 ○○이를 낳고는 바로 수술실로 보내고 입원 중에는 너무 바쁘고 정신도 없어서 우울할 틈도 없었어요. 그런데 애가 퇴원하고 집에 왔을 때는 조금이나마 여유가 생기니깐 우울해지더라고요. 내가 전생에 무슨 죄를 지었길래 나한테 이런 일이 일어나나 하고 하늘을 원망하고, 건강한 자식 낳은 친구들이 부럽기도 하고 그랬어요. 지금 생각해 보면 우울증이 왔던 것 같아요. 고마운 일은 남편도 일하느라 많이 힘들 텐데 집에 오면 저를 많이 신경 써 준 거예요. 그래서 잘 극복해 낸 거 같아요. 그리고 중학생이 된 누나가 동생을 참 잘 보살펴 줘서 기특해요.

5. 학교 내에서 ○○이의 교우관계나 학업성취도는 어떠합니까?

ADHD라 그런지 공부는 잘하지 못해요. 평소에 공부에 집중도 잘 못하고 산만한 편이네요. 내준 과제도 제가 옆에서 지켜보고 있지 않으면 자꾸만 다른 데 한눈팔고 그래요. 학업성취도는 만족스럽지 못하지만 현재 계속 치료하고 있으니까 점점 좋아질 거라고 믿어요. 그리고 친구들 간의 관계는 선생님께서 잘 지내는 편이라고 하시더라고요. 성격이 밝고 붙임성이 좋은 편이라 교우관계는 원만한 편인 것 같아요.

6. 건강장애에 대해 어떻게 생각하시나요?

건강장애에 대해서는 알고 있었지만 우리 아이가 건강장애라고는 생각하지 않아요. 솔직히 좀 거부감이 드네요. 건강장애 판정을 받으면 특수교육 지원을 받는다고는 하지만, 장애라는 말이 아이에게 안 좋은 영향을 미칠까 봐 굳이 건강장애 판정을 받을 생각은 없어요. 지금 당장 지원을 받으려고 장애 판정을 받느니 그냥 우리 가족의 힘으로 되는 데까지 해 볼 생각이에요.

7. 앞으로 ○○이에게 특별히 가르치고 싶은 것이 있나요? 있다면 무엇인지, 그리고 그 이유에 대해 말씀해 주세요.

○○이가 상상력이 풍부하다면서 특수반 선생님께서 그쪽으로 개발시켜 주라고 하시네요. 전에 다녔던 미술학원 원장님도 그림을 곧잘 그린다고 했어요. 그래서 미술 쪽으로 나가면 어떨까 생각 중이에요. 미술을 할 때만큼은 다른 공부를 할 때보다 집중력도 뛰어나고 곧잘 따라 하는 것 같아요.

8. 학교 입학 이전의 교육적 노력으로는 무엇이 있었나요?

어린이집과 학원에 보냈고, 집에서 학습지를 좀 했고, 책도 읽어 주고 동화 테이프도 들려줬어요. 그리고 인터넷이나 책을 통해서 ○○이에게 필요한 유용한 정보를 얻기도 했지요.

9. 특수교사에 대해 어떻게 생각하시나요?

특수교사는 일반아동에 비해서 이해력과 기억력이 뒤떨어지는 아이들을 옆에서 차근차근 잘 설명해 줄 수 있어서 좋은 것 같아요. 특히 ○○이네 특수반 선생님을 보면 공부만 가르치기보다 정말 따뜻한 마음으로 애들을 대해 주고 이해해 주려는 모습이 보기 좋아요. 아무래도 장애에 대해 더 잘 알고 있기 때문이겠죠? 여러분도 이다음에 학교를 졸업하고 특수교사가 되었을 때 아이들을 사랑으로 보듬어 주었으면 해요.

참 · 고 · 문 · 헌

강영희 편(2008). 생명과학대사전. 서울: 아카데미서적.

교육과학기술부(2008). 특수교육 연차보고서.

교육과학기술부(2009a). 창의적 체험활동. 교육과학기술부 고시 제2009-41호, 별책 18호.

교육과학기술부(2009b). 특수교육 연차보고서.

교육과학기술부(2010a). 특수교육 연차보고서.

교육과학기술부(2010b). 특수교육 운영계획.

교육과학기술부(2011). 특수교육통계자료.

교육인적자원부(2004). 2004년도 특수교육 운영계획.

교육인적자원부(2006). 건강장애학생 교육지원 관련 설명자료.

김기홍(2005). 독일의 건강장애학생을 위한 환아(患兒)학교의 교육 및 수업 운영체제에 관한 연구. 특수교육연구, 12(2), 27-47.

김남옥(1992). 학습부진아에 대한 진단적-처방적 학습기술 훈련의 효과. 계명대학교 대학원 박사학위논문.

김동일(2005). 학업상담을 위한 학습전략 프로그램. 서울: 학지사.

김동하(1992). 국민학교 아동의 부적응 감소를 위한 프로그램 연구. 한국외국어 대학교 대학원 석사학위논문.

김영채(1991a). 학습과 사고의 전략. 서울: 교육과학사.

김영채(1991b). 관리적 사고: '생각할 줄 아는 사고' 의 전략. 계명행동과학, 4(1), 7-14. 계명대학교 행동과학연구소.

김은주(2006). 건강장애학생의 교육지원 방안 및 병원학교 설치운영사업 소개. 건강장애학생의 학습권 보장을 위한 병원학교 운영 관련 워크숍 자료집, 5-21.

김은주(2006). 건강장애학생의 학습 및 정보화 지원 방안. 정보격차 해소를 위한 교육 안전망 구축 정책세미나 자료집, 41-51. 한국교육학술정보원.

김현주(2012). 건강장애 및 희귀질환 학생 현황과 지원제도. 중복장애 · 건강장애학생을 위한 수업전략. 2011학년도 직무연수 제11기 교재, 57-65. 경기: 국립특수교육원.

김혜영(2009). 건강장애학생의 학습의욕과 사회적 지지 지각과의 관계. 한국교원대학교 교육대학원 석사학위논문.

박승희(2003). 한국 장애학생 통합교육: 특수교육과 일반교육과의 관계 재조명. 서울: 교육과학사.

박은혜, 김미선, 김정연(2005). 건강장애학생이 겪는 어려움과 지원 방안에 대한 질적 연구. 특수교육연구, 12(1), 223-224.

박은혜, 박지연, 노충래(2005). 교육취약계층 학습권보장을 위한 건강장애학생 교육지원 모형 개발. 2004 학술진흥재단 협동연구 2차 지정주제지원사업 연구결과 보고서.

박은혜, 이정은(2004). 건강장애학생의 학교적응 지원을 위한 기초연구. 특수교육학연구, 39(1), 143-168.

박재국, 김혜리, 서보순, 김진주(2012). 일반학교에 있어서 건강장애학생 교육과정 운영에 대한 교사인식. 특수교육저널: 이론과 실천, 13(1), 123-144.

변창진(1991). 학습기술 · 습관검사 및 훈련 프로그램의 개발과 활용. 한국학술진흥재단 연구보고서.

서울광장초등학교(2007). 병원학교와 연계한 미래형 초등 u-러닝 교수 · 학습 모델 개발 적용. 교육인적자원부 지정 u-러닝 연구학교 1차년도 운영보고서.

서울특별시교육정보연구원(2011a). 내 마음속의 무지개. 2011학년도 꿀맛무지개학교 학생 소속학교 교사연수교재. 서울: 서울특별시교육정보연구원.

서울특별시교육정보연구원(2011b). 2011 꿀맛무지개학교 운영계획. 서울: 서울특별시교육정보연구원.

안남중학교(2008). 병원학급 입급 학생을 위한 중등 U-러닝 교수-학습 모델 개발 및 적용. 교육과학기술부 정책연구학교 보고서.

오승연(1993). 국민학교 아동의 충동성과 부적응 행동 및 가정환경과의 관계연구. 한국교원대학교 대학원 석사학위논문.

유진호, 유한욱, 지현숙(2008). 그림으로 보는 소아과학(제3판). 서울: 고려의학.

이기우(1993). 학습전략훈련이 독해학습에 미치는 효과. 교육심리학의 연구: 목정 유기섭 박사 정년기념논총, 523-550.

이정은, 조민경(2007). 이러닝 형태의 건강장애 이해교육이 일반초등학교 학생의 건강장애에 대한 자기평가 및 지식과 태도에 미치는 영향. 특수교육연구, 14(1), 237-257.

임두순(1993). 독해전략 훈련의 학습효과 연구. 교육심리학의 연구: 목정 유기섭 박사 정년기념논총, 489-522.

장희대(2011). 건강장애학생 부모의 불안 의식과 양육 태도 및 자아존중감과의 관계 분석. 대구대학 대학원 박사학위논문.

정동영, 김형일, 정동일(2001). 특수교육 요구아동 출현율 요구 조사. 아산: 국립특수교육원.

최정원(2006). 학습치료 프로그램. 서울: 학지사.

최정원(2007). 학습동기 향상 전략. 서울: 학지사.

최정재(2008). U-Mentoring을 활용한 건강장애학생 지원 방안에 대한 연구. 초등교육연구, 21(1), 251-267.

한경근(2004). 중도 · 중복장애 학생을 위한 통합교육 현장에서의 건강관리(Health Care) 지원체계. 특수교육저널: 이론과 실천, 5(3), 73-101.

한국백혈병어린이재단(1999). 이럴 땐? 이렇게! 서울: 한국백혈병어린이재단.

한국특수교육학회(2008). 특수교육대상자 개념 및 선별 기준. 충남: 한국특수교육학회.

谷川弘治, 稲田浩子, 駒松仁子 (編). (2002). 小兒がんの子どもの學校生活を支えるために(改訂版). ナカニシヤ出版.

谷川弘治, 稲田浩子, 駒松仁子 (編). (2004). 小兒がんの子どもの教育支援. がん看護, 9(3), 207-212.

教育と醫學の會(2006). 病氣をもつ子どもへの教育. 教育と醫學, No. 636, 4-52.

久德重盛(1985). 氣管支ぜんそく. 京都: 東山書房.

久保田勉(1991). Q＆A病弱兒の養護 · 訓練. 岩崎學術出版社.

宮本信也, 土橋圭子(2005). 病弱 · 虛弱兒の醫療 · 療育 · 教育. 京都: 金芳堂.

目澤憲一(2003). ぜんそく. 東京: 小峰書店.

武田鉄郎(1997). 慢性疾患で入院している子どものセルフ · エフィカシーに関する研究. 小兒の精神と神經, 37(1).

文部省(1979). 病弱兒指導事例集: 各教科の指導. 東京: 東山書房.

文部省(1987). 病弱兒指導事例集: 實技を伴う教科の指導. 東京: ぎょうせい.

文部省(2000). 病弱兒指導事例集. 東京: 東山書房.

般川幡夫(1979). 病弱 · 虛弱兒の理解と指導. 東京: 第一法規出版.

小畑文也(1990). 病弱兒の病氣の概念-そのカテゴリ-化の發達的變化と健康との比較. 特殊教育學研究, 28(2), 13-23.

小畑文也(1999). 子ども病氣・身體1-6(連載論文). 小兒看護, 22(7, 8, 10-13).

小畑文也(2006). 病氣の 子どもたちの 教育. 教育と 醫學, No. 636, 4-15.

五十嵐信敬(2000). 教職教養障害兒教育. 東京: コレール社.

院內學級担當者の會(2004). 病弱教育Q&A: 院內學級編. 東京: ジアース教育新社.

日本學校保健會(1983). 健康障害兒の運動指導. 東京: 日本學校保健會.

長谷川浩(1983). 病弱兒の理解と心理的援助: 保健關係者の心理學. 東京:ぎょうせい.

猪岡武, 高瀨俊康(1982). 實践障害兒教育シリーズ 肢體不自由・病弱教育. 東京: 教育出版.

全國病弱養護學校長會(2003). 病弱教育の視点からの醫學事典: 病弱教育對象兒童生徒の主な疾病等の94例を47名の專門醫が執筆. 東京: ジアース教育新社.

畑榮一, 土井由利子(2007). 행동과학과 건강(이응철 역). 서울: 야스미디어.

中山喜弘(1967). 小兒アレルギ一疾患の臨床. 東京: 金原出版.

Bayerisches Staatsministerium für Unterricht und Kultus. (1999). *Verordnung ueber die Errichtung und den Betrieb sowie Schulordnung der Schulen fuer Kranke in Bayern.*

Becker, M. H. (Ed.). (1974). *The health belief model and personal health behavior.* Torofare, NJ: Slack.

Belmont, J. (1989). Cognitive strategies and strategic learning. *American Psychologist, 44*, 142-148.

Bianco, L., & McCormick, S. (1989). Analysis of effect a reading study skill program for high school learning-disability students. *The Journal of Educational Research, 82*, 282-288.

Bloom, B. S. (1976). *Human characteristics and school learning.* New York: McGraw-Hill.

Carter, C., Bishop, J., & Kravits, S. L. (2000). *Keys to effective learning* (2nd ed.). Upper Saddle River, NJ: Prentice Hall.

Chestnut, W. J. (1965). The effect of structured and unstructured group counseling on male college students' underachievement. *Journal of Counseling Psychology, 12*, 388-394.

Dansereau, D. F. (1985). Learning strategy research. In J. Seagl, S. Chipman, & R.

Glaser (Eds.), *Thinking and learning skills: Relating instruction to research* (Vol. 1). Hillsdale, NJ: Lawrence Erlbaum Associaties.

De Bono, E. (1982). *De Bono's thinking course.* London: British Broccasting Corp.

Dendato, K. M., & Diener, D. (1986). Effectiveness of cognitive/relaxation therapy an study-skills training in reducing self-reported anxiety and improving the academic performance of test-anxious students. *Journal of Counseling Psychology, 33*, 131-135.

Deschenes, C., Ebeling, D., & Sprague, J. (1994). *Adapting curriculum and instruction in inclusive classrooms: A teacher's desk reference.* Bloomington, Indiana: Indiana University.

Flavell, J. H. (1979). Metacognition and cognitive monitoring: A new area of cognitive developmental inquiry. *American Psychologist, 34*, 906-911.

Gangwar, H. (1982). Study habits as function of socio-economic status and cultural setting in first divisioners of high school students. *Indian Psychological Review, 123*, 33-37.

Georgia Bureau for Students with Physical and Health Impairments. (2001). *A project funded by the Georgia State Improvement Grant.* http://education.gsu.edu/PhvsicalDis/new/article/collab.htm

Hattie, J., Biggs, J., & Purdue, N. (1996). Effects of learning skills interventions on student learning: A meta-analysis. *Review of Educational Research, 66*(2), 99-136.

Heller, K. W., & Swinehart-Jones, D. (2003). Supporting the educational needs of students with orthopedic impairments. *Physical Disabilities: Education and Related Services, 15*, 3-24.

Hubley, J. (2002). Health empowerment, health literacy and health promotion putting it all togethe. http://www.hubley.co.uk/1hlthempow.htm.

Hughes, M., Pinkerton, G., & Plewis, I. (1979). Children' s difficulties on starting infant school. *Journal of Child Psychology and Psychiatry, 20*, 187-196.

Jones, B. F. (1988). Text Learning strategy instruction: Guidelines from theory and practice. In C. E. Weinstein & E. T. Goetz & P. A. Alexander (Eds.), *Learning and study strategies.* San Diego, CA: Academic Press.

Martin, J., Marx, R. W., & Martin, E. W. (1980). Instructional counseling for chronic underachievers. *The School Counselor, 28*, 109-118.

Pithers, R. T. (2000). Critical thinking in education: a review. *Educational Research, 32*(3), 237-249.

Raghvakumari, A. S. (1986). Diagnosing student difficulties and guiding students. *Indian Journal of Behavior, 10*, 17-22.

Rubin, J. (1987). Learner strategies: Theoretical assumptions, research history and typology. In A. Wenden, & J. Rubin (Eds.), *Learner strategies in language learning* (pp. 15-30). Englewood Cliffs, NJ: Prentice Hall International.

Turnbull, A., Turnbull, R., Shank, M., Smith, S., & Leal, D. (2004). *Exceptional lives: Special education in today's schools* (4th ed.). Columbus, OH: Pearson.

Weinstein, C. E., & Mayer, R. E. (1986). The teaching of learning strategies. In M. C. Wittrock (Ed.), *Handbook of research on teaching*. New York: Macmillan Publishing Company.

가천의대 길병원학교 http://ighs.edukor.org

국가암정보센터 http://www.cancer.go.kr

꿀맛무지개학교 http://health.kkulmat.com

꿈빛나래학교 http://home.edus.or.kr

네이버백과사전 http://dic.naver.com

더불어하나회(부설 꿈사랑사이버학교) http://www.nanura.org

전국병원학교 http://hoschool.ice.go.kr

찾·아·보·기

인명

내용

저자 소개

박화문 대구대학교 특수교육과 교수(교육학박사)

김영한 대구대학교 초등특수교육과 교수(문학박사)

김창평 부산여자대학교 유아특수재활과 교수(문학박사)

김하경 경주계림중학교 교사(문학박사)

박미화 아주대학교 교육대학원 교수(문학박사)

사은경 대구대학교 특수교육과 강사(문학박사)

장희대 포항대보초등학교 교사(문학박사)

건강장애아동 교육

2012년 8월 20일 1판 1쇄 발행
2014년 2월 20일 1판 2쇄 발행

지은이 • 박화문 김영한 김창평 김하경 박미화 사은경 장희대

펴낸이 • 김 진 환

펴낸곳 • (주) 학지사

121-837 서울시 마포구 서교동 352-29 마인드월드빌딩 5층

대표전화 • 02) 330-5114 팩스 • 02) 324-2345

등록번호 • 제313-2006-000265호

홈페이지 • http://www.hakjisa.co.kr
커뮤니티 • http://cafe.naver.com/hakjisa

ISBN 978-89-6330-417-5 93370

정가 **17,000**원

저자와의 협약으로 인지는 생략합니다.
파본은 구입처에서 교환하여 드립니다.